Das Buch

Nora ist frisch an der Uni eingeschrieben und freut sich auf Germanistik und Kunstgeschichte. Doch es gibt noch ein anderes Fach, das die junge Studentin unbedingt vertiefen will: Was hat es mit den sadomasochistischen Neigungen auf sich, die sie bereits seit ihrer Kindheit in sich spürt? Nora begibt sich auf die Suche nach dem dunklen Teil ihres Ichs: Sie heuert als Jungdomina in einem professionellen SM-Studio an. Der ungewöhnliche Job hält für die naive Novizin allerlei Überraschungen, skurrile Begegnungen und abgründige Herausforderungen bereit. Gleichzeitig versucht sie, das durch diese Erfahrungen neugewonnene Selbstbewusstsein auch im Privatleben einzusetzen. Eines Tages taucht ein Mann im Studio auf, der Noras Stärke und vermeintliche Überlegenheit ins Wanken bringt. Sie steht vor der Frage: Darf man sich als Domina in einen Sklaven verlieben? Gibt es eine Balance zwischen dem herrischen und dem hingebungsvollen Teil ihrer Persönlichkeit? Ehrlich und unterhaltsam schildert Nora Schwarz ihre Gratwanderung zwischen Lackstiefeln und Linguistikkursen und ihre Selbstfindung zwischen Liebe und Dominanz.

Die Autorin

Nora Schwarz, geboren 1982 in Süddeutschland, studierte Kunstgeschichte und Germanistik und arbeitete nebenher mehrere Jahre als Domina. Nach ihrem Abschluss war sie in einem kunsthistorischen Museum tätig. Sie wohnt mit ihrem Lebensgefährten in Rheinland-Pfalz.

Nora Schwarz

Lessons in Lack

Mein Leben als Domina
zwischen Hörsaal und
SM-Studio

Ullstein

Besuchen Sie uns im Internet:
www.ullstein-taschenbuch.de

Die Namen der meisten Personen und Örtlichkeiten wurden
aus Gründen der Diskretion geändert.

Originalausgabe im Ullstein Taschenbuch
1. Auflage März 2011
© 2011 by Nora Schwarz
© Ullstein Buchverlage GmbH, Berlin 2011
Umschlaggestaltung: HildenDesign, München
Umschlagabbildung: Artwork HildenDesign, München
Illustrationen im Innenteil: Fotolia
Satz: LVD GmbH, Berlin
Gesetzt aus der Bembo
Papier: Holmen Book Cream von
Holmen Paper Central Europe, Hamburg GmbH
Druck und Bindearbeiten: CPI – Ebner & Spiegel, Ulm
Printed in Germany
ISBN 978-3-548-37378-2

Für Conrad – ohne Dich
wäre all das ungelebt geblieben.

*Abenteuer im Fleische und Geist ließen dich im
Geist überleben, was du im Fleische wohl kaum überleben sollst. Augenblicke kamen, wo dir aus Tod und
Körperunzucht ahnungsvoll und regierungsweise
ein Traum von Liebe erwuchs.*

THOMAS MANN, *DER ZAUBERBERG*

Inhalt

Sozialarbeit mit Peitsche

Man schlägt nicht. Man lässt sich nicht demütigen. Man lässt sich nicht schlagen. Man bleibt Herr seines Körpers und seines Willens. Das sind doch die Dinge, die wir in unserer Erziehung mitgegeben bekommen.

Beitrag im Brigitte.de-Forum
Liebe, Beziehung, Persönlichkeit

»Die Domina ist das Massageöl im Getriebe der Gesellschaft.«

Das war der Anfang des eindrücklichsten Vorstellungsgesprächs meines Lebens. Da saß ich, gerade zwanzig geworden, Vater Kaufmann, Mutter Krankenschwester, mit frischem Abitur und nagelneuem Studentenausweis in der Tasche, auf einem langen, schwarzen Möbelstück mit Haken an den Seiten, an denen Ketten leise klimperten. Das abgenutzte Leder der Polster strömte den Geruch von Desinfektionsmitteln aus. Ich saß zum ersten Mal in meinem Leben auf einer echten Streckbank.

Mir gegenüber saß die Frau, die mir eben ihre Philosophie über die Rolle der professionellen Domina kundgetan hatte: die Chefin dieses bizarren mittelständischen Betriebes, der den Namen *SM-Studio Medea* trug.

Sie hatte vor einigen Tagen eine verlockend klingende Annonce in der *Stuttgarter Zeitung* geschaltet, in der sie junge, aufgeschlossene Frauen, die Lust auf ein tolles Team hätten, dazu einlud, sich bei ihr zu melden. In der Annonce stand allerdings auch etwas von »besonderen, abseitigen Neigungen« – und dadurch war mir klar, was gemeint war. Unser anschließendes Telefonat war trotz Herzklopfen und schweißnassen Händen so gut verlaufen, dass mich die Chefin des *Medea* gleich einlud, auf einen Kaffee bei ihr vorbeizukommen. Und da saß ich nun.

Ihr Name war Katja. Sie war 48 Jahre alt und hatte schon seit zehn Jahren das Oberkommando über das *Medea*.

Katjas Gesicht war rund und weich wie ein Pfannkuchen und wurde umrahmt von einer Wolke aus rostrotem Haar. Ihr Mund erinnerte mich an einen Vogelschnabel: Katja spitzte immer wieder ihre dünnen Lippen und zog die Mundwinkel nach oben, wie eine Elster, die über einer Schmuckschatulle kreist, um sich das glänzendste Stück auszuspähen.

Ihre grünen Augen wirkten unergründlich. Das passte gut. Einer geborenen Herrin merkt man nie an, was sie im Schilde führt. Ein gut in Szene gesetztes Geheimnis im Gesicht soll einschüchtern. Die Herrin roch nach irgendwelchen Kräutern – vielleicht aus einem Bioladen, vielleicht vom devoten Hausdealer. Genau so hatte ich mir eine Domina immer vorgestellt: Unberührbar lässt sie kaum Haut sehen, gönnt niemandem einen Blick auf ihren Körper.

Allerdings war ich mir nicht sicher, ob es hier wirklich viel zu sehen gab. Die ganze Frau wirkte eher wie eine nette Grundschullehrerin, deren Vorliebe für Kuchen und andere Dickmacher schwer vereinbar war mit hautengem Leder oder Gummi. Ich schätzte ihre Kleidergröße auf jenseits der 44.

Nur ein Loch in ihrer schlabbrigen Jeans ließ ein Stückchen Haut erahnen. Ich fragte mich, was eine dominante Lady dazu brachte, sich Löcher in die Hose zu schnippeln. Eine Schienbeinlänge tiefer wartete das nächste exquisite Geheimnis: Ihre sicher sehr zarten Füße verbarg sie vor den Augen anderer – allerdings nicht in glänzenden Highheels, sondern in grauen, ausgelatschten Turnschuhen. Es stimmte also nicht, dass eine Domina immer Schuhe trägt, für die man einen Waffenschein benötigt.

Katjas Brüste waren praktisch nicht zu sehen. Sie gingen unter in einem hellbraunen, grobgestrickten Wollpulli, auf dem sich fröhliche Elche tummelten. Wie sie da so vor mir saß, eine Kaffeetasse in ihren Patschhänden, an deren fleischigen Fingern nur ein Ehering und die abgekauten Nägel auffielen, wurde mir bewusst, dass ich ein Opfer meiner eigenen Klischees geworden war. Nur diese flink umherhuschenden Vogelaugen passten ganz und gar nicht zu einer Figur, die Susanne Fröhlich als »gemütlich« bezeichnen würde.

Aber gut: Katja hatte den aktiven Domina-Job schon vor Jahren an den Nagel gehängt und sich darauf konzentriert, junge, bizarre Hoffnungsträgerinnen in ihr SM-Studio zu lotsen und in sämtliche dominant-sadistischen Geheimnisse einzuweihen. »Domina-Ausbildung« nannte sie das.

Katjas ausgeklügelte »Erziehungsstrategien« waren jetzt allerdings noch kein Thema. Hier und heute erklärte die Rolle als Domina-Mama auch ihren erdverbundenen Kleidungsstil. Sie wollte vor allem Vertrauen ausstrahlen – wohl auch mit ihren lockeren Klamotten. Andernfalls wäre ein Küken wie ich vielleicht vor ihr erschrocken und hätte auf dem noch flachen Absatz kehrtgemacht.

Katja schlürfte ihren Kaffee, während sie mich erzählen

ließ, wie ich mir meinen Job vorstellte. Mit mütterlich-freundlichem Blick holte sie anschließend aus, mir weitere wichtige Grundsätze über die Rolle der Domina in der Gesellschaft zu offenbaren.

»Weißt du, eine Domina ist nicht einfach nur eine unberührbare Semi-Prostituierte – entschuldige bitte das Wort, ich drück das nun mal so aus –, nein, eine professionell arbeitende Domina ist immer auch Therapeutin. Sie bewältigt wichtige emotionale Themen – zusammen mit den Männern.«

Ich war nicht darauf vorbereitet, dass es bei diesem Job auch um so etwas wie Gesprächstherapie gehen sollte. »Aha. Es geht also nicht nur um Sadomaso, oder was?«, fragte ich.

Katja sah mich über den Rand ihrer Kaffeetasse hinweg wissend und dabei auch ein klein wenig herablassend an.

»Nein, es geht vielmehr darum, die Männer, die zu uns kommen, zu befreien von der Qual ihrer Phantasien. Du musst es dir so vorstellen: Die meisten Männer sind frustriert und unerfüllt. Sie haben Wünsche, von denen nicht mal ihre Ehefrauen etwas wissen.«

Bei diesen Worten machte sie ein mitfühlendes, bedauerndes Gesicht.

Ich nickte gebannt und dachte an die aktuellen Scheidungsstatistiken und wie die wohl erst aussähen, wenn alle Männer ihren Gattinnen ihre geheimen Sehnsüchte enthüllen würden. Ich hatte immer gedacht, eine Domina sei eine geile, bizarre Frau, die mit Peitschen und Handschellen um sich wirft, böse Dinge tut und dafür einen Haufen Geld kassiert. Gab es da noch eine weitere Dimension? Eine wichtige emotionale Facette? Wenn ich Katja Glauben schenkte, dann war das in der Tat so.

»Das ganze SM ist doch nur rein äußerlich«, fuhr sie fort.

»In Wirklichkeit geht es um Befreiung, um einen Energiefluss, der total wichtig ist für die Männer.«

Mir fiel eine *Arte*-Reportage über Tantra ein, die ich vor kurzem begeistert verfolgt hatte.

»Stell dir mal vor: Da ist so ein Manager, der total viele Angestellte hat, der jeden Tag Entscheidungen treffen muss und Verantwortung für Tausende von Mitarbeitern trägt. So ein Mann, der im Leben eine Führungsrolle bekleidet, der braucht es eben manchmal, die andere Seite zu erleben, wenn du weißt, was ich meine.«

Klar, der will sich auch mal fühlen wie seine Angestellten, die er gerade wegrationalisiert hat, und wie die Leute, deren Gelder er veruntreut hat, dachte ich und entgegnete: »Ja. Ich nehme an, die wollen sich wahrscheinlich gerne auch mal fallenlassen.«

»Richtig«, nickte Katja, erfreut über die schnelle Auffassungsgabe ihrer neuen Bewerberin. »Sie wollen sich einfach auch mal führen und rumkommandieren lassen. Sie wollen spüren, wie es ist, wenn sie nichts mehr entscheiden können, sondern eine harte, strenge Frau über sie herrscht und sie zwingt, ihr zu Diensten zu sein. Wenn die Männer so etwas erlebt haben, sind sie anschließend befriedigt, erleichtert und befreit. Der Besuch bei einer Domina bringt bei ihnen alles wieder ins Gleichgewicht.«

Katja war sichtlich überzeugt von ihrer Zunft. Ihre Worte wurden immer staatstragender: »Weißt du, unsere Gesellschaft wird ja immer noch weitgehend von Männern gestützt und gestaltet. Und die brauchen es eben, dass sie manchmal Verantwortung abgeben, um sich wieder fit zu fühlen. Das ist gut für uns alle.«

»Und was ist mit den Männern, die keine Führungspositionen haben?«, erwiderte ich. »Was ist mit den Elektrikern, den Taxifahrern und den Bahnschaffnern?«

Katja setzte ein ironisches Grinsen auf. »Tja, die müssen natürlich erstmal länger sparen, wenn sie sich so was leisten wollen. 250 Euro die Stunde, das weißt du ja …« Sie stieß ein triumphierendes Lachen aus. »Aber Spaß beiseite. Die Männer gehen danach zufrieden und froh nach Hause und sind wahrscheinlich netter zu Frau und Kind.«

Schöne heile Familienwelt …, schoss es mir durch den Kopf. *Und zum Hund auch. Wahrscheinlich zu dem noch mehr als zu Frau und Kind.* »Du willst also damit sagen, dass eine professionelle Domina die Welt ein bisschen besser macht«, fasste ich Katjas Ausführungen ihrer hehren Berufsethik zusammen.

Sie nickte eifrig. »Ja, das kann man durchaus so sagen.«

So sollte dieser Job also ablaufen. Nicht nur geil aussehen und Männer schlagen, nein, auch Beichtmutter, Therapeutin und Weltretterin sollte ich sein. Nun ja, warum eigentlich nicht?

Doch Katja war noch nicht fertig. Ihre kleinen Augen fingen erst jetzt richtig an zu leuchten.

»Es ist auch nicht so, dass wir hier ein reines SM-Studio sind.« Sie stellte ihre Kaffeetasse nachdrücklich auf der Streckbank ab und sagte mit plötzlich enthusiastischer Stimme: »Das hier ist eher ein Dienstleistungszentrum. Für jeden ist was dabei! Wenn du denkst, hier gibt es nur hübsche 90–60–90-Tussis, dann irrst du dich.«

Zum Glück, dachte ich. Ich hatte nicht gerade Modelmaße und mich schon gefragt, ob das wohl ein Hindernis sein könnte.

»Das wirst du schon selber sehen, wenn du die Mädels kennenlernst«, munterte Katja mich auf. »Hier findet jeder Mann etwas für seinen Geschmack. Wir haben durchtrainierte Frauen, aber auch dickliche. Wir haben kräftige und zart gebaute, blonde und rothaarige Frauen, manche sind gepierct und tätowiert, und natürlich gibt es auch ein paar typische Traumfrauen.«

Gab es im *Medea* auch einen Katalog? Schön bunt mit Bildchen, Maßangaben und Schuhgrößen? Katja lehnte sich etwas zurück und sah mich mit zusammengekniffenen Augen an. Sie schien zu überlegen, in welche Kategorie sie mich wohl stecken konnte. Ihre Blicke wanderten einmal über meinen ganzen Körper und dann zu meinem schwarzen Haar. *Wahrscheinlich findet sie mich eher gruselig,* dachte ich.

Doch Katja verzog ihren Mund zu einem anerkennenden Lächeln und schlug vor: »Du … hm … also, du bist eher der Schneewittchentyp.«

Von dieser Seite hatte ich es noch gar nicht betrachtet. Wenn dieses Sadomaso-Studio so was wie ein Disneyland für erwachsene Männer war, durfte darin natürlich auch ein Schneewittchen nicht fehlen.

Katja fuhr fort. »Mir ist es extrem wichtig, dass jede Frau in meinem Studio eine SM-Veranlagung hat. Es ist absolut unerlässlich, dass eine Domina echte Lust bei ihrem Job empfindet, dass sie ihren Sadismus authentisch rüberbringt und nicht nur so tut als ob. Verstehst du, was ich meine?«

Ja, das verstand ich. Klar, dass Katja mich nun prüfend musterte und nach Anzeichen suchte, ob in mir das Domina-Potential schlummerte. Ihr Blick glitt über mein Oberlippenpiercing, meine grünen Augen und meine schwarzen Fingernägel. Diese äußerlichen Anzeichen schienen ihr zu genügen, denn ihre Blicke sagten: *Kleines, du hast Veranlagung, das kann ich riechen. Scheiß auf die praktische Erfahrung, die bekommst du hier schneller, als dir lieb ist.*

Konnte es tatsächlich sein, dass Katja mir diese Neigung

ansah? Konnte sie so etwas wittern? Gab es einen Instinkt, ähnlich wie bei homosexuellen Menschen, die einander erkennen, der ihr sagte, dass ich hier am rechten Ort war?

Ich beschäftigte mich mit dem Thema schon, als meine Freundinnen noch *Hanni und Nanni* lasen. Ich will damit nicht sagen, dass ich mit dreizehn etwa schon die kritisch kommentierte Gesamtausgabe von de Sade gelesen hätte, aber es gibt genug Literatur, die für Mädchen aus gutem Hause greifbar ist und mehr sadomasochistische Phantasien beinhaltet, als den netten Damen in der Jugendabteilung der Stadtbücherei lieb sein kann: Folterspannende Werke, in denen es um wilde Piraten geht, grimmige Hausmärchen, zensierte homerische Epen und mystische Vampirbücher.

Meine Eltern schöpften keinen Verdacht. In der Epoche von Nintendo und Ninja Turtles waren sie froh, dass ihre Tochter überhaupt las – wenn auch nicht gerade mädchenhafte Schmöker.

Ich war überhaupt nie besonders mädchenhaft. Meine Haare waren immer kurz, meine Fingernägel auch, und Puppen haben mich nie interessiert, nicht mal zum Kaputtmachen – was ja durchaus ein praktikabler SM-Einstieg gewesen wäre.

Abends vor dem Einschlafen habe ich immer gelesen. Nicht, dass ich das nicht auch tagsüber gern getan hätte, aber abends vor dem Lichtausmachen oder auch heimlich danach machte es am meisten Spaß. Gut, dass niemand wusste, welche Seiten ich mehrmals hintereinander las, gut, dass niemand sehen konnte, bei welchen Passagen meine Wangen rot wurden und mein Mund wässrig. In meinen Büchern wimmelte es von einschlägigen Szenen. Gepflegt frisierte Bürschchen in Strumpfhosen und Edeldamen in strapazierten Miedern werden von ungnädig stinkenden Piraten an den Mast gefesselt, Spreißel rammen sich in zarte Brüste, rohe Stricke beißen in weißes Fleisch … So etwas zu lesen hat mich immer angeturnt, wieder und wieder sog ich diese Stellen in mich hinein.

Dank Freud bestreitet ja heute niemand mehr, dass es auch so etwas wie eine frühkindliche sexuelle Erregung gibt. Vor lauter Aufregung habe ich mir die Finger in den Mund gesteckt, um daran zu kauen und zu saugen. Damals wusste ich noch nicht, was an meinem Körper sonst noch alles rot und nass werden konnte, geschweige denn, wo man seine Finger noch hineinstecken konnte. Das kam dann später, als ich längst keine Märchen mehr las.

Zu keiner Zeit hatte ich natürlich ernsthaftes Interesse, all das, was ich da las, tatsächlich selbst mitzumachen, egal auf welcher Seite. Ich war seit jeher froh, in einer Zeit und in einer Gesellschaft zu leben, in der reale Folter und wehrlose Auslieferung grundsätzlich tabu sind, gleichzeitig aber stilvoll zelebriert werden können – wenn alle Beteiligten Lust dazu haben. Dass die vielen armen Menschen, die mit einem Sack über dem Kopf und Plastikhandschellen in Foltergefängnisse rund um die Welt verschleppt werden, mit dieser lustvollen Phantasiewelt nicht das Geringste zu tun haben, liegt auf der Hand.

Gleichwohl empfand ich beim Lesen solcher Szenen immer eine unerklärliche, namenlose Gier, das Gelesene fühlen zu können. Eine diffuse Erregung, die mich verwirrte. Ich konnte mir auch stundenlang bestimmte Bilder in den Märchenbüchern anschauen: Schneewittchen im gläsernen Sarg oder hingesunken vor den Füßen der bösen Königin; Dornröschen, wie es sich lustvoll schlummernd in ihrem

Gefängnis aus Dornenranken räkelt – nur um vom obligatorischen Prinzen, dem lustfeindlichen Spielverderber, ins schnöde, spießige Ehebett geholt zu werden.

Das war für mich schon damals alles andere als ein Happy End. Da kämpft der Gute sich stundenlang und unter Einsatz seines Lebens durch eine mörderische Dornenhecke, um sich herum die toten Körper der gescheiterten Königssöhne, die es vor ihm versucht haben, hechtet schließlich eine ewig lange Wendeltreppe hinauf – und alles, was er dafür bekommt, ist ein seichtes Küsschen? Ob sich das gelohnt hat? Ich liebte es, mir vorzustellen, wie so ein Märchen stattdessen enden könnte. Was, wenn der Prinz mit der Schlafenden, Ahnungslosen, Hilflosen etwas ganz anderes vorhätte, als sie süß und sanft wachzuküssen?

Auch die Geschichten um Vampire und ihre entzückten Opfer haben mich stets fasziniert. Kalte Klauen drücken wehrlose Jungfrauen in die Kissen und bemächtigen sich ihrer nackten weißen Hälse. Penetrationsphantasien im düsteren, verklärten Gewand eines bissigen Transsilvaniers. Die vergleichsweise harmlos dargestellten Szenen von Macht und Ohnmacht, Herrscher und Beherrschtem, Peiniger und Opfer haben mich immer magisch angezogen.

Mit solchen Märchen und Gruselgeschichten fing also alles an: Sadomaso getarnt als Hänsel und Gretel, Bondage auf der *Bounty*, Flagellationsphantasien am Marterpfahl, Korsettfetisch hinter den sieben Bergen bei den sieben Zwergen. Zu jener Zeit wusste ich noch nichts von nassen Unterhöschen und Bondageseilen, geschweige denn von »Opfern«, die freiwillig dreistellige Beträge dafür zahlen, gedemütigt zu werden.

Man sagt einer guten Domina ja nach, dass sie ganz unten anfangen muss. Ich habe mich beim Lesen dieser Geschichten nie mit den Bösen identifiziert, nie mit den Überlegenen. Ich habe mich immer in der Gestalt des Aschenputtels gesehen, nie als die böse Stiefmutter. Später änderte sich das, und ich habe einen Kunden, der mich schon oft und regelmäßig besucht hatte, tatsächlich einmal gezwungen, verschiedene Arten von Hülsenfrüchten (genaugenommen Trockenerbsen und Linsen) fein säuberlich voneinander zu trennen. Der Arme ist daran kläglich gescheitert. Ich vermute, dass ihm beim Sortieren einfach sein steifer Schwanz gehörig im Weg war.

Als Kind lag mein Mitgefühl jedoch immer bei den Schwachen, bei denen, die geknechtet und gefangen gehalten werden, denen, die ausgeliefert sind. Das hat sich jenseits aller SM-Szenarien bis heute nicht geändert, auch wenn man für so eine Haltung durchaus die Aufmerksamkeit der Staatsgewalt auf sich ziehen kann, die aktiven Widerstand gegen Unterdrücker mitunter nicht gerne sieht.

Auf jeden Fall wäre ich früher gerne diejenige gewesen, die ohnmächtig ausharren muss. Ich liebäugelte stets mit der Opferrolle, etwa jener der Frau, die an den Mast gebunden, eingesperrt und gedemütigt wird. Die Figuren der vermeintlich bösen Ausführer haben mich nur sekundär interessiert, sie waren für mich Werkzeuge, die all das erregende Leid produzierten, das mich so faszinierte. Ich wollte die Stieftochter in der Asche sein, die an einen Meeresfelsen gefesselte Andromeda, das machtlose Schneewittchen. Entsprechend habe ich mich später auch mal in der Opferrolle ausprobiert: ein paar Fesselspielchen mit dem ersten Freund, ein bisschen Popoklatschen mit der Hand, ein bisschen Augenverbinden mit einem Wollschal …

Aber das waren nur Ausritte. Meine dominante Neigung

auf sexueller Ebene setzte sich in mir mehr und mehr durch, und so war es folgerichtig, dass ich schließlich ein Jahr lang Erfahrungen als Assistentin einer Privat-Domina sammelte.

Genau auf diese Neigung bezog sich meine zukünftige Chefin, mit der ich nun in einem dunklen Studio auf der lederbezogenen Streckbank saß. Ich hatte ihr erzählt, dass ich privat ein wenig Erfahrung gesammelt und ein paar Bücher gelesen hatte, mehr nicht.

»Das macht gar nichts«, winkte sie ab und spielte mit einer Strähne ihres brandroten Haars. Erfahrung sei erst mal nebensächlich, auch eine Ausbildung sei nicht unbedingt nötig, versicherte sie mir; entscheidend sei die Veranlagung. Die hatte ich ja. Aber fast alles, was ich als künftige Domina auszuteilen gedachte, hatte ich bislang eher in der Theorie durchlebt und nur ansatzweise in der Praxis.

Es gab einen probaten Weg, die nötige praktische Erfahrung zu sammeln, wie mir meine zukünftige Chefin sagte: Am Anfang meiner Karriere solle ich mich aufs Zuschauen konzentrieren. Die anderen Dominas des Hauses seien gerne bereit, Neulinge wie mich einzuweisen. Das hieß, sie würden mich mitnehmen in eines der dunklen Zimmer, in dem ein gefesselter Kunde auf die Schritte seiner Herrin wartete. Die lernwillige, neugierige Nachwuchsdomina, die sie begleitete, musste dann die Ohren spitzen und aufpassen, was die lederne Vorarbeiterin so im Repertoire hatte – und am besten gleich mit Hand anlegen. Katjas Devise war nämlich: Je mehr Frauen um einen ausgelieferten Kunden herumtanzen, desto geiler wird er. Je mehr Hände spielerisch nach seinen Nippeln und seiner Schwanzspitze greifen, desto näher kommt er der ultimativen Erfüllung. Je mehr Augen von oben herab auf seine prallen Eier gerichtet sind, desto schneller kommt er zum Höhepunkt.

Katja behauptete auch, dass es einem Gast des *Medea* prinzipiell egal sein müsse, wie viel Erfahrung sein weibliches Gegenüber habe – Hauptsache, sie bringe es geil genug rüber, nach dem Motto: Ein Sklave ist ein Mann, und ein Mann ist keine Herausforderung.

Das hörte sich überraschend einfach an. Meiner Weiterbildung auf diesem Sektor stand so gesehen nichts im Wege. Und wenn ich daran dachte, was die Angestellte eines SM-Studios für einen Stundenlohn erhielt, schien mir der traumhafteste Studentenjob, den ich mir vorstellen konnte, zum Greifen nah.

Wie kam es aber nun dazu, dass ich, die brave Bürgerstochter, noch vor dem ersten Unisemester lernte, wie man als Herrin unterwürfige Männer züchtigt?

Ganz einfach: Ich war scharf auf diese Erfahrung. Und zwar so scharf, dass ich mich schon seit fast einem Jahr privat mit einer Frau traf, die dieses schöne Hobby zu ihrem Beruf gemacht hatte, den sie in ihrem Wohnzimmer ausübte. Ich hatte sie über eine Zeitungsannonce kennengelernt: *Reife erfahrene Privat-Domina sucht Männer und Frauen zum Erfahrungsaustausch und für gemeinsame Erlebnisse. Gerne unterweise ich neugierige Damen in der Kunst der Dominanz.*

Mal anrufen schadet ja nicht, dachte ich. Und ehe ich mich versah, lud sie mich ein, der Züchtigung ihres nächsten Kunden beizuwohnen. Während wir noch gemütlich beim Kaffee saßen und sie mir von ihrem letzten Bauchtanzkurs erzählte, klingelte das Telefon. Eine Stunde später stand ein Mann vor der Tür, der sich ein Gefängnis-Rollenspiel wünschte. Er wollte der Gefangene sein, der von einer Wärterin befragt und gedemütigt wurde. Gewissermaßen ein Guantanamo-Schnupperkurs im Wohnzimmer einer Privat-Domina. Ich sollte nun ihre Adjutantin spielen.

In Höschen und BH und von ihr geliehenen Stiefeln stand ich mit klopfendem Herzen neben der herrischen Dame, während der Kunde auf dem Wohnzimmerboden lag und ihre Schuhspitzen leckte. Immer wieder zerschnitt die niedersausende Bullenpeitsche die Luft, während hinter den Scheiben der Kiefernvitrine Kätzchen aus Muranoglas scheinbar erschrocken den Kopf senkten und Porzellanpüppchen vor Angst die Augen aufrissen.

Die Privat-Domina erlaubte mir, den Gefängnisinsassen – dem das Interieur dieser Wohnung sicher einiges an Phantasie abverlangte – ebenfalls zu schlagen. Und nicht nur das, sie brachte mir auch gleich bei, wie man eine dünne Schnur so um Sack und Glied wickelt, dass die Adern hervortreten und die Eier prall herausquellen. An dieser kunstvollen Schwanzleine durfte ich den Gefangenen durch das Wohnzimmer schleifen, bis sein gesamter Intimbereich blaurot angelaufen war.

Spätestens als sie ihm befahl, den Schaft meiner Stiefel zu lecken und er mit voll ausgefahrenem Schwanz vor mir kauerte, seine Finger gierig in meine Waden krallte und genussvoll das matte Leder mit seiner Zunge aufpolierte, war es um mich geschehen. Plötzlich hatte ich Lust auf diese andere Seite, auf das Beherrschen und das aktive Spielen. Der erste Kontakt zu Männern, die auch noch »danke« sagen, wenn sie eine geknallt kriegen, hatte es mir spontan angetan, hatte mir eine neue Facette in meiner Gefühlswelt erschlossen, und ich war überrascht, wie gut mir diese andere Seite gefiel, auch wenn ich noch sehr wackelig in den geliehenen Lederstiefeln stand. Die Geilheit dieses ersten Mannes, dem meine Unsicherheit überhaupt nicht aufzufallen oder wichtig schien, bestätigte im Nachhinein das, was Katja zu mir gesagt hatte: Die Veranlagung zählt, nicht die Ausbildung.

Vom ersten Geld, das ich als Hilfsdomina verdiente, kaufte ich mir mein eigenes Equipment, eine Grundausstattung an den notwendigsten Schmerz- und Lustspendern: eine Peitsche, eine Gerte, zwei Paar Klammern, ein Rädchen mit Stacheln dran, ein Paar Lederfesseln, ein ledernes Halsband, ein paar Meter Seil. Und weil ich seit zwei Jahren in der Gothic-Szene unterwegs war, hatte ich auch ein paar ungewöhnliche Kleidungsstücke, die einer Domina gut zu Gesichte stehen konnten: zwei Korsetts, jede Menge Fummel aus Lack, kurz und lang, ein paar Highheels und ein Halsband aus Edelstahl.

Doch immer nur die Assistentin einer Endvierzigerin zu sein, die mich in ihrer Zweizimmerwohnung mein Taschengeld durch Zofentätigkeiten aufbessern ließ, würde mir auf Dauer nicht reichen, das wusste ich. Sie hatte mir beigebracht, wie man mit Bondage-Seilen und Reitgerten umging, und dass man die Stimme senken sollte, wenn man mit einem Sklaven sprach. Mehr aber auch nicht.

Ich wollte jedoch das ganze Abenteuer erleben: ein richtiges, voll funktionsfähiges Sadomaso-Studio mit allem Brimborium. Mit sich ängstlich nähernden Kunden, die man vom Fenster aus beobachten kann, wie sie zitternd den Klingelknopf betätigen. Mit erfahrenen, abgebrühten Profi-Dominas. Mit hochwertigem Equipment an verspiegelten Wänden. Mit einem Namen in den einschlägigen Magazinen. Mit einem Treppenhaus, das widerhallt von den Schritten wunderschöner Fetischköniginnen, die erhaben und majestätisch die feuchten Träume masochistischer Würmer mit Krawatten verkörpern.

Dass es für mich so einfach sein würde, Eintritt in diese

Welt zu erlangen, hätte ich nicht zu träumen gewagt. Ich war zwanzig, ein Mädchen aus gutem Hause, studierte im ersten Semester Kunstgeschichte und Germanistik – und betrat nun die Karriere einer Domina. *Du willst also auch ein Tropfen vom Massageöl im Getriebe der Gesellschaft werden? Okay, zieh dir was Geiles an – und los geht's.* Zu diesem Zeitpunkt war alles abenteuerlich und neu, spannend und aufregend. Ich kam mir unglaublich verrucht vor.

Angebot ...

USA: Ex-Domina von Vergangenheit eingeholt – ihr Arbeitgeber war ein Ex-Kunde.

WWW.SHORTNEWS.DE

Das *Medea* war also nicht einfach nur ein SM-Studio, sondern gewissermaßen ein Dienstleistungszentrum. Daher wurde großer Wert auf Vielfalt und Abwechslung gelegt.

Als ich meine neuen Kolleginnen kennenlernte, sah ich, dass Katja mit dem Facettenreichtum ihrer Dienstleisterinnen nicht übertrieben hatte. Für jeden Geschmack und jede Vorliebe war etwas dabei.

Da gab es Stiefelherrin Roxanne, die jeden Tag ins Fitnessstudio ging, um ihre Beinmuskulatur zu stählen. In ihrem nietenbesetzten Lederbody sah sie aus wie die Originalausgabe eines Hells Angel. Es war schon ein recht furchteinflößender Anblick, wenn sie nur eine gewöhnliche Reitgerte durch die Luft sausen ließ wie ein Breitschwert.

Denselben Typ verkörperte ihre Kollegin Larissa, die am Telefon und in der Werbung als »Amazone« angepriesen wurde. Ihre Hobbys waren Ringen und Wrestling, ihre katzenhaften Augen blickten voll Stolz auf einen herab, und ihr wallendes Haar reichte bis zur Hüfte. Man hätte meinen können, eine zweite Ausgabe von Xena, der Kriegerprinzessin, vor sich zu haben, hätte sie in ihren Arbeitspausen nicht so viele bunte Schlangen und Frösche aus

27

ihrer Haribo-Tüte erlegt. Mit ihrem kriegerischen Auftreten lenkte sie zudem einigermaßen gelungen von ihrem fleischigen Bauch ab.

Sehr viel zarter gebaut war Herrin Undine. Sie war Katjas Lieblingsschmuckstück, weil sie etwas verkörperte, das fast jedem Mann, ob devot oder dominant, die Beine weich werden ließ. Undine war blond und solariumgebräunt. Sie trug ausschließlich kurze Kleider aus Lack oder Leder, was sie sich auch leisten konnte, denn ihre Figur war das, was alle Frauen neidisch als »ideal« bezeichnen: geschwungene Hüften, schmale Taille, endlose Beine, große Brüste. Blaue Augen hatte sie natürlich auch. Kurz, sie war das Katalogmodell unter den Dominas. Sie war so begehrt, dass man sie praktisch nie im Aufenthaltsraum des Studios antraf, sondern nur aus einem der angrenzenden Folterkämmerchen Befehle schreien hörte. Abends ging sie mit einem entsprechend dicken Geldbündel heim, wovon sie sich ihr Tiermedizinstudium finanzierte.

Dann gab es noch Lady Luzifera, die genau so aussah, wie sie hieß. Ihr blasser Körper war komplett mit Schlangen, Skorpionen und anderen Untieren tätowiert. Gleich an meinem ersten Arbeitstag zeigte sie mir ihre Schamlippen, die vom Kitzler bis zur Arschfalte links wie rechts komplett gepiercet waren, ebenso wie ihre Nippel, Zunge, Nasenlöcher, Bauchnabel und alles, was man sonst noch durchstechen kann. Wahrscheinlich hatte sie auch noch diverse innere Organe gepierct.

Luzifera gab zu, magersüchtig zu sein, und brachte nichtsdestotrotz (oder gerade deswegen?) jeden Tag für die anderen Frauen Mohrenköpfe und Mozartkugeln mit.

Die letzte der Dominas war Herrin Kassandra. Sie sollte mir lange ein Rätsel bleiben.

Katja pries sie als beispielhaft – aber warum? Ihr Körper war von vier Geburten schlapp und faltig. Sie kaufte ihre Lackfummel secondhand, konnte sich nicht für eine einheitliche Haarfarbe entscheiden und roch nach gefälschtem Parfum aus Tschechien. Kassandra hatte sich auf Psycho-Rollenspiele spezialisiert, war schweigsam und tat sehr wissend. Katja sagte gleich am Anfang zu mir, dass ich unbedingt einmal einer ihrer Sessions beiwohnen solle – wegen Kassandras besonderer verbaler Fähigkeiten. Ich war zwar durchaus gespannt, was damit gemeint war, ließ mir mit der Umsetzung dieses Ratschlages aber so lange wie möglich Zeit.

Da saß ich nun also im Aufenthaltsraum des *Medea,* zwischen all diesen Frauen, von denen ich etwas lernen sollte. Wahrscheinlich stellte Katja es sich so vor, dass ich mir von jeder ihrer Damen etwas abguckte. Ich begann mich zu fragen, wie ich überhaupt hier hereinpasste. Ich war weder Kampfamazone noch Psycho-Bitch. Und wie, bitte schön, sollte ich einen Mann dazu bringen, sich eine Möhre in den Arsch zu stecken und wie ein Ameisenbär zu grunzen? So etwas musste man als professionelle Domina schließlich können, oder?

Vielleicht lag es daran, dass ich noch gar keinen Künstlernamen hatte. Jede Frau, die irgendwie im Sex-Gewerbe arbeitet, legt sich einen solchen zu. Dabei kommen so verschnörkelte, mehr oder weniger respektheischende Kunstwerke heraus wie »Aribora die Unbarmherzige«, »Herrin Pluta von Cherbera« oder auch »Dämonia Satanica«. Hatte Katja einen Namen für mich parat? Hoffentlich nannte sie mich nicht Pimpinella oder Daphne oder so.

Aber Katja hatte sich bereits etwas Passendes für mich ausgedacht. Name: Lady Elvira. Status: Jungdomina. Na also!

Schon war ich zehn Zentimeter gewachsen, auch ohne hohe Absätze. Ich bekam einen Platz auf der Internetseite des *Medea* und wurde als bizarres, neugieriges Nesthäkchen angepriesen. Auf den Bildern trug ich ein weinrotes Samtkorsett, das mich gnadenlos romantisch wirken ließ, und meine Beine verschwanden unter einem langen Lackrock. Mein Lächeln war etwas schief, und meine Augen schienen zu sagen: *Hoffentlich merkt niemand, dass ich noch blutige Anfängerin bin.*

Wenn ich heute an meine ersten Domina-Fotos denke, muss ich darüber lachen, wie mädchenhaft und unsicher ich damals ausgesehen habe. Wäre ich ein Mann und sähe solche Bilder, würde ich dieses harmlos aussehende Mädchen mit den schwarzgefärbten Haaren für alles Mögliche halten, nur nicht für eine Domina.

Und doch geschah das Unfassbare: Schon an meinem ersten offiziellen Arbeitstag riefen mindestens fünfzehn Männer an, die nach Jungdomina Elvira verlangten. Der Reiz des Neuen. Frischfleisch. Nieten, Peitschen, Sensationen. Immer wieder reichten meine Kolleginnen mir das Telefon und sagten: »Da, für dich.« Ich sagte dann meinen einstudierten Text auf: »Studio *Medea,* du sprichst mit Jungdomina Elvira. Was kann ich für dich tun?«

Und dann musste ich Männern, die zum Telefonieren vermutlich in die Garage gegangen waren (oder sich an sonst einem vermeintlich unbeobachteten Winkel befanden) und sich alle Peter und Michael nannten, erklären, dass ich hier ganz neu war, noch nicht auf die Sklavenschaft losgelassen werden und daher nur zusammen mit einer erfahrenen Kollegin gebucht werden konnte. Ich spielte also vorerst noch die zweite Geige beziehungsweise Peitsche, und zwar genau so lange, bis ich mir dereinst zutrauen würde, einem Sklaven alleine gegenüberzutreten.

Aber nicht nur meinen dominanten Kolleginnen war ich erfahrungsmäßig gnadenlos unterlegen. Auch alle anderen Angestellten des Studios hatten mir einiges voraus.

Das *Medea* war nämlich gar kein reines SM-Studio. Die Dominas stellten nur ungefähr vierzig Prozent der Belegschaft. Der Rest der Frauen war zwar ebenfalls in Lack und Leder gekleidet, hatte aber mit Sadomaso so wenig zu tun wie Madame Pompadour mit der heiligen Barbara.

Diese Damen werden im Internet mit allen möglichen neckischen Beinamen bedacht, deren wichtigster Bestandteil das dezente Präfix »Bizarr-« darstellte: Bizarrengel, Bizarrluder, Bizarrhexe, Bizarrlady. Dahinter versteckten sich schlichtweg Frauen, die vom schnöden Rotlichtmilieu, der Stripstange oder dem Straßenstrich auf SM light umgesattelt hatten. Diese Damen machten im *Medea* alles, was der brave Mann von der Straße unter SM versteht. Das Lederhalsband, die Fesseln und alle anderen gängigen Requisiten waren bloß theatralisches Beiwerk. Eigentlich machten sie nur die Beine breit.

Für gewöhnlich verdienten die Bizarr-Schwestern allerdings etwa doppelt so viel wie eine schwer arbeitende Domina. Männer, die in bizarrem Ambiente gerne mal »einen wegstecken«, bilden eben einen größeren Absatzmarkt als solche, die vor allem Stiefelabsätze lecken wollen.

Doch es gab noch eine dritte Abteilung im Dienstleistungszentrum *Medea:* die Sklavinnen. Diese Gruppe setzte sich zusammen aus Lustsklavinnen, normalen Sklavinnen und Extremsklavinnen. Erstere taten eigentlich nichts anderes, als sich gefesselt vögeln zu lassen und dabei so zu tun, als würden üble Beschimpfungen und Demütigungen beim Blümchensex in Missionarsstellung sie aufgeilen. Letztere hingegen ließen sich von zahlenden Kunden anspucken und ins Gesicht schlagen, von Hobbyärzten Klistiere mit Kernseife verabreichen und sich mit dem Rohrstock auf die Vagina hauen. Normale Sklavinnen bewegten sich irgendwo dazwischen.

Auch bei den Sklavinnen lief es im Wesentlichen auf das teuer bezahlte Rein-Raus-Spiel hinaus, mit dem empfindlichen Unterschied, dass sie sich dabei mitunter noch Wäscheklammern an die Schamlippen zwicken ließen. Der Typ, der das mit ihnen machte, konnte furchtbar haarig sein und Mundgeruch haben, er konnte aber genauso gut Mister Nice sein, attraktiv, gut gebaut und wohlriechend, was ihn nicht daran hinderte, der gefesselten Sklavin grinsend mit dem Rohrstock auf die Nieren zu schlagen, was dem körperlichen Wohlbefinden gemeinhin nicht gerade zuträglich ist. Frauen, die im SM-Studio passive Dienste anbieten, leben so gesehen durchaus gefährlich.

Natürlich wurde zwischen Sklavinnen und dominanten Kunden abgesprochen, was in der Session passieren sollte, ebenso wie zwischen einer Domina und ihrem devoten Kunden. Aber niemand konnte garantieren, dass der Kunde sich auch an die Absprache hielt. Dass etwas schieflief, merkte man erst, wenn es zu spät war, wenn die Arme also ausgeliefert in den Ketten hing und sich nicht mehr wehren konnte – oder sich vielleicht auch gar nicht wehren wollte. Denn eine Sklavin kann immerhin 250 Euro in der Stunde verdienen. Da beißt man schon mal ein bisschen die Zähne zusammen, wenn hin und wieder doch ein Schlag in die Eingeweide geht oder der Dildo im Hintereingang eine Nummer zu groß geraten ist.

Eine meiner neuen Kolleginnen hatte so ein Erlebnis. Ihr Name war Petra. Sie war eine der Frauen, die man auf den ersten Blick unwillkürlich beschützen will und nicht etwa schlagen. Petra war schlank und blass, hatte streichholzkurzes Haar und grüne runde Augen, die tatsächlich stets unterwürfig und liebevoll zu einem aufschauten, obwohl sie fast einsachtzig groß war. Sie trug am liebsten kurze Latexkleider, die zwei Löcher hatten, aus denen die blassrosa Nippel ihrer kleinen Brüste ängstlich hervorschauten.

Als ich Petra das erste Mal sah, trug sie ein viel zu großes Lederband mit Metallring um ihren zarten Hals. Sie tat mir sofort leid. Dass sie diesen Job machte, zeigte, dass sie entweder sehr stark und widerstandsfähig war oder aber das Geld dringend brauchte. Sie erzählte mir die Geschichte von einem Kunden, der sie gefesselt auf den Boden gelegt, sich dann über sie gestellt und ihr mitten ins Gesicht gepisst hatte. Einfach so. Danach hatte er sich einen runtergeholt, während sie immer noch hilflos und irritiert, angeekelt und gedemütigt auf dem Boden lag. Nachdem er sein Sperma auf ihren Bauch gespritzt hatte, hatte er sich seelenruhig angezogen, das Geld auf dem Fensterbrett abgelegt und sich ohne ein Wort davongemacht. Petra wurde erst von ihren Kolleginnen entdeckt und befreit, als sie über eine halbe Stunde lang um Hilfe geschrien hatte.

Diese üble Episode aus ihrer Karriere als professionelle Studio-Sklavin erzählte Petra mit einem Tonfall, der allerdings nicht wirklich betroffen und entsetzt klang, sondern eher ein wenig bedauernd, so, als berichte sie von einem verregneten Strandurlaub. Dass sie sich trotzdem immer wieder unbekannten Männern auslieferte, ohne zu wissen, was ihr dabei zustoßen konnte, erstaunte und erschreckte mich. Aber vielleicht war sie ja wirklich eine duldsame Frau. Vielleicht schlug ihr Freund sie auch, und vielleicht dachte sie sogar, dass sie es nicht anders verdiente.

Es gab auch andere Sklavinnen: starke, selbstbewusste

und würdevolle Frauen, die sich nicht mal für 1000 Euro hinten reinficken ließen, wenn sie nicht wirklich geil auf Analsex waren. Die nur das machten, was ihnen wirklich Lust bereitete, und jeden »dominanten« Kunden mit Blicken töten konnten, wenn der sich nicht an die Absprache hielt.

Eine dieser Sklavinnen war Caroline. Als ich zu meinem Vorstellungstermin ins *Medea* kam, hatte sie mir die Tür geöffnet. Ihr Selbstbewusstsein sprang mich regelrecht an: Sie trug einen durchsichtigen, langen Mantel und war ungefähr so zart gebaut wie eine Kirchenorgel. Ihre Brüste wölbten sich in den Raum wie Balkone, und sie schnürte ihren massigen Körper gerne in strenge Korsagen, wodurch sie aussah wie eine wandelnde Sanduhr.

Sie imponierte mir und erschreckte mich so sehr, dass ich mich fragte, wie wohl die Dominas im *Medea* erst aussahen, wenn die Sklavinnen schon so imposant auftraten. So jemanden zu dominieren verlangt von den Männern wirkliche Größe. Und Mut. Denn Caroline war wirklich stark und eine echte Herausforderung. Ihr Blick war fest und beständig und ihre Stimme laut.

Kunden, die sie ein bisschen mit der Hand schlagen und danach ficken wollten, würden sich vor Caroline ebenso klein fühlen wie vor einer Domina.

Caroline hätte einen zwischen ihren Brüsten ersticken können, und wäre sie während einer Session zusammengebrochen, hätte man wohl dieselben Probleme gehabt wie bei einem gestrandeten Wal. Am Telefon gurrte sie dermaßen geil und überzeugend in den Hörer, dass ihr Terminkalender keine einzige leere Seite aufwies.

Katja liebte diese masochistisch veranlagte, imposante Frau, die das einnehmende Auftreten eines Nilpferdes hatte.

Auch jeder andere staunte über sie. Aber nur die hartgesottenen »Meister« buchten eine solche Sklavin. Denn nicht jeder traut sich, wahrhaft große Tiere zu zähmen, geschweige denn zu quälen.

Neben Caroline gab es noch zwei weitere Sklavinnen im *Medea*. Eine von ihnen nannte sich Venus, auch wenn ihr Name nicht gerade Programm war. Hager, schmalbrüstig und schweigsam wusste niemand so richtig, was sie eigentlich tat und ob sie sich überhaupt wohl fühlte in ihrem Job. Meistens saß sie mit einer Zeitung auf den Knien rum und löste Kreuzworträtsel. Ihr Blick war leer, und am Telefon gab sie uneindeutige Auskünfte über ihre Vorlieben. Einmal belauschte ich eines ihrer Gespräche: »Ich bin Venus, der Traum deiner schlaflosen Nächte. Komm doch einfach mal zu mir und sag mir, worauf du Lust hast, dann sag ich dir, ob ich auch Lust drauf hab.«

Wenn Venus diesen Job je verlieren sollte, konnte sie sicherlich jederzeit ein Schulungszentrum für Hausfrauenerotik gründen. Allzu viele Männer wollten Venus jedenfalls nicht buchen, auch wenn sie offensichtlich einiges mit sich machen ließ. Einmal sah ich, wie sie mit einem wirklich übel zugerichteten Hinterteil aus einem der Studios kam. Blaue und rote Striemen verrieten etwas von dem wahnsinnigen Schmerz, den sie ausgehalten hatte. Die vielen Geldscheine in ihrer Hand schienen dies aber offensichtlich aufzuwiegen.

Die andere Sklavin namens Nadine war tatsächlich devot veranlagt. Sie lebte in einer echten SM-Beziehung, so wie in der *Geschichte der O.*, und ordnete sich ihrem Freund in allen Dingen 24 Stunden am Tag und sieben Tage in der Woche unter. Um den Hals und um ihre Handgelenke trug sie Reifen aus Edelstahl, die abschließbar waren. Den Schlüssel dazu hatte natürlich ihr Partner. Nadine durfte nur das essen und anziehen, was ihr Herr und Gebieter ihr gestattete, und sie musste sogar um Erlaubnis fragen, wenn sie aufs Klo wollte. Nebenher studierte sie Jura … Wenn sie es irgendwann einmal wirklich zur Anwältin schaffen sollte, würde sie ihre Mandanten bestimmt in einem Käfig empfangen.

Nadine war das unterwürfigste Wesen, das mir je begegnen sollte. Sie strahlte eine derartige Lust und Bereitschaft aus, sich fremden, zahlenden Männern auszuliefern, als gäbe es für sie nichts Schöneres. Als ich sie fragte, ob es ihrem Freund nichts ausmache, wenn andere Männer seine Sklavin betatschten und fickten, antwortete sie mit strahlenden Augen: »Ich tue es für ihn. Ich denke dabei nur an ihn. Es ist das Mindeste, was ich tun kann, wenn es sein Wunsch ist. Er genießt es, zu wissen, dass ich für ihn leide, egal ob durch seine oder eine andere Hand. Ich widme ihm meinen ganzen Schmerz und bin stolz, seine Sklavin zu sein.«

Keine weiteren Fragen, Euer Ehren.

… und Nachfrage

Solange Nachfrage nach strenger Zucht besteht, wird dieses Gewerbe bestehen – hier funktioniert der Markt.

BEITRAG IM FORUM *WWW.GUTEFRAGE.NET*

Würde es passieren, dass mein ehemaliger Mathelehrer ins Studio kam? Könnte ich ihn nackt vor mir sehen, während eine meiner Kolleginnen ihm den Hintern versohlte? Würde mir sogar einer meiner neuen Dozenten über den Weg laufen? Mein Klavierlehrer? Oder der Vater meiner besten Freundin?

Auch wenn die Wahrscheinlichkeit dafür sehr gering war, machte mich die Vorstellung trotzdem kribbelig und nervös. Es war eine unangenehme, aber zugleich ungemein lustige Vorstellung. Ich malte mir aus, was ich dem Mathelehrer alles antun würde. Der war nämlich dafür verantwortlich gewesen, dass ich in der zwölften Klasse sitzengeblieben war. Bei ihm würde ich vielleicht auf ein paar fachspezifische Folterinstrumente zurückgreifen: Kreide, Geodreieck, Zirkel …

War es üblich, von solch albernen Vorstellungen angestachelt zu werden, wenn man sich, so wie ich nun, am Schalthebel der sexuellen Macht wiederfand? Nein. Eine Domina sollte sich niemals von Rachsucht treiben lassen oder gar der Vorstellung verfallen, sie könne alle Kunden, die in ihren Machtbereich traten, stellvertretend für all die männlichen Schweine leiden lassen, denen sie im Leben begegnet war.

Das hatte Katja mir gleich zu Beginn eingeschärft, und es leuchtete mir ein. Ich lernte später noch einige Dominas kennen, die aus reinem Männerhass zu diesem Beruf gekommen waren. Mit denen wollte ich von vornherein auf keinen Fall in einen Topf geworfen werden.

Doch was hatte ich zu Beginn überhaupt für eine Vorstellung, was mich an Kunden im *Medea* erwartete? Dachte ich, dass es irgendwie lustig werden könnte? Oder doch eher stressig?

An meinem ersten Tag brachte ich am Telefon fast keinen Ton raus. Ich hatte keine Ahnung, was mich erwartete. Mein Allgemeinzustand glich einer Femme fatale, die kurz davor stand, als Hochstaplerin entlarvt zu werden. Beim Blick aus dem Fenster sah ich einen stattlichen Mann mit Kamelhaarmantel und Krawatte, Marke Staatsanwalt, und ich bekam Angst. Zwar hörte ich den »Staatsanwalt« später quieken und winseln und um Gnade betteln, aber ich fühlte mich trotzdem wie ein Nervenbündel und weniger als überzeugende Domina. Ich, die kleine Elvira, sollte plötzlich zur Jagdgöttin werden? Wie sollte das denn klappen?

In meiner Vorstellung waren alle Domina-Kunden anspruchsvoll, gebildet, eloquent und stark. Wer in der Lage war, 250 Euro in der Stunde hinzublättern, musste zwangsläufig ein ganz besonderer, wichtiger Mensch sein, einer, der ganz genau wusste, was er wollte – oder etwa nicht? Ich dachte, dass Männer, die ins *Medea* kamen, ausgewählte, anspruchsvolle und niveauvolle Szenarien erwarteten. Und eine versierte Zaubermeisterin der bizarren Lust. Und ich? Ich hatte einen Heidenrespekt vor dieser exquisiten Aufgabe.

Und dann kamen sie, die Männer. Und ich hörte, weswegen sie gekommen waren:

»Ha, ein bissle schimpfe und schlage halt, gell.«

»Fesseln und Füße küssen.«

»Strapse tragen und wichsen.«

»Muschi lecken.«

Wenn ich heute Männer fragen würde, wie sie sich eine Domina vorstellen, würden bestimmt fast alle sinngemäß sagen: »Unnahbare Frau, Herrin in respekterzwingender Pose, schwarzes Leder, streng, kühl, hart, gebieterisch – kurz, eine Frau, die man sich nicht mal traut anzuschauen, geschweige denn anzufassen.« So hatte *ich* mir eine echte Domina früher auch vorgestellt. Doch schon bald wurde mir klar: Das waren die Phantasien ahnungsloser Laien.

Von all denen, die sich ins Studio trauten, waren erschreckend viele hingegen der Meinung, eine Domina beschäftige sich hauptsächlich mit primären und sekundären Geschlechtsmerkmalen. Es gab nämlich viele Bübchen, die im Angesicht ihrer Herrin auf ihre Bescherung warteten und wirklich dachten, sie könnten auf ihren Wunschzettel »Cunnilingus« schreiben, ohne dass die Weihnachtsfrau die Rute auspackte, und waren anschließend beleidigt, wenn man ihnen erklärte, dass die Zunge eines Sklaven an der Vagina einer Herrin ungefähr genauso viel zu suchen hat wie Schokotorte auf dem Speiseplan von Kate Moss.

Jedenfalls stellte ich gleich zu Beginn ernüchtert fest, dass ein hoher Prozentsatz der Kunden am liebsten gleich mit der Herrin ins Bett gesprungen wäre. Sie glaubten offenbar, eine Domina unterscheide sich von einer gewöhnlichen Prostituierten nur dadurch, dass sie von ihr zum Muschilecken *gezwungen* würden und Schläge bekämen, wenn sie es nicht gut machten, nach dem Motto: Berührbarkeit und Verfügbarkeit zu hundert Prozent, aber mit Fesseln und ein bisschen Quälen, am besten alles gleichzeitig und bitte ohne Kratzer, damit man der Ehefrau auch weiterhin mit freiem

Oberkörper beim Wochenendgrillen im Reihenhausgarten gegenübertreten kann.

Dieses Missverständnis erklärte, warum über fünfzig Prozent der Angestellten des *Medea* auch Sex anboten. Sonst wäre der Laden nämlich hoffnungslos den Bach runtergegangen. Die Dominas und Sklavinnen waren eigentlich nur eine exquisite Dreingabe für die ganz absonderlichen Wünsche, Neigungen und Perversionen, sozusagen die Besetzung für Notfälle. Im Lauf der Zeit bekam ich einen guten Überblick über den Prozentsatz an Kunden, die wirklich und ausschließlich auf reines SM aus waren. Es waren nicht allzu viele. Konsequenterweise verfügten neun von zwölf Studios im *Medea* nicht nur über eine stattliche Anzahl von Folterinstrumenten, sondern auch über große einladende Betten.

Katja war eben eine raffinierte Geschäftsfrau. Für sie schien der entscheidende qualitative Unterschied zu einem normalen Puff darin zu bestehen, dass in ihren Betten keine roten Plüschkissen lagen, sondern die Matratzen mit schwarzem Lack bezogen waren. Daneben hingen ein paar obligatorische Ketten und klappernde Handschellen, Marke Orion. Dies sowie die sperma- und schweißabweisenden Laken und die bizarr gekleideten Frauen, die sich darin tummelten, verliehen dem Hause *Medea* nach Katjas Definition das Recht, die Bezeichnung »SM-Studio« zu tragen.

An einem ganz gewöhnlichen Tag waren in den Fluren und Zimmern des Studios allerdings mehr Stöhnen und Lustseufzer zu hören als Kettengerassel und Schmerzensschreie. Nur gut, dass ich da als angehende echte Domina nicht mitmachen musste.

Das dachte ich zumindest.

Wie man einen
Regenwurm dressiert

Ein nackt durch Gießen krabbelnder Mann hat in der Nacht zum Mittwoch einen Polizeieinsatz ausgelöst. Eine Frau hatte sich telefonisch bei der Polizei gemeldet und mitgeteilt, in der Stadt krieche ein nackter Mann auf allen vieren herum. Die Beamten konnten den Mann aus Mainz kurz darauf in seinem Wagen ausfindig machen. Der 48-Jährige war mit einem Stringtanga und einem Stachelhalsband bekleidet. Seine 26 Jahre alte Beifahrerin war normal bekleidet und erklärte den Beamten, sie sei mit dem Mann »Gassi gegangen«, weil »jeder so seine Vorlieben hat«.

AGENTURMELDUNG (DDP)

Ich wusste bereits durch meine Zeit bei der Privat-Domina, wie es war, bei einer SM-Session dabei zu sein. Aber im *Studio Medea* sah das Ganze noch mal völlig anders aus.

Gleich an meinem ersten Arbeitstag bot mir Herrin Roxanne an, sie zu einem ihrer Arbeitseinsätze zu begleiten. Mir schlotterten die Knie.

Roxanne erschien mir wie der Inbegriff einer harten Domina. Schon im Internet schien über ihren Bildern eine Sprechblase zu schweben, in der stand: »Wage es nicht, dich mir irgendwie anders zu nähern als auf deinen Knien, Unwürdiger.« Ihr Gesicht zeigte mir vor allem eins: In ihrer näheren Nachbarschaft gab es ein Solarium.

Ihr Mund verlieh ihrem Antlitz die Aura eines Menschen, der die Bedienungsanleitung einer Guillotine auswendig

41

kennt. Alles an Roxanne war hart und dunkel: die Augen, die mit verachtenden Blicken um sich schleuderten, das rabenschwarze Haar, dessen Strähnen sich kaum bewegten, der Leder-Body, der ihren Körper umschloss wie ein Panzer. Wenn man ihren Gesichtsausdruck sah, erwartete man eine Stimme, die klang wie kaltes Eisen.

Beim Anblick ihrer Figur ergriff mich eine Woge von Neid. Roxanne war schlank und trotzdem kräftig. Überall wölbten Muskeln und Sehnen ihre gebratene Haut.

Ich war gerade erst zur Tür reingekommen und schüttelte meinen Regenschirm aus. Meine Nase lief von der Kälte draußen – im Vergleich zu ihr musste ich eine armselige Figur abgeben. Sie stand vor ihrem Spind und zog sich den BH aus. Ich riskierte einen verstohlenen Blick – eindeutig ausgestopft. Mein Neid legte sich etwas.

Roxanne zog sich Leder-Hot-Pants an, Overknees sowie ein mit Nieten besetztes Korsett und rief in meine Richtung: »Los, schnür mal zu.«

Ich war baff. »Meinst du mich?«

»Ha, isch sonst no jemand da?«

Oje, die Stimme klang nicht nach kaltem Eisen. Eher nach zu vielen Zigaretten. Und nach Schwäbischer Alb.

Doch das reichte noch nicht aus, um meinen Respekt vor Herrin Roxanne zu brechen. Vor mir stand immerhin ein großer, gestählter Körper in schwarzem Leder, der in ein Korsett geschnürt werden wollte. Die Uniform musste geschlossen werden. Bei ihrem Anblick kam ich mir vor wie eine Witzfigur.

Wie konnte ich mich erdreisten, über ein Dasein als Domina auch nur nachzudenken? Denn hier stand sie: der Inbegriff einer gestiefelten Herrscherin mit angeborenem, wenn auch ziemlich süddeutsch gefärbtem Befehlston. Und mit einem Körper, der zum Unterjochen gemacht schien. Ketten begleiteten rasselnd ihre Schritte, Sklaven pflasterten ihren Weg.

Ich ließ also Schirm und Tasche stehen und kümmerte mich um die Schnüre am Korsett von Herrin Roxanne.

Wahrscheinlich hätte ich ihr vor lauter Respekt sogar noch die Stiefel geschnürt, aber das machte sie dann doch selber. Ich fühlte mich plötzlich nicht mehr wie eine Jungdomina, sondern wie die Zofe dieser Frau. Wie hätte ich ihr jemals widersprechen können? *Na, wenn das selbst bei mir wirkt, beeindruckt es einen Sklaven bestimmt doppelt und dreifach,* dachte ich.

So dachte ich, als ich vorsichtig und behutsam an den Schnüren zog.

»Na los, feschter!«

Ich zog fester.

»Hey, nicht soo fescht, willsch du mir die Rippen brechen?!«

Das war sie also: die klassische Domina. Nichts kann sie zufriedenstellen. Überall legt sie Fallen und Fangstricke. Sie macht es niemandem leicht.

»Du bisch die Neue, oder?«

»Ja, ich bin Elvira.«

Zitterte meine Stimme etwa?

»Isch des dein erschter Tag?«

»Ja. Katja lässt mich noch nicht alleine arbeiten.«

»Gut, dann kommsch du nachher mit.«

Wie war das? »Äh, in eine Session?«, fragte ich.

»Ja. Nachher kommt der Jürgen, die Maso-Sau.«

Aha. Das klang zwar wenig originell, aber mal sehen.

»Ist das fest genug?«, wollte ich wissen und zerrte noch einmal an den Korsettschnüren.

Roxannes muskulöser, glatter Rücken bewegte sich einmal prüfend vor und zurück. »Ja, danke.«

Dann drehte sie sich um und sah mich direkt an. In ihrem Nasenflügel musste mal ein Ring gewesen sein. Ein kleines Loch sammelte dort ihr Make-up.

»Weisch du, was du machen muscht?«

Ich schüttelte den Kopf.

»Du kommsch einfach mit und machsch, was ich dir sag. Die Drecksau fährt sowieso auf 'ne zweite Frau ab. Kriegsch auch was von der Kohle ab.«

Aha. Herrin Roxanne war zwar hart, aber gerecht. Ich war erleichtert. Und dankbar. Etwas Besseres konnte mir doch an meinem ersten Arbeitstag gar nicht passieren. Die Stiefelherrin würde mich teilhaben lassen an der Züchtigung einer … wie war das? Richtig: einer Maso-Sau namens Jürgen.

»Was für eine Art von Session wird das denn?«, fragte ich zaghaft.

»Schmerzerziehung – wenn du weisch, was das isch, Schätzchen.« Roxanne widmete sich nun ihren Lederstiefeln, die ihre schlanken, harten Waden ungemein zur Geltung brachten. Mist, ich war wirklich neidisch auf ihre Figur. In dem Moment fiel es mir siedend heiß ein: Wenn ich sie in ihre Session begleiten musste, würde auch ich mehr Haut zeigen müssen. Ein unangenehmes Gefühl von Scham und Unwürdigkeit kroch mir die Wirbelsäule hoch. Ich sah in meinem Korsett nicht halb so überwältigend aus wie sie. In knappe Hot Pants traute ich mich schon gar nicht, und meine Oberarme waren auch nicht gerade die straffsten. Ich würde neben dieser Amazone aussehen wie ein Engerling.

Da klingelte es.

»Das isch der Jürgen«, rief Roxanne. »Zieh dich an, schnell!«

Sie verschwand in Richtung Tür; das harte Klacken ihrer Stiefel ließ die Bodenfliesen in ihren Fugen knacken.

Ich wurde hektisch.

Mein Regenschirm ergoss kleine Bächlein auf den Boden. Ich schwitzte und versuchte, alles Nötige zu koordinieren, um meinen ersten Arbeitseinsatz nicht gleich zu versauen. Schuhe aus, Klamotten aus, duschen? Nein, keine Zeit. Schminken, Haare kämmen, Arbeitskleider anziehen. In meiner Tasche lag eine neue Packung halterloser Strümpfe von *C&A*. Ich fummelte den Verschluss auf und riss dabei gleich ein kleines Loch in das schwarze Gewebe – verdammt!

Das Unverzeihlichste auf der ganzen Welt sind Frauenbeine in Laufmaschen.

Doch ich hatte keine Zeit, mich darüber aufzuregen. Ich zog die Strümpfe so zurecht, dass die Laufmasche möglichst unsichtbar blieb, und angelte mir meine Lackstiefel. Ich wollte ja schließlich extravagant aussehen und hatte mir welche ohne Reißverschluss gekauft. Nun war ich erstmal eine Weile beschäftigt, zwei lange Schnürsenkel durch gefühlte hundertfünfzig Ösen zu nesteln. Ich schwitzte noch mehr.

Da kam Roxanne um die Ecke gesaust und wedelte mit Geldscheinen. Als sie mich sah, blieb sie stehen.

»Na los, los, beeil dich, der Jürgen duscht schon!« Sie legte mir einen grünen Schein hin. Das machte die Sache nicht einfacher, denn jetzt fühlte ich mich noch mehr unter Druck gesetzt. Für hundert Euro musste ich doch sicherlich was tun, oder? Und das Mindeste war, geil auszusehen und pünktlich in der Session zu erscheinen.

Ich nahm meinen kurzen Lackrock und stieg hinein. Dabei blieb ich mit den Absätzen am Rocksaum hängen, fiel fast auf den Arsch, schaffte es aber gerade noch, in der Senkrechten zu bleiben, und knöpfte mir das glänzende schwarze Unterteil zu.

Aber etwas fehlte noch: mein Korsett! Ich zog es aus der Tasche und öffnete die Ösen. Sollte ich meinen BH drunter anlassen oder nicht? Ich dachte an meine fülligen Arme und den BH-Verschluss, der die ganze schöne Korsett-Optik zunichtemachte, und schmiss den BH in die Tasche.

Roxanne war schon wieder da und spornte mich zu noch mehr Eile an. Beiläufig warf sie einen Blick auf meine weißen Brüste. »Geile Piercings«, sagte sie. »Solche hätt ich auch gern mal.«

Donnerwetter, ein Lob von Herrin Roxanne. Mich beschlich der ketzerische Gedanke, dass sie vielleicht zu schmerzempfindlich war, um selber zum Piercer zu gehen.

»Hasch du nix aus Leder?«, kam es unvermittelt.

Ich schüttelte den Kopf. So was muss man sich erst mal leisten können. Und außerdem: Durfte eine vegetarische Domina überhaupt Leder tragen? Ich hatte seit fünf Jahren kein totes Tier mehr gegessen – und auch nicht am Leib geduldet – von meinen Schuhen abgesehen, natürlich. Ich konnte ja schlecht den ganzen Tag in Gummistiefeln rumlaufen. Wie auch immer: Fürs Erste musste es jetzt dieses Lackdings tun.

Ich schloss die Ösen, und schon hatte die Kollegin meine Korsettbänder in der Hand. Mit geübten Griffen zog sie zu. Mir wurde eng und fest um Brust und Bauch. Mit befriedigender Schnelligkeit war mein Bauch auf einmal flach und glatt, und mein Busen wölbte sich mächtig über die beiden festen Schalen am oberen Ende. Roxanne zerrte kraftvoll an den Schnüren. *Wie wunderschön sich das anfühlt*, dachte ich als sie auch schon den finalen Knoten band, mich an der Hand packte und mit sich zog. Ich fragte mich, warum sie es so eilig hatte.

Als wir am großen Spiegel im Gang vorbeikamen, erschrak ich. Es war, wie ich befürchtet hatte. Roxanne sah einfach nur toll und königlich aus, ich eher wie die verunglückte Ausgabe von Betty Page plus zehn Kilo. Ich fragte mich, ob ich nicht lieber umkehren und Roxanne ihre hundert Euro zurückgeben sollte. Doch es half nichts, da musste ich jetzt durch. Wir erreichten Studio sechs. Vor mir straffte sich der Rücken der Stiefelherrin, und schwungvoll riss sie die Tür auf.

Drinnen kniete etwas auf dem Boden. Es hatte Röllchen, etwa wie das Michelin-Männchen. Überall, sogar im Nacken. Das sah ich deutlich, denn das Gesicht des Männchens zeigte Richtung Boden, und unter seinem hinteren Haaransatz wölbte sich ein dicker Fleischwulst. Die Hände lagen neben dem Kopf flach auf dem Boden, der Hintern zeigte fast senkrecht in die Höhe. Die Oberarme sahen aus, als hätte seine Mama seinerzeit vergessen, ihm die Schwimmflügel auszuziehen. Das demütig gesenkte Kreuz: eine einzige Hügellandschaft aus Muskeln.

Jetzt ging ein leises Zittern durch den Michelin-Mann. Die Tür schloss sich, und Lady Roxanne stellte sich mit ihren Stiefelspitzen direkt vor das gesenkte Gesicht.

»Ha!«, tönte sie mit rauchiger Stimme, »da isch ja der kleine Regenwurm, der seiner Herrin Reschpekt zollen muss, hä?«

Wie auf Kommando schoss eine lange, rosafarbene Zunge aus dem gesenkten Gesicht und schleckte über das Leder der Stiefel. Mit sichtlichem Appetit robbte das Knubbelwesen nun näher und begann, inbrünstig das Schuhwerk zu küssen und zu lecken: Absatz, Schaft, Ösen, Spitze – anderes Bein: Absatz, Schaft, Ösen, Spitze. Dabei begann das Männchen, wollüstig zu grunzen. Speichelfäden zogen sich aus dem gierigen Mund.

Da hob die Herrin ihren rechten Stiefel und bohrte langsam den langen, spitzen Absatz zwischen die geöffneten Lippen. Das Michelin-Männchen begann daran zu lutschen und zu saugen, als wäre es seine Leibspeise.

»Ha, der kleine Jürgen!«, rief Roxanne. »Er bläst immer wieder geil die Stiefelabsätze von der Herrin, hä?!«

»Ja, Herrin Roxanne, danke, dass Sie mich Ihre göttlichen Stiefel verehren lassen.« Jürgens Stimme klang heiser vor Hingabe. Vielleicht aber auch vom Staub unter Roxannes Sohlen.

Ich war fasziniert. Wie groß musste die Macht meiner Kollegin über dieses Wesen sein, dass es unaufgefordert ihre Stiefel küsste?! Wie sehr musste es sie verehren?! Unterwerfungshaltung schien ihm selbstverständlich geworden! Da beugte Roxanne sich herunter und griff in den Haarschopf dieses sogenannten Jürgen. Sie zog ihn hoch, und nun kniete er da, in seiner ganzen ausgebeulten Pracht. Ein Mann, der sein Monatsgehalt ganz offensichtlich in Hanteln und Hormonspritzen investierte – und in Herrin Roxanne.

Er hatte auf jeden Fall größere Brüste als sie und ich zusammen und eine garantiert schmalere Hüfte als ich. Seine Oberschenkel machten Stahlträgern alle Ehre. Der Bauch sah so hart aus, als könnte man darauf rumlaufen. Und der Nacken würde jeden Stier eifersüchtig werden lassen.

Und zwischen seinen Beinen ragte – der Regenwurm.

Jetzt verstand ich auch, warum Roxanne ihn zur Begrüßung so genannt hatte. Sein Schwanz stand in einem derartigen Missverhältnis zu seinen Muskelbergen, dass ich schlagartig die tragische Situation dieses Mannes erfasste. Mir blieb das Lachen im Hals stecken.

Mit Hundeblick sah Jürgen zu Roxanne auf. Sein Gesicht glich dem eines kleinen Jungen, dem ein Eis versprochen wird. Hoffnungsvoll himmelte er die Domina an, und in ihrer Gegenwart schrumpften seine Muskelberge zu nacktem, hilflosem Fleisch.

Da drehte Roxanne sich um und zeigte auf mich.

»Schau mal, du geiler Regenwurm, hier habe ich Unterstützung mitgebracht. Nicht, dass ich nicht alleine mit dir fertig werden würde …!« Sie rammte ihm ihr gestiefeltes Knie in den Bauch. Jürgen knickte zusammen wie ein zerbrochenes Mikado-Stäbchen.

»Ha, du Wurm, wo bleiben jetzt deine Muskeln?« Roxanne amüsierte sich und streichelte ihm ein paarmal über den harten Bauch. Dann zeigte sie wieder auf mich.

»Das hier isch die Elvira. Sie wird mir heut ein bissle zur Hand gehen, um dich kleinzukriegen.« Sie hob erneut das Knie, ließ es aber sinken, als Jürgens Muskeln sich augenblicklich anspannten, und lachte triumphierend. Ich fragte mich, worin mein Beitrag bestehen könnte. Doch Roxanne hatte offensichtlich einen Plan. Sie zerrte einmal kräftig an Jürgens Haaren. Er richtete sich auf und blickte ängstlich in die Runde. Roxanne dirigierte den Muskelberg an ein Andreaskreuz. Brav stellte er sich davor auf und spreizte Arme und Beine zu einem X.

»Schau mal, wie gut ich ihn schon abgerichtet habe!« Zufrieden begutachtete Roxanne ihren Kunden und streichelte über seine Brust. Dann griff sie sich ein Paar Ledermanschetten und warf sie mir zu. Ich reagierte zu spät und musste mich bücken. Und da geschah es. Als ich mich wieder aufrichtete, hüpfte meine linke Brust aus ihrer Behausung. Scheiß Korsett!

Wohin jetzt mit den Händen? Ich versuchte, mit der Rechten die Fesseln zu greifen und mit der Linken meinen flüchtigen Busen wieder einzufangen. Ich machte gerade sicherlich keine sehr erotische Figur.

Gleich zwei Gesichter sahen mich interessiert an. Dem Regenwurm klappte die Kinnlade nach unten. Roxanne grinste: »Nanana, Elvira. Du willsch doch unseren Sklaven nicht schon jetzt belohnen. Das hat der sich noch gar nicht verdient, dass er deine Titten sehen darf.«

Ich überlegte mir ernsthaft, zu flüchten. Was sollte ich Stümperin hier eigentlich? Ich schämte mich so sehr, dass man es mir ansehen musste. Ich lief rot an – von den Haarspitzen bis in die Brustwarzen.

Doch Roxanne ließ mich nicht im Regen stehen. Sie ließ mir keine Zeit, im Erdboden zu versinken, und sagte: »Jetzt fessel ihm mal die Füße ans Kreuz.«

Ich ging also erneut in die Hocke, diesmal sorgsam darum bedacht, meine Brüste im Zaum zu halten, und schlang die Fesseln um Jürgens Fußgelenke. Wie Baumstämme ragten sie vor mir auf, ich fragte mich, ob ihm die Manschetten überhaupt passen würden. Ich zog und zerrte heftig, bis ich die Dinger endlich um seine Füße geschlungen hatte. Ich spürte meinen Herzschlag hart gegen das enge Korsett. Vorsichtig riskierte ich einen Blick nach oben. Jürgens Blick traf mich an seinem steifen Regenwurm vorbei und fiel mir direkt in den Ausschnitt.

Ich war geistesgegenwärtig und reagierte mit der einzigen Möglichkeit, die mich vielleicht einigermaßen gefährlich wirken ließ. Ich petzte.

»Lady Roxanne, der Sklavenwurm stiert mir in meinen Ausschnitt!«

»Was?«

Roxanne hatte die Kreuzigung unseres Muskelmanns gerade abgeschlossen. Nun packte sie das Kinn des Wehrlosen und machte Anstalten, es zwischen ihren Fingern zu zerquetschen.

»Was machsch du da, hä?«

»Herrin, ich habe deiner Zofe in den Ausschnitt geguckt«, murmelte Jürgen mit verzogenem Mund, und sein Blick huschte zwischen uns hin und her.

»Du Schwein! Du weisch doch, dass du das nicht darfscht, oder?«, rief Roxanne.

Sie knallte ihm eine. Mit der anderen Hand ruckte sie einmal unauffällig an ihrem Korsett, das einfach zu perfekt saß. Ihre Brüste saßen darin wie eingegossen. Bei mir quoll das Fleisch fast obendrüber. Jürgens Augen huschten nun zwischen unseren Ausschnitten hin und her.

»Hab ich dir das erlaubt?« Die Sache war offenbar noch nicht ausgestanden.

»Nein, Herrin. Entschuldigung.«

»Warum machsch du es dann, hä?«

»Weil ich ein geiles Schwein bin …«

»Aha! Und findesch du ihre Titten etwa geiler als meine?«

O weh. Das war eine böse Domina-Falle. Auf diese Frage konnte es keine richtige Antwort geben. Was Jürgen nun auch sagte, Roxanne würde es auf jeden Fall gegen ihn verwenden. Und Jürgen wusste das. Das sah ich daran, dass sich seine Nasenspitze verfärbte und der Regenwurm auf einmal der Schwerkraft gehorchte und nach Löchern im Boden Ausschau hielt. Dieses Spielchen kannte ich bereits von meinen Sessions bei der Privat-Domina, die sich in Sachen Gemeinheit nicht hinter Roxanne hätte verstecken müssen.

Manch unbedachter Sklave hätte sogleich eingelenkt und gesagt: »Aber nein, Herrin, du bist die Schönste im ganzen Land!« Dann könnte eine echt gemeine Herrin darauf antworten: »Aha, du findest meine Begleiterin also *nicht* geil?«

»Ääh, doch …«

»Aha, und darum glotzt du ihr auch auf die Titten, ja?«

»Äh, nein, ich …«

»Willst du damit sagen, du freust dich nicht darüber, dass ich dir so einen Anblick überhaupt gönne?«

»Doch, doch …«

»Und darüber vergisst du mich, deine Herrin, oder was?«

So lief das in der Regel. Und ich ahnte, dass Roxanne jede Sekunde dieses Spiels auskosten würde. Sie suchte geradezu danach, Jürgen eins reinzuwürgen und ihn bei einem Fehler zu ertappen. Doch Jürgen war überraschend schlau. Oder aber ein echter Sklavenprofi.

»Herrin, bitte verbinde mir die Augen und bestrafe mich für meine Geilheit. Ich will erst wieder deinen schönen Ausschnitt oder den deiner Zofe sehen, wenn ich es mir verdient habe.«

Und schon presste er die Augenlider zusammen.

Okay, dieser Sklave war offenbar durch die hohe Schule der Domina-Diplomatie gegangen. Er wusste, wie man einen Krieg vermied. Ich war beeindruckt. Nur eins störte mich: Warum klärte Roxanne ihn nicht auf, dass ich gar nicht ihre Zofe war? Warum sagte sie ihm nicht, dass er auf dem falschen Dampfer war? Hatte er mir deswegen so schamlos auf meine Brüste gestiert, weil er sich vielleicht dachte: *Ach, das ist also die kleine Fleischbeigabe, das Bonbon für hinterher, der kann ich ruhig auf die Möpse glotzen, dafür ist sie ja da.*

Ich war plötzlich die fleischgewordene Unsicherheit. Mein wogendes Dekolleté zerschellte an Roxannes steinhartem Amazonen-Busen. Mal wieder fiel mir auf, wie unweiblich und grobschlächtig ich mich manchmal fühlte mit meinem ausladenden Becken und den breiten Oberarmen. Meine Strümpfe zwickten in die Hautfalte zwischen meinem Po und meinen Schenkeln. Roxannes Power machte aus mir eine tumbe Nachhilfeschülerin. Ich kam mir peinlich vor und fühlte mich zugleich wie ein Stück Wurst in einem Schaufenster, das mit sabbernden Hundeaugen angeglotzt wird. Und das, obwohl Jürgen seine Lider geschlossen hatte.

Gedanken an eine Kohlsuppendiät schossen zwischen meinen Korsett-Häkchen hoch. Was hätte ich in diesem Moment gegeben, wie eine Ebenholz-Statue auszusehen. Oder wenigstens ein größeres Selbstbewusstsein zu haben. Am besten beides. Noch dümmer kam ich mir vor, weil ich, umgeben von Peitschen und Handschellen, so abturnende Gedanken hatte.

So wird das nichts mit der Domina-Karriere. So nicht, du pubertärer Jammerlappen. Reiß dich zusammen, der Typ ist gefesselt, er hat hier gar nichts zu melden.

Roxanne indes war hocherfreut über Jürgens Ansage. Anerkennend tätschelte sie seinen mörderischen Bizeps, der vor Freude noch weiter anschwoll, im Gegensatz zu seinem Schwänzchen.

»Ha, so will ich das haben. Sag, Elvira, isch das nicht ein guterzogener Sklave?«

»In der Tat. Ist ja auch von dir erzogen worden«, erwiderte ich mit echter Anerkennung.

Roxanne strahlte eine derartige Genugtuung aus, dass ich mich fragte, ob die Komplimente eines Sklaven womöglich tatsächlich ihr Ego streichelten. Mir ging es zumindest so.

»Na, dann wollen wir der Elvira mal zeigen, was so ein geiles Schwein aushalten kann für die Herrin!«, rief Roxanne und stülpte Jürgen eine lederne Augenmaske über. »Und wehe, du blamiersch mich vor ihr, hörsch du?!«

»Ja, Herrin, ich werde mich anstrengen.«

Im Folgenden passierten eine Menge Dinge, die mir schon einigermaßen vertraut waren.

Jürgen war ein Kunde, der die klassische Maso-Nummer brauchte: mittelstarke Schmerzen, aber mit herkömmlichen Spielsachen. Er bekam kleine Klammern an seine Nippel und an seinen Hodensack, an denen immer wieder sanft gezogen wurde. Ich durfte ihm heißes Kerzenwachs über seine Eichel gießen sowie über alle anderen nennenswerten Körperschwellungen. Während ich vorsichtig mit der Wachskerze hantierte, stand Roxanne neben mir auf und passte auf wie ein Schießhund. Sie zeigte mit der Fingerspitze auf die Stellen, auf denen das Wachs landen sollte, kontrollierte jeden meiner Handgriffe und nickte bestätigend dazu, als geschehe jede meiner Bewegung erst auf ihre Erlaubnis. Entweder glaubte sie, ich hätte von gar nichts eine Ahnung und sie müsse mir alles von Grund auf beibringen, oder aber sie hütete Jürgen wie ihren Augapfel und gab acht, dass die blutige Anfängerin ihm ja kein Leid zufügte, das sie nicht verantworten konnte.

Aber während sie mich lenkte, strahlten Roxannes Augen und sie nickte mir aufmunternd zu. Bei jedem Spritzer Wachs, der erfolgreich Jürgens Muskeln verzierte, machte sie »Huuuuhh«, als sei sie selbst begossen worden. Jürgen stöhnte leise, offensichtlich gefiel es ihm. Er wand sich in seinen Fesseln und ließ seine Muskeln spielen.

Später banden wir ihn auf einen Bock und schlugen ihn mit allem, was uns in die Finger kam. Zuerst bearbeitete Roxanne ihn mit einer weichen Peitsche. Ohne sie um Erlaubnis zu bitten, griff ich mir eine Gerte und trat hinter Jürgen. Roxanne ließ ihre Peitsche fallen und eilte zu mir. Sie lächelte mich auffordernd an, stellte sich aber seitlich hinter mich und griff nach meinem Arm. Dann holte sie mit mir aus und lenkte den ersten Schlag auf seinen Hintern. Irritiert sah ich sie an, doch sie holte erneut aus. Wie ein Tennislehrer brachte sie mir jedes kleine Detail des Schlagens bei. Was dachte sie denn von mir? Machte ich einen derart unbeholfenen Eindruck, dass sie glaubte, mir bei so etwas behilflich sein zu müssen? Oder meinte sie, etwas an mich weitergeben zu müssen, was sie selbst genauso gelernt hatte? Immerhin war Roxanne wohlwollend und freundlich. Und da Jürgen sowieso gerade geknebelt war und nur leise stöhnte, war es, als würde sie sich gar nicht mit ihm, sondern mit mir beschäftigen. Allmählich fühlte ich mich besser. Irgendwann ließ Roxanne meinen Arm los und dirigierte meine Schläge mit den Händen. Fehlte nur der Taktstock.

Jürgen bekam zum Glück nicht mit, was hinter ihm ablief. Er lag völlig entspannt über den Bock gebeugt, stöhnte und gab sich hin.

»Na, du geiles Opfer!«, rief sie an Jürgen gewandt aus und krallte ihre Fingernägel in seinen Sack, »gefällt dir das?«

»Ja, Herrin!«, stöhnte Jürgen durch seinen Knebel.

»Was? Wir wollen doch aber gar net, dass es dir gefällt! Du sollsch leiden. Du sollsch dir doch was verdienen, weisch du noch?«

Jürgen nickte brav.

»Und was sollsch du dir verdienen?«

Jürgen druckste herum. Er wusste es wohl nicht mehr.

»Wie? Du hasch vergessen, wozu du hier bisch?«, rief Roxanne und zerrte ihm den Knebel aus dem Mund. Speichelfäden tropften aus Jürgens Mund auf Roxannes Stiefelspitze, doch sie bemerkte es nicht.

»Ich leide doch für dich, Herrin«, kam es kläglich. Jürgen war wirklich ein sehr diplomatischer Sklave.

»Ja, das wissen wir jetzt. Aber vielleicht sollten wir dir mal auf die Sprünge helfen und dich an deine Belohnung erinnern. Elvira, sag's du ihm.«

Roxanne drehte sich zu mir um, aus ihren braunen, stechenden Augen traf mich ein auffordernder Blick, der soviel sagte wie: *Los, verkünde ihm endlich die frohe Botschaft. Du hast die Ehre, sein Leiden zu beenden.*

Doch ich war ahnungslos. Ich konnte mich nicht einmal daran erinnern, dass eine Belohnung erwähnt worden war. Hatten wir ausgemacht, dass Jürgen für einen bestimmten Zweck litt, nicht nur zur Freude seiner Herrin? Gab es für einen Sklaven noch einen anderen Grund zu leiden? Ich war von der Frage überfordert und sah Roxanne mit großen Augen an. Sie taxierte mich mit einem intensiven Blick, zwinkerte einmal kurz und griff sich dann an ihre Brüste.

Doch ich verstand immer noch nicht.

Als Roxanne sah, dass ich den Faden verloren hatte, machte sie einen Schritt auf mich zu. Sie packte mich an den Schultern und bugsierte mich vor den Bock, direkt vor das Gesicht meines Übungsobjektes.

Ich sah hinunter zu ihm. Jürgen war rot im Gesicht und verschwitzt, und seine wässrigen Augen blickten mich mit einer Mischung aus Überraschung und Angst an.

Hatte ich was verpasst? Was sollte das alles? Was konnte ich dem Michelin-Mann geben, wofür er sich so brav hingegeben hatte? Überhaupt, so arg mitgenommen sah er ja nicht aus. Keine einzige Strieme, kein einziger roter Fleck war auf seiner Haut zu sehen. Ob das an den Präparaten lag, die er schluckte?

Roxanne war hinter mich getreten, ich hörte ihre raunende Stimme ganz leise an meinem Ohr. So leise, dass ich erst dachte, ich hätte mich verhört.

»Zieh dein Korsett aus …«

Das war es also – die Nummer mit den Titten, vor der ich mich vorhin gerade noch selbst hatte retten können. Sie hatten es beide nicht vergessen. Ohne dass ich es bemerkt hatte, waren meine Brüste von Roxanne auf die Speisekarte gesetzt worden, als Dessert nach einem langen, schmerzvollen Hauptgang. Sie hatte ihrem Kunden in Aussicht gestellt, ungestraft einen Blick darauf werfen zu dürfen. Und ich war nicht in der Lage gewesen, dieses Manöver zu durchschauen, und hatte gedacht, das Geschwätz mit der Belohnung sei nur eine Floskel. Die Belohnung für Jürgen wäre doch eigentlich gewesen, sich vor unseren Augen seinen Regenwurm auszupressen.

Ich war hier unwissend zum Lustobjekt degradiert worden, obwohl ich eindeutig als Jungdomina eingestellt worden war. Da wollte ich nicht mitspielen. Zugleich bekam ich ein bisschen Panik. Ich wollte ja die Session nicht versauen, Roxanne nicht verärgern, Jürgen nicht enttäuschen. Ich hatte mich ja auch bei weitem nicht so benommen, wie ich es gerne getan hätte. Vielleicht hätte es geholfen, ein kleines Ansteckschildchen zu tragen mit dem Aufdruck: *Lady Elvira – Jungdomina. Look, but don't touch.*

Da stand ich nun und spürte Roxannes Finger an meinem Rücken und die Glupschaugen des Muskelberges auf meinem Ausschnitt.

Ich wollte gerade mutig sein und sagen: »Nein, ich finde, er ist noch nicht reif für die Belohnung. Ich will, dass er erst noch siebzig Liegestütze für mich macht. Mit Klammern an den Hoden.« Aber es war zu spät. Mit einem festen Griff streifte Roxanne das Brustteil meines Korsetts nach unten, und plötzlich lag mein Busen schwer und weiß in ihren Händen.

Jürgen ließ ein Keuchen hören

»Huuuhh!«, flötete Roxanne. Dann begann sie, mit triumphierendem Lachen meine Brüste zu kneten und zu streicheln. Ich stand völlig reglos da.

»Na, Jürgen, ist das nicht eine feine Belohnung? Ist das nicht ein geiler Anblick? So was willsch du doch sehen, du geiles Schwein, hä?«

Jürgen nickte mühsam. Er war gezwungen, seinen Kopf in einem schmerzhaften Winkel nach oben zu halten, denn er lag immer noch wehrlos auf dem Bock festgeschnallt. Ich war froh, dass er seine Hände nicht ausstrecken konnte.

Wer ist hier eigentlich das Objekt, fragte ich mich – er oder ich? Ich war so verlegen und verunsichert, dass ich weder ein noch aus wusste. Dass mir Lady Roxanne an die Wäsche ging, war nicht abgemacht. Hatten wir uns vorher missverstanden oder war ich wirklich so ahnungslos? Ich fragte mich, was Roxanne machte, wenn sie keine ahnungslose Jungdomina in ihre Session mitnahm. Rieb sie sich dann vor Jürgens Nase selbst ihre braunen Silikontitten? Oder wusste sie um die geheimen Wünsche eines Mannes und wollte ihm heute einfach nur mal den Anblick echter, unoperierter Brüste gönnen?

Ich wusste nicht, was ich tun konnte, um dieser Situation zu entfliehen. Ich versuchte, mich mit Jürgens Augen zu sehen, und das gefiel mir noch weniger als das Gefühl, dass mir Lady Roxanne an die Wäsche ging. Im selben Moment raunte sie mir auch noch vorwurfsvoll zu: »Los, jetzt stöhn mal ein bissle!«

Jürgen konnte meinen Anblick nicht wirklich als Belohnung empfinden, das war mal klar. Denn was er sah, war ein steif dastehendes, erschrockenes Mädchen mit heruntergerutschtem Korsett, dessen Brüste in den Händen seiner Domina hin und her schaukelten und dessen Gesichtsausdruck ungefähr so erotisch war wie der einer Wachkomapatientin.

Ich durfte die Session nicht versauen. Ich musste mitspielen. *Jeder macht mal Fehler, jeder fängt mal klein an, ist doch keine Schande,* dachte ich. Außerdem fühlten sich Roxannes Fingerspitzen auf meinen Nippeln gar nicht mal so unangenehm an. Sie zupfte leicht an meinen Piercings und drückte meine weichen, weißen Kugeln so intensiv und einfühlsam, dass ich geradezu erschrak, als der schöne Aspekt dieses Augenblicks auch in mein versperrtes Lustzentrum aufstieg und ich eine leichte Erregung verspürte. Ich schloss die Augen und ließ es geschehen. Ich lehnte meinen Kopf ein wenig zurück und begann, etwas lauter zu atmen.

Das Ganze hatte gleichwohl etwas Absurdes.

Eigentlich war ich ja hierhergekommen, weil ich hoffte, eine ältere, erfahrene Frau würde mich in die Kunst der professionellen weiblichen Dominanz einweihen. Und nun stand ich hier und ließ mir von Lady Roxanne die Brüste massieren. Was hatte ich gelernt in dieser Session? So gut wie nichts. Außer vielleicht, dass selbst eine furchterregende Lederherrin einen mütterlich-fürsorglichen Zug an sich haben konnte.

Und dann war es auch schon vorbei. Plötzlich waren Roxannes Hände weg und sie stand wieder neben mir. Jetzt krallte sie sich in Jürgens Haar, zog seinen Kopf noch weiter nach oben und beugte sich zu ihm: »Na, du geiler Regenwurm, hat dir das gefallen?«, zischte sie.

»Ja, Herrin, danke. Vielen Dank.«

»Warum bedanksch du dich nicht bei Elvira? Schließlich waren's ihre Titten.«

»Danke, Elvira.« Er wandte sich mir zu. »Du bist eine wunderbare Zofe.«

Ich steckte schleunigst meine Brüste zurück ins Korsett und brachte nur ein schiefes Grinsen zustande. Das wurde heute nichts mehr mit meiner dominanten Ausstrahlung. Naja, vielleicht beim nächsten Mal.

»Jürgen, du wirsch mir und Elvira jetzt schön zeigen, wie geil dich das gemacht hat, ja?!«

Sie band ihn los und beförderte ihn mit einem Fußtritt auf den Boden, wo er liegen blieb. Zwischen den Muskelbergen seines Bauches und seiner Oberschenkel ragte aus einem rasierten Tal der Regenwurm hart empor, wie der eifrige Zeigefinger eines Grundschülers. Zuckend und pulsierend tat er uns seine Lust kund, die schon am Sieden war. Schleim floss am Regenwurm nach unten.

Lady Roxanne nahm ein Kondom und stülpte es ihm über. Dann kniete sie sich auf seine Schultern, während er nach seinem Schwanz tastete. Offensichtlich war das ein Ritual zwischen Sklave und Herrin. Ich stand an seinen Füßen und klemmte sie zwischen meinen Stiefeln ein. Das hätte eine brave Zofe sicherlich nicht getan, aber es war das Einzige, was ich zur Ehrenrettung der Jungdomina unternehmen konnte. Roxanne nickte dankbar.

»So, du geiles Miststück. Jetzt wichs dich und zeig uns,

wie geil du abspritzen kannsch.« Dann beugte sie sich vor und hängte ihre eigenen Brüste in den Lederschalen ihres BHs vor Jürgens Nase.

Keuchend und zitternd begann er, sich zu befriedigen.

Es war das erste Mal, dass ich dabei zusah, wie ein Bodybuilder sich einen runterholte.

Ja, es sah anders aus als bei einem normal proportionierten Mann. Und nein, es war nicht beeindruckend. Jürgen griff sich mit einer Hand an seine Brustwarzen, in der anderen verschwand sein Schwanz. Ich weiß nicht, was er mehr genoss: das Gefühl, sich selbst die Nippel und den Piephahn zu reiben, oder das Gefühl, dabei seine Muskeln hin und her rollen zu lassen. Es war auf eine skurrile Art bedrohlich, wie Jürgen aus dem Masturbieren einen Kraftakt machte, als gelte es, einen Hinkelstein von sich zu schleudern. Hätte nicht Roxanne auf seinen Schultern gekniet und geschrien: »Los, du dreckiges geiles Sklavenschwein, zeig uns, wie weit du spritzen kannst!« (was natürlich eine Floskel war, denn er hatte ja ein Kondom an), hätte man denken können, dass Jürgen mit einer Langhantel kopulierte. Seine Adern an Hals und Armen schwollen an wie Drahtseile, seine Zehen verkrampften sich zwischen meinen Stiefeln, seine teuer bezahlten Muskelberge wölbten sich auf und ab, zuckten und tanzten. Kein einziges Mal sah ich den Regenwurm aus der riesigen Hand hervorlugen. Nur seine schlabberige, feuchte Zipfelmütze hüpfte zwischen seinen Fingern. Es war echt grotesk.

Und dann kam er. Nicht etwa plötzlich, er hatte immer noch so viel Disziplin, es anzukündigen.

»Herrin …«, keuchte er unter ihren Brüsten hervor, »Herrin, mir kommts … bitte … darf ich spritzen?«

Roxanne packte seine beiden Bizepswölbungen, als

müsste sie sich irgendwo festhalten, und schrie wie eine Kriegerin beim Angriff auf ein männliches Heer: »Ja, los, du riesiges Wildschwein, du geiler Brocken, du …! Spritz endlich ab, zeig uns deine Sklavensahne.«

Eine ziemlich eindrückliche, aber auch eigentümliche Metaphorik, dachte ich, wenn ich mir auch nicht sicher war, ob ich Roxannes verbale Ergüsse jemals selbst in den Mund nehmen würde.

Jetzt ging ein eruptionsartiges Zittern durch Jürgen, und ich hoffte, dass wir ihn beide festhalten konnten. Er bäumte sich auf, und Roxanne hob kurz vom Boden ab. Sein Unterleib lag in Zuckungen, aus seinem Mund kam ein hohes, schrilles Schnaufen, gefolgt von einem Knurren. Dann lag er still, als hätte ihn der Schlag getroffen. Seine Hände sanken zur Seite weg, und wir sahen nur noch das krampfartige Heben und Senken seines Brustkorbes.

Jürgen konnte uns nicht sehen, denn Roxanne hatte ihm ihre Lederbrüste aufs Gesicht gelegt, wie um ihn zu beruhigen. Wir hingegen sahen eine Menge. Gleichermaßen fasziniert und abgestoßen starrten wir auf die Überbleibsel des Regenwurms, der nun schlaff und bewusstlos in seiner transparenten Hülle lag. In der Spitze des Kondoms – die Sklavensahne. Jürgens Ejakulat war allerdings beim besten Willen nicht flüssig zu nennen, geschweige denn sahnig. Es sah eher bröckelig aus. Wie Frischkäse.

Roxannes angeekelter Kennerblick sprach Bände. Das, was wir beide aus unserem Sklaven herausgeholt hatten, war das Ergebnis von Aufputschmitteln und Eiweißpräparaten. In seinem Organismus steckten offenbar mehr anabole Steroide, Testosteron und Androgene als körpereigene Säfte. Die Präparate schienen Jürgens Fortpflanzungsorgan regelrecht dehydriert zu haben. Jetzt verstand ich auch, warum es ihn so angestrengt hatte zu kommen. Vermutlich hatte es richtig weh getan.

Roxanne sprang auf und goss ein Glas Wasser ein, das sie Jürgen reichte. Ihr Gesichtsausdruck war plötzlich ein ganz anderer: besorgt, mütterlich und mitfühlend, so wie vorhin, als sie mir beibringen wollte, wie man mit einer Gerte zuschlägt. Sie tätschelte zärtlich Jürgens Rücken, während er das Glas austrank.

»Na, hat's dir gefallen?«, fragte sie.

»War ganz toll, Roxanne, vielen Dank.« Und mit einem Blick auf mich ergänzte er: »Auch für die angenehme Begleitung.« Er sah mich freudig entzückt an.

»Bist du ganz neu hier?«, wollte er wissen.

»Heute ist mein erster Tag.« Ich hoffte, meine Stimme würde selbstbewusst klingen und nicht so unsicher, wie ich mich zuvor gefühlt hatte.

»Echt? Dein erster Tag?« Jürgen machte große Augen. Plötzlich schien er sich nicht mehr für mein Dekolleté zu interessieren. Ich nickte.

»Dann bist du aber eine ziemlich begabte Zofe – dafür, dass das heute dein erstes Mal war!«, sagte er mit anerkennender Stimme.

»Ja, das finde ich aber auch, gell!«, rief Roxanne und grinste mir aufmunternd zu.

Sie hatte es also von Anfang an falsch verstanden. Irgendetwas an mir hatte ihr und später ihrem Sklaven den Eindruck vermittelt, ich sei das brave Häschen mit dem weißen Spitzenhäubchen. Vielleicht war es mein verrutschtes Korsett oder mein weicher, runder Körperbau, das Nicht-Vorhandensein von nietenbesetztem Leder und mein junges Alter – dass man automatisch annahm, ich könnte unmöglich so etwas wie Dominanz in mir tragen. Was ja auch stimmte. Ich war ja hier, um es zu lernen. Aber auf diese Art und Weise? Man wird bestimmt nicht zur Domina, wenn man mit nacktem Busen vor einem Sklaven herumsteht.

Ich überlegte kurz, ob ich Jürgen aufklären sollte, aber das hatte sicher wenig Sinn. Mit ein wenig Glück würde er mir nie mehr über den Weg laufen. Und wenn doch, dann hätte ich bestimmt eine zweite Chance.

Aber als Jürgen duschte und ich mit Roxanne gemeinsam das Schlachtfeld aus Ledermanschetten und Wachströpfchen beseitigte, beschloss ich, Klarheit zu schaffen.

»Also, Roxanne, ich glaube, du hast mich vorhin falsch verstanden.«

»Warum?«

»Ich bin doch gar keine Zofe. Ich bin Jungdomina. Ich darf halt nur noch keine eigenen Sessions durchführen, sagt Katja. Ich wollte eigentlich nur mit dir mitkommen, um was zu lernen.«

»Hasch du doch, oder nicht?« Roxanne wurde ungehalten und runzelte die Brauen. »Ich hab dir doch alles gezeigt, oder nicht?«

»Ja, schon«, erwiderte ich, »aber das kannte ich alles bereits. Ich hab schon etwas Erfahrung.«

»Echt? Davon hat man aber nix gemerkt.«

»Ich bin halt nervös gewesen, ist doch klar.«

Roxanne sprühte den Knebel mit Sagrotan ein und wischte ihn mit einem Tuch sauber.

»Na ja, und das mit meinen Brüsten … also, ich wollte eigentlich nicht, dass du das mit mir machst.«

»Hättesch du mir vorher halt sagen sollen«, meinte sie ungerührt.

»Ich dachte, du weißt das.«

»Woher denn? Ich kenn dich ja gar net.«

»Ist ja gut. Ich wollte nur, dass du es weißt. Für die Zukunft.« Ich wollte Roxanne irgendwie besänftigen, denn
sie schien nun echt sauer zu sein. Von der netten Mama war
nichts mehr zu sehen. Entschuldigen wollte sie sich auch
nicht. »Jetzt stell dich nicht so an«, sagte sie gereizt. »So läuft
das hier nun mal.«

»Was läuft wie?«

»Na, du musch doch dem Sklaven was bieten, sonst sucht
der sich 'ne andre Herrin.«

»Ach, und wenn du alleine mit ihm Session machst …?«

»Dann lass ich ihn zumindesch meine Arschbacken kneten.«

»Was?!«

Roxanne zuckte mit den Achseln.

Wir konnten nicht weiterdiskutieren, denn in diesem
Moment kam Jürgen aus der Dusche. Ich verabschiedete
mich von ihm und verschwand in den Aufenthaltsraum, wo
ich mir sofort das Korsett auszog und es durch ein fast
durchsichtiges, enges T-Shirt ersetzte.

Ich atmete auf und pfefferte das Korsett aufs Sofa. Ich
war erschöpft. Aber auch empört.

Niemals hätte ich gedacht, dass diese imposante Lederherrin ihrem Sklaven Derartiges erlauben würde. Arschbacken kneten! Würde ich das auch mit mir machen lassen
müssen, wenn ich einmal meine eigenen Sessions hatte?
Und überhaupt, warum hatte sie ihm dann nicht ihren
kleinen harten Solarium-Popo hingestreckt, die Lady? Ich
hätte gerne dabei zugesehen.

Ich kam mir missbraucht und ausgenutzt vor. Roxanne
hatte vor den Augen eines wildfremden Typen meine
Brüste ausgepackt und wie wild daran rumgequetscht. Ich
hatte für die Lust ihres Sklaven herhalten müssen, obwohl

das ihr Zuständigkeitsbereich gewesen wäre. Wahrscheinlich hatte sie sich über die Möglichkeit gefreut, mal nicht ihr eigenes Fleisch als Belohnung einzusetzen. Sie war die Herrin geblieben, bis zum Schluss. Ihr war kein Zacken aus der Domina-Krone gefallen durch das Herzeigen und Befummeln ihrer Titten oder ihrer Arschbacken. Dafür war ich ja dagewesen.

Ich war so verärgert und unzufrieden, dass ich das klingelnde Telefon ignorierte. Es war ruhig im Studio. Alle Frauen hatten Kunden.

So würde es nicht gehen. Ich musste wissen, was Sache war. Ich hatte keine Lust, einfach meine nackte Haut vorzuführen. Doch die Selbstverständlichkeit, mit der Roxanne diese Angelegenheit handhabe, verwirrte mich. Sogar sie, die Domina mit der mörderischen, kühlen Ausstrahlung, erlaubte ihrem Sklaven, sie zu befingern. Und von einem unerfahrenen Küken wie mir erwartete sie sogar noch mehr Freizügigkeit.

In dem Moment kam Roxanne mit zwei feuchten Handtüchern in den Aufenthaltsraum und warf sie in die Wäschetonne. Sie blickte grimmig drein, als sie sich zu mir drehte. »Also, was erwartesch du eigentlich, wie das hier laufen soll, hä?«, donnerte sie los.

»Das würde ich gern von dir erfahren. Du weißt es ja offensichtlich.« Mit meiner Schüchternheit war es vorbei.

Roxanne setzte sich hin und begann, sich das Korsett aufzuschnüren. Sie hatte es also auch satt, Rippenprellungen und Magenschmerzen zu bekommen.

»Was hasch du gedacht, wie das hier läuft?«, fragte sie erneut mit gerunzelten Brauen. Ihre Stimme klang nun wieder ruhig und eindringlich. So war es schon besser. Ich hatte nämlich keine Lust, mich mit einem Domina-Schlachtross zu streiten. Ich wollte eher etwas von ihr lernen. Wenn schon die Session nichts gebracht hatte, konnte sie mir wenigstens jetzt das Rätsel der (scheinbaren?) Unberührbarkeit einer Herrin offenbaren.

»Sag mir einfach, ob das normal ist, dass man sich hier anfassen lassen muss. Oder machst du das nur bei deinen Stammgästen?«

»Ja, natürlich! Was dachtesch du denn?« Roxanne klang geradezu empört über diese offensichtlich naive Frage.

»Also«, fuhr sie fort, »es gibt Sklaven, die *wollen* keinen Körperkontakt mit der Herrin.«

»Und?«

»Die sind aber sehr selten. Und es gibt Sklaven, die werden nur geil, weil sie hoffen, dass sie am Ende der Session eine Belohnung von der Herrin bekommen. Das heißt, sie wollen es sich verdienen, deinen Arsch oder deine Titten oder deine Muschi zu berühren oder zu lecken.«

Das sagte Roxanne so, als würde sie mir erklären, dass die durchschnittliche Hauskatze zweimal in der Woche Lachs essen möchte.

»Du lässt dich lecken?«, fragte ich sie und war dabei um einen möglichst entsetzten Tonfall bemüht.

»Nein, natürlich nicht. Das entscheidet jede Domina selber. Katja sagt immer, dass es gut wäre, wenn wir uns lecken lassen würden.«

»Was?!«

»Ja, aber daran hält sich fascht keine hier. Außerdem gibt's Sklaven, die eine Domina, die sich lecken lässt, abturnend finden und sie nicht ernsch nehmen als Herrin.«

»Das will ich hoffen …!«

»Ja, aber ein bissle was musch du denen schon bieten.«

»Echt?«

Roxanne nickte. »Mach halt einfach das, was du vertreten kannsch. Wovor du dich nicht ekelsch. Am beschten wäre es natürlich, wenn's dir auch gefällt. Mal ehrlich, ich find's geil, wenn mir ein Sklave den Arsch massiert. Isch doch auch mal schön.«

»Hm …« Mehr fiel mir gerade nicht ein. Vielleicht hatte sie recht. War ja eigentlich nichts dabei.

»Also, erlaub dem Sklaven einfach alles, was du selber geil findesch und was dir nix ausmacht«, ermunterte mich Roxanne.

»Aber das ist doch …, ich meine, ist das denn die Aufgabe einer Domina?«

»Im Gewerbe schon. Wo isch dein Problem …, wie heisch du noch mal?«

»Elvira. Ich frag mich einfach, ob es dominant ist, sich von einem Sklaven anfassen zu lassen.«

Da leuchtete Erkenntnis in ihren unerbittlichen Augen auf.

»Ach, dominant … dir geht's ums Prinzip, was?«

Rudi, Susi und
die Froschschenkel

In Kleinigkeiten wundern wir uns nicht über die Geschmacksunter-
schiede, sobald es sich aber um die Wollust handelt, geht der
Lärm los.

MARQUIS DE SADE

Endlich kam der Tag, an dem ich meine erste eigene Session bewerkstelligen durfte. Das war wie eine Art Entjung-
ferung. Denn an den Typen, der einem die Unschuld raubt,
erinnert man sich auch sein Leben lang, mit mehr oder weniger großem Schrecken. Und an meinen ersten Sklaven
erinnere ich mich immer noch – mit einer Mischung aus
Peinlichkeit, Freude und Belustigung.

Der Mann kam unangemeldet. Die Kollegin, die ihm
geöffnet hatte, stiefelte in den Aufenthaltsraum und machte
ihre Ansage: »Alle dominanten Damen bitte zur Vorstellungsrunde in die zwei. Der Gast will TV.«

Was sich so ähnlich anhörte wie eine Krankenhaus-
durchsage in der Notaufnahme, bedeutete die Aufforderung an uns, nacheinander ins Studio Nummer zwei zu
stöckeln, beim Eintreten ein persönliches, anheizendes
Sprüchlein aufzusagen und freundlich lächelnd der nächsten begierigen Kollegin die Klinke in die Hand zu geben.

Der Kunde war ein besonders schwerer Fall: »TV« be-
zeichnete nicht etwa einen Fetisch für das Nachtprogramm
privater Fernsehanstalten, sondern war der Terminus tech-
nicus für eine Transvestiten-Phantasie: Der Mann wollte

sich Strapse anziehen, wie eine Nutte behandelt werden und zum Schluss mit einem Umschnall-Dildo gevögelt werden.

Ich hatte so etwas noch niemals zuvor gemacht. Es handelte sich um ein Rollenspiel, mit dem ich nicht im Mindesten vertraut war. Trotzdem ging ich in Studio zwei, um meinen Vorstellungsspruch loszuwerden. Katja hatte mir gleich am Anfang meiner Tätigkeit im *Medea* geraten, ich solle mir einen neckischen, geilen Slogan ausdenken, der mich und meine Vorlieben beschreiben würde und den ich auswendig aufsagen könne, wie man das als brave Domina eben so mache.

Ich stakste also auf meinen hohen Absätzen den Gang hinunter. Studio Nummer zwei war ein kleines, vollgestopftes Zimmer, mit schreiend pinker Lacktapete, Ketten, die von der Decke baumelten, dem unvermeidlichen Andreaskreuz, einem schwarzen Turnbock, einem Käfig sowie einem mit Leder bespannten Fesselrad, wie es die Messerwerfer im Zirkus verwenden. An der Wand war eine Leiste befestigt, an der die bösen Spielsachen hingen. Der Boden war mit einem grauen Stück fadenscheinigem Teppich bedeckt, offensichtlich Rollenware aus dem Baumarkt.

Vor dem schwarzverklebten Fenster befand sich der einzige Stuhl im Raum, und auf ihm der Mann. Neben sich eine ausgebeulte Sporttasche, die garantiert keine Joggingschuhe und Schweißbänder enthielt, sondern nur als Tarnhülle diente für seine sicher heimlich zusammengehamsterten Weiberfummel.

Er saß da und wartete auf mein Sprüchlein.

Von der Türfrau hatte ich seinen Namen erfahren: Rudi. Rudi hielt mir eine völlig nassgeschwitzte Hand hin und schaute aus zusammengekniffenen Augen zu mir hoch. Ich straffte also meinen Rücken in meinem burgunderroten Samtkorsett und sagte: »Hallo, Rudi, ich bin Jungdomina Elvira. Ich bin hier das Nesthäkchen, das heißt, ich bin neu im Studio. Ich bin ganz begierig darauf, neue gemeine Spiele auszuprobieren. Wenn du Lust hast, dich von mir fesseln und phantasievoll benutzen zu lassen, wäre das für mich total aufregend und geil. Ich steh auf lustvolle Fesselspielchen, sanfte Schmerzerotik und erotische Rollenspiele.«

Sehr dominant klang das in meinen Ohren nicht. Hätte nur noch gefehlt, dass ich mir einen Lolli in den Mund gesteckt und blödsinnig gekichert hätte. Wenn ich an meinen aufgesagten Werbeslogan zurückdenke, werde ich noch heute manchmal rot. Aber Katja fand den Spruch gut, und sie musste es ja wissen, dachte ich.

Aber was genau sollte meine Rolle in diesem Spiel sein? Sanft-sadistisches Schulmädchen? Peitschenschwingende Zuckerpuppe? Strap-on-Lolita?

Obwohl ich also keine Ahnung hatte, was in diesem Milieu gut für mich war und was gut bei den Männern ankam, entschied sich Rudi für mich.

»Lady Elvira, Rudi will zu dir«, informierte man mich im Aufenthaltsraum. In diesem Moment empfand ich tatsächlich so etwas wie Triumph, wenn auch etwas getrübt durch eine gehörige Portion Angst.

Überrascht und nervös trat ich der Herausforderung in Studio zwei entgegen. Zuerst klärte ich alle Formalitäten mit meinem ersten Kunden und konnte dabei gleich mal alle Regeln erproben, die Katja uns immer wieder einschärfte. Es hieß nämlich nicht »Kunde«, sondern »Gast«. Und man sprach auch nicht von »Geld«, sondern von »Tribut« oder »Obulus«. Ich durfte auch nicht fragen, wie lange Rudi »bleiben«, sondern wie lange er »genießen« wollte. Schließlich waren wir ja kein Puff, sondern ein besonders exquisites Etablissement.

Mein *Gast* Rudi wollte jedenfalls eine Stunde lang *genießen* und legte einen *Tribut* von 220 Euro auf das Fensterbrett. Sehr schön. Ich schickte ihn in die Dusche und freute mich über meinen genialen Einfall, ihm zu sagen, er solle sich schon mal was Schönes aus seiner Tasche anziehen und so auf mich warten.

In Wirklichkeit wollte ich dadurch Zeit gewinnen und schnellte zurück in den Aufenthaltsraum. Dort fragte ich eine der Kampfamazonen um Rat. Larissa lackierte sich gerade ihre Zehennägel, die so lang waren, dass sie damit garantiert jedes Nylongewebe zum Tode verurteilt hätte. Aber Larissas Stil erlaubte ihr sowieso keine derartigen Kleidungsstücke, denn Nylonstrümpfe waren zu zarte, zu kurzlebige Gebilde für solch stämmige, stampfende Kriegerinnen-Beine, die anderes im Sinn hatten, als verführerisch aus glänzenden Pumps zu schlüpfen, um ihre Zehen schmeichelnd an die Wange eines Fußverehrers zu schmiegen. Nein, bei Larissas Unterbau konnte Mann nur in Beinpresse und Schenkel-Klammergriff zur Glückseligkeit finden.

Die Kriegerin trug heute lederne Hot Pants und einen sehr knappen, nietenbesetzten BH. Neben ihren nackten Füßen lagen kniehohe Lederstiefel, schlaff wie eine abgeworfene Schlangenhaut. Ihre Wampe hing weit über den Bund der kurzen Kampfhose, und ihre fleischigen Schultern verschluckten die Träger des BHs. Larissa konnte ohne Anstrengung eine normalgewichtige Frau auf einem Arm durch die Gegend tragen. Sie wusste bestimmt auch, wie man einen Rudi mit Transenträumen begeistern konnte.

»Du, Larissa, sag mal, was kann ich denn mit dem alles machen?«

Ein Blick aus gelben Katzenaugen traf mich, während sich der gewaltige Bizeps der Amazone beim Lackieren wölbte. »Was weiß ich? Tu so, als ob er 'ne billige Nutte wäre.« Ihr Blick wanderte wieder zu den Zehennägeln, und sie begann, darauf zu pusten.

»Und wie soll ich das machen?«

Larissas Augen ruckten wieder nach oben und schauten mich an, als sei ich hier völlig fehl am Platz. Dann aber schien ihr einzufallen, dass ich ja noch eine Art Jungfrau war. Also stemmte sie ihren gewaltigen Leib vom Sofa hoch und machte ein gönnerhaftes Gesicht. Und während sie begann, ihre durchtrainierten Beine mit Selbstbräuner zu beschmieren, ließ sie mich teilhaben an ihrer reichen Erfahrung.

»Gib ihm irgend 'nen billigen Frauennamen, Cindy oder Lola oder so was. Behandel ihn wie eine Straßennutte. Hat er Stöckelschuhe dabei?«

»Ich glaube schon.« In der ausgebeulten Tasche vermutete ich irgendwelche Damenschuhe, Größe 41 bis 50.

»Gut. Dann lass ihn laufen wie eine Frau. Mit der Hüfte wackeln, Brust raus, Arsch raus und so.«

Ihr Bizeps rollte vor und zurück, die Beine wurden schlammig braun.

»Und sag ›Fotze‹ zu seinem Schwanz. Er will sich ja fühlen wie ein Weib.«

»Okay!«

»Sag ihm, dass er sich geil bewegen soll, so wie eine vom Strich, wenn sie 'nen Freier hat.«

Leider hatte ich keine Ahnung, wie sich eine vom Strich benahm und was ein Freier von ihr erwartete. Ich konnte es mir nur ansatzweise vorstellen.

»Und lass ihn auf jeden Fall 'nen Gummischwanz blasen. Er soll dir vormachen, wie eine Nutte bläst.«

»Okay …«

»Und zum Schluss legst du ihn über den Bock und fickst ihn mit dem Umschnall-Dildo in den Arsch. Tu so, als wärst du ein geiler Freier.«

Larissa öffnete ihren Lederslip und zog ihn herunter. Sie cremte die Dellen ihrer Pobacken ein und fuhr sich zwischen die Beine, damit sich die Bräunungscreme auch gleichmäßig auf ihren Schamlippen verteilte.

Ich war nicht ernsthaft entsetzt über das, was sie mir gerade erzählt hatte. Dennoch fühlten sich meine Ohren durch diese wertvollen Ratschläge irgendwie gewaltsam entjungfert an. Ich bedankte mich bei Larissa, die sichtlich stolz war, der Jungdomina etwas beigebracht zu haben. Während sie begann, nun ihre knubbeligen Arme karottig-brünett einzufärben, sagte sie noch großzügig: »Kannst ja nachher erzählen, wie's war.«

»Mach ich. Danke.«

Wieder auf dem Weg ins Studio zwei fragte ich mich, ob es mir wohl gelingen würde, in mir einen schikanösen Freier und in Rudi eine billige Schlampe zu sehen. Konnte ich eine richtige Drecksau sein, die hemmungslos gemein und lüstern einen Mann beherrschte?

Rudi wartete bereits auf mich. Seine Tasche lag schlaff in der Ecke – er hatte sich inzwischen umgezogen. Ich war auf alles gefasst gewesen, nur nicht darauf, was ich sah. Ich hatte noch nie einen waschechten Transvestiten gesehen und musste mich beherrschen, nicht in schallendes Gelächter auszubrechen.

Dabei hatte Rudi sich alle Mühe gegeben. Er trug einen weißen Spitzen-BH, dessen Körbchen mit den Tüchern einer Zewa-Rolle ausgestopft waren, die nun leer auf dem Regal stand. An allen Seiten guckten weiße Schnipsel aus dem BH raus, und die Pseudo-Brüste waren nicht rund, sondern mehreckig geraten. Da grapschte man(n) bestimmt gerne rein … Untenrum hatte er sich ein kurzes Faltenröckchen angetan, so kurz, dass es durch die Schwanzbeule darunter äußerst deutlich angehoben wurde und den Blick freigab auf einen rosa Schlüpfer. Seine dünnen Oberschenkel wurden umklammert von schwarzen halterlosen Strümpfen. Und der Rest seiner Beine? Rudi hatte tatsächlich Damenstiefel in Übergröße aus seiner Tasche gezaubert: spitze, hochhackige Overknees. Er bewies Mut, denn in diesen Tretern konnte sich selbst eine geübte Frau den Hals brechen.

Aber das war noch nicht alles. Denn Rudi bestach durch Extravaganz. Die schenkellangen Stiefel waren nämlich so grün, als wollten sie mich an meinen Kindheitsekel vor Rosenkohl erinnern. Das geradezu quietschende Grün, das da seine Beine einhüllte, führte auch nur bei kurzem Hingucken einen derart heftigen Pigmentkrieg mit den pinken Wänden von Studio zwei, dass meine Netzhaut aufjaulte.

Einer, der sich solche Stiefel kauft, macht das doch nur, um eine unerfahrene Jungdomina zu erschrecken, dachte ich. Keine Frau würde sich jemals so etwas anschaffen, es sei denn zu Halloween. Sollte es tatsächlich eine echte Nutte geben, die so rumlief, konnte die sicher bald Konkurs anmelden.

Jetzt nur nicht die Fassung verlieren. Nicht aus der Rolle fallen. Gib's doch zu: Du hast nur auf diesen Augenblick gewartet: einer Transe in grünen Overknees zu begegnen. Also: Zeig's ihm!

Ich schloss die Tür und ging langsam und zielsicher auf Rudi zu. Die Beule unter seinem Röckchen war nicht zu übersehen.

»Na, was haben wir denn da?« Ich war jung und unerfahren, durfte also so etwas sagenhaft Pornohaftes zur Begrüßung sagen. »Wie heißt du?«, fragte ich weiter.

»Ich bin die geile Susi, Herrin.«

Hatte er mich gerade Herrin genannt?

Sein Blick war scheu, und er verschränkte schüchtern die Hände vor einem behaarten Bäuchlein.

»Ja, das sieht man, dass du geil bist, Susi«, sagte ich und ließ meine Hand beiläufig über den ausgebeulten Schlüpfer wandern. Schon seufzte Susi auf und presste sich mir entgegen. Ich wich zurück. Die Hände meines Gegenübers versuchten, nach mir zu greifen. Ach du meine Güte!

Ich ging auf Distanz und blaffte das Flittchen an: »So geht das aber nicht! Wer bist du überhaupt, dass du mich gleich einfach so anfassen willst?«

»Ich bin die geile Susi, Herrin.«

»Ja, das sagtest du bereits. Glaub bloß nicht, dass du dir erlauben kannst, mich zu begrapschen. Du hast deine Geilheit im Zaum zu halten, bis ich es dir erlaube, klar?«

Hey, das war gut!

»Ja, Herrin.« Ein schüchterner Augenaufschlag begleitete seine Antwort.

»So, jetzt sag mir mal, was du alles kannst, du billiges Flittchen. Wie kannst du mir nützlich sein?«

Nun kam Rudi-Susi richtig in Fahrt. Es straffte seinen ausgestopften Vorderbau und sagte stolz zu mir: »Herrin, du kannst alles mit mir machen, was du willst. Ich kann geile, große Schwänze blasen, und du kannst mich dreckig benutzen. Ich bin eine kleine geile Nutte, und ich will gedehnt und gefickt werden.«

»Aha«.

Das war alles, was mir darauf einfiel. Unglaublich – genau wie Larissa es gesagt hatte. Na gut, dann war ich jetzt halt die dominante Drecksau. Ein besseres Gegenstück schien es für die geile Susi nämlich nicht zu geben. Jetzt konnte ich wenigstens auch mal all die versauten Wörter in den Mund nehmen, die ich bis dahin immer nur gelesen oder gedacht hatte.

Los, Lady Germanistik, sag es!

»Dreckige kleine Fotze!«, entfuhr es mir.

Der grüngestiefelte Damenwäscheträger wackelte vor mir auf und ab. Ich fühlte der Wirkung des Wortes nach … *Fotze*. Es fühlte sich gut an in meinem Mund. Ein schmales, geradliniges Wort, das präzise und scharf zwischen meinen Zähnen hervorkatapultiert werden konnte. Dieser Ausdruck war wie ein exotischer Neuling in meinem Wortschatz und verursachte in mir ein angenehm aufregendes Prickeln in sämtlichen Sprechwerkzeugen.

Die Sache ließ sich gut an, und das Volumen der Schwanzbeule unter Susis Rock blieb konstant, während sie mit angestrengten Schritten versuchte, sich mit ihrem Schuhwerk nicht die Knöchel zu brechen. Der sprichwörtliche Storch im Salat war ein graziles Reh gegen dieses Exemplar hier. Mit weit ausholendem Schwingen der unteren Extremitäten versuchte Rudi nun, lasziv mit dem Arsch zu wackeln und das Ganze auch noch mit einem aufreizenden Blick zu kombinieren. Ob er das zu Hause vor dem Spiegel geübt hatte?

»Ja, Baby, beweg deinen Arsch, mach mich richtig an«, rief ich. »Komm, zeig mir, wie so eine geile Nutte sich bewegt.«

Susi strengte sich mächtig an, ihre O-Beine in Szene zu setzen, und fühlte sich dabei offensichtlich wirklich sexy. Ich saß innerlich fassungslos auf der Kante des Turnbocks und versuchte, mir das Lachen zu verkneifen. Selbst ein Toastbrot hat mehr Eleganz.

Nun griff Susi-Rudi sich genießerisch an ihre Zewa-Brüste und begann, sie mit sinnlichen, kreisförmigen Bewegungen zu massieren. Dabei wanderte ihre Zunge über ihre weit geöffneten Lippen. Sie versuchte tatsächlich, mich anzumachen. Sie war so ausgelassen und lasziv, dass buchstäblich die Fetzen flogen. Bald hingen überall aus ihrem BH die Überreste der Küchenrolle, verteilten sich auf dem Fußboden, und die falsche Oberweite wurde Schritt um Schritt um einige Konfektionsgrößen kleiner. Das Gesicht meines ersten Gastes war rot und glänzte vom Schweiß der Anstrengung. Sollte ich ihn für den Verlust seiner Oberweite entschädigen? Ich blickte mich um. An der Wand hing der schwarze Umschnall-Dildo. Um diesen möglichst eindrucksvoll an mir zu präsentieren, musste ich allerdings meinen langen Lackrock ausziehen.

Ich befahl Rudi, sich wie ein ungehorsamer Schuljunge in die Ecke zu stallen. Das Ganze war natürlich nur ein Ablenkungsmanöver, damit er nicht sah, wie ich mich auf meinen hohen Hacken unbeholfen aus dem Rock schälte. Nach einigen Verrenkungen stand ich endlich in Slip, Strümpfen und Stiefeln da. Ich hoffte, das Ensemble sah bei mir ansprechender aus als bei meinem modisch deformierten Kunden.

Während ich mir die Schwanz-Prothese anlegte, wand Susi sich lustvoll in der Zimmerecke, als könne er anhand der Geräusche hinter ihm bereits erahnen, was ihm bevorstand. Ich befahl ihm, das Röckchen abzulegen, und zog ein Kondom über das schwarze Ding, das nun zwischen meinen Beinen wippte. Heute war Tag der Attrappen: Zewa-Titten für ihn, ein Gummischwanz für mich.

»Auf die Knie, du geiles Luder! Blas meinen Schwanz, damit ich sehen kann, ob du eine brauchbare Hure bist! Und wehe, du benutzt deine Zähne …«

Hey, das war schon wieder gut! Vielleicht war ich ja in meinem früheren Leben mal Rhetorik-Beraterin für Pornofilm-Autoren gewesen.

Susi verschlang den Dildo förmlich. Mit verdächtig gekonnten Bewegungen lutschte es das faltige Kondom: vor, zurück, vor, zurück. Die Zunge kringelte sich genießerisch um die Spitze des Gummizapfens, und ein dünner Speichelfaden zog sich nach unten, Richtung Baumarktteppich.

Ich fühlte mich beflügelt, noch mehr Porno-Rhetorik auszupacken. »Na los – ich will dich stöhnen hören, Dreckstück.«

Genregerecht stieß der Lutscher kehlige, gierige Seufzer aus. Eigentlich konnte ich es gar nicht fassen, dass das Ganze tatsächlich so einfach funktionierte. Ob Susi merken würde, wenn ich jetzt einen Lachkrampf bekäme? Wohl kaum.

Susi wollte sich festhalten und griff nach meinem Hintern, krallte sich an mir fest und rammte sich mein schwarzes Teil immer tiefer in den Mund. Wie das wohl von außen aussah? Lady Elvira lässt sich einen blasen … Wie gut, dass das Ding da unten nicht aus Fleisch und Blut war, denn irgendwie sah es inzwischen verdammt schmerzhaft aus, was die Transe mit der Attrappe anstellte. Es wurde Zeit für den nächsten Gang.

»Wer so geil lutschen kann, ist bestimmt auch gut zu ficken, oder? Was meinst du, du dreckiges Luder?«

»O ja, Herrin, benutz mich … dreckig … das brauch ich!«

Jetzt musste Susi seinen rosa Schlüpfer ausziehen und wurde von mir auf den Bock geschnallt. Ich fesselte ihm die Hände und die gespreizten Beine mit Ledermanschetten. Viermal klickten die Karabinerhaken. Da lag er nun auf dem Bauch, den Kopf nach unten, und plötzlich sah ich nur noch einen blassen, haarigen, aufgespreizten Männerarsch vor mir. Das dunkle, faltige Loch in der Mitte zuckte rhythmisch zu Susis heftigem Stöhnen. Ich klatschte eine ordentliche Portion Gleitgel auf die Öffnung und zielte mit meiner Waffe direkt darauf.

Na dann, lass uns Dildo-Versenken spielen.

»Sag es, du Sau. Bitte mich darum!«, befahl ich ihm.

Zur Bekräftigung meiner Anordnung bearbeitete ich das blasse Hinterteil klatschend mit meinen Händen. Es rötete sich schnell, und der Körper vor mir auf dem Bock drehte fast durch vor Lust.

»Herrin, bitte – meine Arschfotze braucht deinen geilen, harten Schwanz.«

Was war das eben, bitte? »Arschfotze«? Das hatte ich noch nicht in meinem Verbalrepertoire. Ich freute mich über das neu erlernte Wort, und während ich meinen geliehenen Stößel in Rudi hineinrammte, sagte ich es mehrmals hintereinander auf, nur um zu hören, wie es sich mit meiner Stimme anhörte: »Arschfotze!« Ha! Klang eigentlich eher wie ein derbes Schimpfwort. Mal sehen, wie viele Gelegenheiten es noch geben würde, um andere mit diesem Fachausdruck zu beeindrucken.

Susi hatte keine Zeit, meinen rhetorischen Übungen in Ruhe zu lauschen. Ich hatte nämlich inzwischen einen recht sportlichen Rhythmus eingelegt.

»Ja, Herrin … ja, jaaa!«, war alles, was er ausstieß.

Genau genommen: fast alles. Plötzlich lief zwischen seinen Beinen Sperma am Leder des Bocks herab, zähflüssig floss es in Richtung der Spinat-Stiefel. Verfluchter Mist, ich hatte nur Elviras Schwanz mit einem Kondom versorgt, nicht aber den von Susi!

Rudis Kopf wackelte heftig, und aus seinem Mund kamen kleine, glückliche Schluchzer. Offensichtlich war das Ganze für ihn überaus erfüllend, auch im wahrsten Sinne des Wortes. Ich streichelte ein paarmal über seinen Rücken und hoffte, dass er aufhörte, zu zucken. Mit der linken Hand angelte ich mir eine Rolle Zewa, die das Glück gehabt hatte, nicht als Füllmaterial für seinen BH zu enden, zog meinen Gummischwanz aus dem schlappen Körper, wickelte, ohne hinzusehen, das abgestreifte Kondom in Küchenpapier und warf das Ganze schleunigst in den Mülleimer. Plötzlich wurde mir bewusst, dass ich mich ekelte. Der Moment, einen Dildo aus dem Arsch eines Mannes zu befreien, war weiß Gott nicht das Blumigste, was man sehen und riechen kann.

Ich band Rudi los. Wackelig wie ein Fohlen kam er wieder auf die Beine, mit haarverklebter Stirn und einem befreiten Ausdruck im Gesicht. Ich schaute ihn mir genau an. In seinem Blick lag eine luftige Leere, wie ein frisch gewaschener Himmel nach einem reinigenden Gewitter, frei von Ballast, sauber gewischt von der Wucht eines ganz besonderen Sturmes, den ich entfesselt hatte. Ich konnte gar nicht glauben, wie glücklich Rudi aussah. Er bedankte sich artig und sagte: »Das war ganz toll, Elvira. Genauso hab ich es mir vorgestellt.«

»Das freut mich«, erwiderte ich. »Mir hat's auch sehr viel Spaß gemacht mit dir«, sagte ich ihm offen, auch wenn ich mir nicht sicher war, ob eine Domina so etwas üblicherweise zugab.

»Ja, das hat man gemerkt. Du bist echt voll dabei.«

»Es war das erste Mal für mich – hab ich dir ja vorhin gesagt.«

»Wahnsinn! Das glaubt man gar nicht.«

Ungläubig schaute Rudi mich an, als könnte er nicht fassen, dass ich es war, die gerade mit ihm eine Runde durch die bizarren Niederungen seiner Phantasie gedreht hatte. Dass ich es war: Jungdomina Elvira.

Plötzlich spürte ich wieder Verlegenheit in mir, Reserviertheit und ein klitzekleines bisschen Scham, jetzt, wo man sich wieder als Dienstleister und Kunde gegenüberstand. Aber mehr noch fühlte ich mich gleichzeitig erstaunlich gut. Woher kam das plötzlich? Konnte es sein, dass mir diese Gummistöpsel-Nummer Spaß gemacht hatte? Und offensichtlich hatte ich das Ganze auch noch total glaubwürdig rübergebracht. Ich platzte fast vor Stolz.

Während sich Susi in der Dusche wieder in Rudi verwandelte, räumte ich das Studio auf. Ich beseitigte die schleimige Spur auf dem Bockleder, zog mir den langen Lackrock wieder an und öffnete das Fenster. Als Rudi aus dem Badezimmer zurückkam, näherten sich schwere Schritte auf dem Gang. Das Studio zwei lag auf der einen Seite des Ganges, das Bad auf der anderen. Plötzlich stand Herrin Larissa, wie frisch dem Moorbad entstiegen, in der Tür. Rudi hielt sich schützend ein Handtuch vor seinen müden Penis.

Larissa lachte auf. »Na, du geile Schlampe? Hat's dir die Lady Elvira ordentlich besorgt?«

»Äh, hähä … ja …«

Ich warf meiner dominanten Mitwisserin einen dankbaren Blick zu und schloss schnell wieder die Tür. Rudi schien erleichtert. Während er sich anzog, konnte ich mir die Frage, die mir schon die ganze Zeit auf der Zunge brannte, nicht mehr verkneifen: »Sag mal, wo hast du eigentlich die Stiefel her?«

Rudi verstaute die Objekte meiner Neugierde gerade in seiner Tasche und lächelte ihnen zärtlich hinterher.

»Die hab ich mir mal in einer Boutique in Mailand gekauft. Die hatten dort Schuhe in allen Größen. Waren ziemlich teuer. Aber ich musste sie einfach haben. Ich fand die Farbe so toll.«

»Ah.«

Ich hatte eher an einen Kostümverleih gedacht, aber so kann man sich täuschen. Ebenso, wie man sich in Menschen täuschen kann. Plötzlich mochte ich diesen verschwitzten Mann mit seinem abgefahrenen grünen Schuhwerk und freute mich sogar, als er mir zum Abschied beide Wangen küsste und versicherte, bald wiederzukommen.

Das Glück in seinen Augen, das geschmolzene Eis zwischen uns und der Erfolg meiner ersten »Hurenabrichtung« machten mich richtig kribbelig. Mit einem Mal fühlte auch ich mich irgendwie glücklich. Vom Spiegel im Gang strahlte mir mein eigenes Gesicht geradezu entgegen.

Ich schwebte zurück in den Aufenthaltsraum. Larissa und Undine saßen beim Kaffee. Undine blätterte in einer Frauenzeitschrift, Larissa hatte den Mund voller Marmorkuchen. Beide sahen mich an, fragend, verwundert.

»Was strahlst du denn so?«, wollte Undine wissen.

»Was'n mit dir passiert?«, fragte Larissa, wobei ihr ein paar Krümel aus dem Mund fielen.

»Nichts. Es war einfach nur … schön«, antwortete ich und klang wahrscheinlich wie eine verliebte Braut nach der Hochzeitsnacht.

»Schööön?«, schallte es mir ungläubig aus zwei Mündern entgegen.

»Ja, schön. Ich weiß auch nicht …«

»Was hast du denn mit ihm angestellt?«, fragte Undine. »Oder hat er was mit dir angestellt?«

»Hast du ihn etwa rangelassen?«, schnappte die Amazone zwischen zwei Happen.

»Was!?«

»Na ja, habt ihr gefickt?«

»Hä? Was? Wie das denn? Ich bin doch eine Domina!!«

Auf einmal lächelten Larissa und Undine milde. »Ist ja schon gut«, beschwichtigte Undine.

Ich war fassungslos. »Eine Domina schläft … also … fickt doch nicht mit ihren Kunden!«

»Na ja, aber wenn's der Domina Spaß macht, darf sie sich auch schon mal auf 'nen Sklavenschwanz setzen, wenn er gut gebaut ist. Richtig?« Larissa ließ ihre Handgelenke knacken.

»Larissa, jetzt hör auf, gell?!«, tadelte Undine und griff wieder zu ihrer *Elle*, während die Kriegerin sich weiter ihrem Proviant widmete. Damit war die Unterhaltung offensichtlich beendet.

Ich war verwirrt und verstand die Welt nicht mehr. »Unberührbare« Herrinnen, die sich auf tropfende »Sklavenschwänze« setzten? Wie passte das zusammen? Ich konnte mich nicht erinnern, dass Katja etwas von Sex mit Sklaven erwähnt hatte.

Wie konnte ich den beiden Veteraninnen nur erklären, dass ich den glücklichen Ausdruck in Rudis Augen nicht vergessen konnte? Dass ich geradezu beflügelt war von diesem Energieaustausch? Dass ich mich über meine eigene Kreativität, mein Talent, meine Phantasie freute?

Verunsichert setzte ich mich auf das andere Sofa. Die beiden fingen nun an, sich über ihre Haustiere zu unterhalten. Die Amazone hatte einen Hamster, die Meerjungfrau zwei Perserkatzenbabys. Ich hatte keine Tiere und konnte daher nicht mitreden. Aber offenbar wusste ich auch über andere Dinge noch nicht Bescheid.

Mama, Papa, Domina –
wie sag ich's meinen Eltern?

Gleich einem kranken und missratnen, bösen Kinde,
Um das die Mutter nur sich grämt,
Das sie versteckt, damit es aus der Welt verschwinde,
Da sie sich seiner heimlich schämt.

CHARLES BAUDELAIRE

Ich hatte ein dickes Problem. Es bestand aus vier Teilen.

Erstens: Ich hatte gerade an der Uni angefangen und große Ambitionen, Kunsthistorikerin zu werden.

Zweitens: Meine Eltern waren stolz auf mich und mein Abitur, und ich sah auf eine Erziehung zurück, in der man ehrlich und aufrichtig miteinander umgegangen war.

Drittens: Ich arbeitete neuerdings als Semi-Prostituierte in einem Sadomaso-Studio.

Viertens: Irgendwie musste ich das *Drittens* meinen Eltern beibringen.

Angst hatte ich nicht davor. Die Frage war nur, wie ich es ihnen erklären sollte. Eine noch bessere Frage war, wie sie darauf reagieren würden.

Ich glaube, meine Eltern könnte man im Allgemeinen als ziemlich cool bezeichnen. Wir hatten immer offen über Sex geredet. Ich wusste, wie die beiden nackt aussahen; oft genug hatten sie mich und meine Schwester an den FKK-Strand in Mallorca geschleppt. Aufgeklärt wurde ich bereits, als ich vier war. Für mich war das Thema Sex von

86

Haus aus daher nie problematisch. Ich konnte meine Mama zu fast allem befragen, was mich als Heranwachsende interessierte: über wachsende Brüste, Schamhaare, Periode und so weiter.

Nein, meine Eltern waren keine Hippies. Sie waren ganz normale Bürger, die halt ungezwungen mit den natürlichen Dingen des Lebens umgingen. Meine Mutter war diejenige, die mir zeigte, dass man vor Tampons keine Angst haben musste, und mein Vater hat uns die schmutzigen Wörter erklärt, die man im Fernsehen so mitbekam. Verklemmtheit war so wenig Teil unserer Erziehung wie die Bibel.

Aber trotz dieser sehr aufgeschlossenen Erziehung war von ihrer Seite wohl doch nicht vorgesehen, dass ich später in einem dieser Häuser arbeiten würde, die eine blinkende rote Leuchtreklame an der Tür hatten. Hatte meine aufgeschlossene Erziehung irgendwie dazu beigetragen, dass es soweit kommen konnte?

Ich war mir zwar sicher, dass meine Eltern mich nicht enterben würden, wenn sie erfuhren, auf welche Weise ich jetzt selber »erzieherisch« tätig war. Ich war mir sogar absolut sicher, dass sie mir zuhören und versuchen würden, mich zu verstehen. Das Problem war nur: Sie waren nicht im Mindesten darauf vorbereitet.

Für meine Eltern war ich immer die kleine Leseratte gewesen, die Klavierunterricht nehmen durfte und klassische Musik liebte. Sie lobten mich wegen meiner kulturellen, ganz und gar unpubertären Interessen. Ich hatte keine gleichaltrigen Freunde, die sich im gleichen Maße für Literatur und Kunst interessierten. Das machte Mami und Papi mächtig stolz, und vermutlich bildeten sie sich sogar was drauf ein, eine wie mich als Tochter zu haben. Ich war für sie ein gelungener Nachkomme, über den es meist nur positive Dinge zu berichten gab. Ich kam nie spät nach Hause, roch nicht nach Zigarettenrauch, hatte keinen Freund und machte auch sonst keinen Ärger. Ich war der Inbegriff eines behüteten Mädchens aus bildungsbürgerlichem Hause, intellektuell veranlagt und brav bis in die weißen Spitzensöckchen.

Manchmal denke ich, wie verrückt es doch war, dass ich unter meiner Blümchenbettwäsche so devot-dominante Gedanken entwickeln konnte – und dass meine Eltern nichts davon merkten. Nein, nichts deutete darauf hin, dass ich später so »absinken« würde. Nichts sprach dafür, dass ich irgendwann einmal keinerlei Scheu haben würde, an der Tür eines Domina-Studios zu klingeln und zu fragen, ob ich mitspielen dürfe – nach all der kulturell so perfekt durchgestylten Erziehung mit Buchpreisen, Bach-Präludien und Bildungsreisen.

Der Inbegriff einer behüteten Jugend. Heidi wäre gegen mich ein Problemkind gewesen.

Bei meiner jüngeren Schwester sah das ganz anders aus. Ich glaube, sie hatte mit fünfzehn schon Sex. Ich dagegen wusste mit achtzehn noch nicht mal, was ein Zungenkuss ist. Ja, ich wusste nicht einmal, wie es ist, mit einer Freundin rumzuknutschen, so wie meine Klassenkameradinnen, wenn sie mit irgendwelchen privaten Feten angaben und ausbreiteten, was sie so alles in besoffenem Zustand getrieben hatten. Das konnte ich schon deswegen nicht wissen, weil ich nie auf Partys ging. Kein Interesse, keine Zeit – ich wollte lieber *Effi Briest* zu Ende lesen. Das einzig Absonderliche an meiner Karriere als liebes Töchterlein war die Tatsache, dass ich mit siebzehn nur noch schwarze Klamotten tragen wollte, meine CDs von den Backstreet Boys auf dem Flohmarkt verkaufte und begann, regelmäßig auf dem Dorffriedhof spazieren zu gehen.

Sexuell war ich eine totale Spätzünderin. Ich hatte mein erstes Mal mit neunzehn! Und schon kurz darauf fing ich an, als Domina zu arbeiten … Und das sollte ich jetzt meinen Eltern beichten? Wie würden sie das aufnehmen? Was hatten sie sich nicht alles vorgestellt, was aus mir werden könnte: Germanistin, Pianistin, Künstlerin, Museumskuratorin. Und nun sollten sie sich Bilder im Internet angucken, auf denen ich eine Peitsche zwischen meinen Fingerchen mit den abgekauten Nägeln hielt? Und andere, auf denen ich mit Handschellen rumwedelte und böse aus der Lackwäsche guckte?

Ich war kurz vor dem Abitur in meine erste eigene Wohnung gezogen. Wer weiß, was passiert wäre, wenn ich noch eine Zeitlang zu Hause geblieben wäre.

Es half alles nichts: Ich musste es ihnen beichten. Lügen sind mir zuwider. Und dieses schmutzige, gar nicht so kleine Geheimnis hätte mich gezwungen, immerfort haarsträubende Märchen zu erzählen, mich zu verstellen und riskanten Fragen auszuweichen. Alles viel zu stressig.

Ich machte den Anfang mit meiner Mutter – telefonisch. Das war zwar etwas feige, aber für mich die einzige Option. Ich hatte relativ wenig Lust, meiner Mutter gegenüberzusitzen, während ich ihr offenbarte, doch nicht so brav zu sein, wie sie immer gedacht hatte. Immerhin war sie in gewisser Weise schon vorgewarnt durch meine schrägen Interessen und die ewig schwarzen Kleider. Ich hoffte, dass sie den Zusammenhang von alleine herstellen würde.

Es tutete nicht lange im Hörer, da ging sie schon dran. Ich holte tief Luft.

»Mama, ich habe einen Job gefunden.« Ich machte eine kurze Pause. »Als Domina.«

»Wie?«

Hatte sie mich wirklich nicht verstanden?

»Als Domina.«

»Domina?«

Das klang tatsächlich eher ahnungslos als ungläubig. Offenbar konnte sie mit dem Begriff nichts anfangen.

»Weißt du, was ein Sadomaso-Studio ist?«

»Ein was?« Ihre Stimme wurde auf einmal brüchig. Anscheinend dämmerte ihr etwas.

Mir brach der Schweiß aus. Man hat schließlich nicht alle Tage eine prägnante und noch dazu elternfreundliche Definition zur Hand, die erklärt, dass ein SM-Studio zwar ein Prostitutionsbetrieb ist, das Töchterchen dort aber trotzdem gut aufgehoben ist. Ich biss mir auf die Unterlippe.

Doch meine Mama wusste bereits besser Bescheid, als ich gedacht hätte. »Das sind doch die mit den Peitschen und Handschellen …« Ihre Stimme wurde schriller. Ich hielt den Hörer etwas von meinem Ohr weg.

Meine Mutter wusste also doch, um was es ging. Wahrscheinlich durch den abendlichen Bildungs- und Aufklärungsanspruch der Privatsender, die dieses Thema immer mal wieder in bekannt sensibler und objektiver Manier in die bürgerlichen Wohnzimmer schleuderten. Für deren Programmmacher war eine Domina eine geheimnisvolle, undurchschaubare Perverse, die in viel dunklere Dimensionen vorstieß als eine normale Prostituierte. Alles an ihr war düster, unnahbar, manchmal schmutzig und immer irgendwie gefährlich.

Auf Grundlage dieser Informationen war die schrille Stimme meiner Mama verständlich. Ich atmete einmal tief durch.

»Ja, du sagst es. Peitschen und Handschellen stimmen schon mal.«

»Aha … Kannst du mir das vielleicht genauer erklären?«

»Mama, ich habe diese Neigungen schon länger …«

»Das ist mir aber neu. Drehst du jetzt endgültig durch?!« Was hieß hier eigentlich »endgültig«? »Jetzt hör mir doch erst mal zu …«, versuchte ich es erneut.

»Ich hab's ja von Anfang an geahnt, dass das irgendwann mal schiefgehen würde mit dir. Mit deinem schwarzen Trip. Das konnte nicht gutgehen!«

»Soll ich es dir jetzt in Ruhe erklären, oder willst du lieber auflegen?« Ich wurde nun auch lauter. »Ich hätte es dir gar nicht sagen müssen, weißt du.«

Jetzt hörte ich sie heftig atmen. »Mach schnell. Mir ist schlecht«, stöhnte sie.

»Mama, jetzt mach doch keine Panik. Das ist überhaupt nichts Schlimmes.«

»Hör bloß auf!«, schrillte es in meinem Ohr. »Bist du jetzt also eine Nutte, oder was?«

Ich musste wider Willen ein wenig grinsen. »Nein, Mama, das hat nichts mit Geschlechtsverkehr zu tun. Wie kommst du darauf? Alles, was ich mache, ist, Männer zu schlagen.« Das war die einzige, sehr rudimentäre Definition meines Treibens, die ich in diesem Moment herausbrachte.

»Was? Du schlägst Männer?«

»Ja. Dafür gehen Männer nun mal zu einer Domina. Sie wollen sich einer Frau unterwerfen und zahlen dafür Geld. Ich lasse mich nicht anfassen von denen – nur dass du es weißt. Eine Domina hat keinen Körperkontakt zu ihren Sklaven.« Wenn Roxanne, Undine und Larissa mir zugehört hätten, hätten sie wohl nur milde lächelnd den Kopf geschüttelt, aber das war mir in dem Moment egal.

»Sklaven?!« Meine Mutter lernte gerade in kürzester Zeit sehr viel Neues dazu, das hörte man ihr an.

»Ja, Sklaven. So einfach ist das. Ich verdiene dort bis zu 150 Euro in einer Stunde.«

»150 Euro …« Die Mauer des Widerstandes begann zu bröckeln. Schnell fischte ich noch ein goldenes Argument aus der Tasche.

»Das ist doch toll, denn da brauche ich keinen normalen, zeitaufwendigen Nebenjob zu machen und kann mich viel mehr auf die Uni konzentrieren.«

Am anderen Ende der Leitung herrschte nun Schweigen. Ich wusste, dass meine Mutter gerade in ihrem Gedächtnis nach einem Anhaltspunkt forschte, der ihr den aktuellen Werdegang ihrer Vorzeige-Tochter erklären konnte.

»Du stehst also auf Gewalt und schlägst gerne Menschen«, konstatierte sie.

»Nein, Mama, das nennt man SM, und das hat nichts mit realer Gewalt zu tun, sondern mit Lust.«

»Mit Lust! Aber du schlägst die Männer doch, oder? Warum?

»Weil sie masochistisch veranlagt sind.«

»Das ist doch pervers!«

»Also gut, dann findest du es halt pervers. Ich hatte auch gar nicht erwartet, dass du in Freudentränen ausbrichst, wenn ich dir das sage. Aber ich wollte dir nichts verheimlichen. Wäre es dir lieber, wenn ich dich anlügen würde?«

Auf diese Frage ging sie nicht ein und stellte eine Gegenfrage: »Sind diese Männer verheiratet?«

»Weiß ich nicht. Manche bestimmt. So genau frage ich da nicht nach.«

»Männer sind doch alle pervers!« Sie seufzte. »Weiß es dein Vater schon?«

»Nein. Aber ich werde es ihm selber sagen, hörst du? Ich will nicht, dass du es ihm sagst.«

»Und dein Studium? Ich dachte, du wolltest einen anständigen Beruf ergreifen!«

»Das werde ich auch, Mama. Es ist doch nur ein Nebenjob.«

»Ein ganz schön abartiger Nebenjob«, erwiderte sie herablassend und schwieg wieder. Mir fiel gerade auch nichts Kluges ein, was ich darauf sagen konnte.

»Sind die Männer da etwa nackt?« Meine Mama schien ihre Neugierde noch nicht gestillt zu haben.

»Ja. Sie sind nackt.«

»Wie eklig. Wie kannst du so was nur aushalten?!«

»Indem ich sie schlage. Ganz einfach.«

Das war keine sehr diplomatische Antwort, das wusste ich wohl. Aber das Gespräch würde so oder so zu keinem versöhnlichen Ergebnis mehr führen. Das mit der Telefonbeichte war vielleicht doch keine so gute Idee gewesen. Kurzerhand beendete ich das Trauerspiel, wohl wissend, dass ich meiner Mutter bei Gelegenheit mehr über meinen Job berichten musste.

Nun war mein Vater dran. Ihm wollte ich es von Angesicht zu Angesicht sagen.

Wir trafen uns zum Mittagessen in einem gutbürgerlich schwäbischen Restaurant. Ich wartete, bis er seine Maultaschen aufgegessen hatte. Als die Teller abgeräumt waren, ließ ich die Katze aus dem Sack.

»Papa, ich muss dir was sagen.«

Er grinste. »Bist du schwanger?« Anscheinend hatte ich eine klassische Eröffnung für Beichten dieser Art gewählt.

»Nein. Aber ich habe einen sehr ungewöhnlichen, aber auch sehr gut bezahlten Job gefunden.«

Er lachte. »Bist du unter die Leichenbestatter gegangen?« Mein Papa hatte ab und zu einen Hang zum Komiker.

»Nee, unter die Folterknechte.«

Er stutzte. Das Lachen erstarb. Seltsamerweise wusste er offenbar gleich, was ich meinte.

»Ach … du meinst … so ein professionelles … ähm – Dings-da?«

»Ich arbeite in einem SM-Studio, genau. Als Domina.«

»Ah.«

Er sah mich an, als hätte ich ihm eben eröffnet, anstatt Germanistik doch lieber Tiermedizin studieren zu wollen. Sein Gesicht war aufmerksam und suchte nach mehr Informationen. Er wirkte alles andere als geschockt.

Mir kam ein schrecklicher Gedanke. Wusste mein Vater vielleicht mehr über das Gewerbe, als ich ahnte? Hatte meine Mutter mich deswegen gefragt, ob meine Kunden verheiratet sind?

»Du … ähm, du weißt also … was das ist?«

»Ich weiß es nicht genau. Ich habe nur ein paarmal davon gelesen.«

Aha, dachte ich erleichtert. Man sollte nie unterschätzen, wie weit verzweigt die Aufklärungskanäle unserer freizügigen Gesellschaft mittlerweile waren. Ich war froh, dass ich es ihm nicht extra erklären musste.

Mein Vater fuhr fort: »Und für dich ist es okay, dort zu arbeiten?«

»Klar. Macht mir Spaß. Ist doch nichts dabei.«

»Aha. Na, wenn du das sagst.« Mein Vater räusperte sich. »Und was genau machst du da so?«

»Ich fessle Männer und haue sie.«

»Und *das* macht dir Spaß?« Er hob die Augenbrauen.

»Ja, irgendwie schon.« Was sollte ich darauf auch anderes antworten. Nun war ich mit dem Fragen dran: »Sag mal, bist du jetzt geschockt?«

Er schüttelte zaghaft den Kopf: »Na ja, schon ein bisschen. Ist das denn schön, Männern weh zu tun?«

Ich nickte nur und beschloss dann, ein wenig mehr zu erklären. »Es geht da ja nicht nur ums Schmerzen zufügen. Es hat auch viel mit Phantasie zu tun, mit Rollenspielen.«

»Du tust aber hoffentlich nichts, was deiner Würde als Frau schadet, oder?« Das war die Art, mit der mein Papa sich versicherte, dass ich nicht die Beine breit machte.

»Auf keinen Fall. So was macht eine Domina grundsätzlich nicht.« Kurz sah ich wieder die spöttischen Gesichter meiner Kolleginnen vor mir, verdrängte das aber sogleich.

»Und dein Studium leidet nicht darunter?«

»Nein. Mit dem Studium ist alles in Ordnung, mach dir keine Sorgen.«

Er blickte mich ernst an. »Was sagt deine Mutter dazu?«

»Sie findet es pervers.«

»Tatsächlich?«

»Ja. Aber noch mehr die Männer … also, die Kunden, die zu mir kommen.«

»Nun, ich muss schon sagen, dass ich nicht im Mindesten verstehen kann, wie man sich freiwillig weh tun lassen kann. Das ist doch nicht schön.« Mein Vater machte ein ratloses Gesicht.

»Ja, für dich vielleicht nicht, Papa. Aber es gibt eben Leute, die das genießen.«

»Kann ich nicht verstehen. Wenn man mit zwei oder drei Frauen gleichzeitig schlafen oder sich beim Sex mit Champagner begießen lassen will, nun gut. Aber sich auspeitschen lassen? Wir sollten doch froh sein, dass das Mittelalter rum ist, oder nicht?«

Ich merkte, dass ich mit meinem Vater in dieser Hinsicht nicht auf einen gemeinsamen Nenner kommen würde.

Aber das war auch nicht so wichtig. Denn es gab andere Prioritäten.

»Und wie viel verdienst du da?«, fragte er interessiert.

Ich sagte es ihm. Nun machte er ein sehr zufriedenes Gesicht. »Ich bin stolz auf dich.«

»Wie bitte?«

Ich dachte, ich hätte mich verhört. Aber er lächelte jetzt sogar.

»Ja. Das wird sich noch mal auszahlen für dich, wenn du jetzt schon so gut verdienst.«

Geld heiligte also für meinen Vater auch eher abseitige Erwerbsarten.

»Hast du daran gedacht, etwas von dem Geld zur Seite zu legen?«

Das hatte ich. Ich spielte schon seit längerem mit dem Gedanken, mir eine 52-schwänzige Bullenpeitsche aus Rindsleder anzuschaffen. Keine billige Investition.

Aber das war wohl nicht die Altersvorsorge, die mein Vater gemeint hatte.

Vom Kriechgang
zum Höhenflug?

Das siebte wirkte tollpatschig, unbeholfen und ungewöhnlich
hässlich. Die Tiere verspotteten es, weil es dumm und hässlich
war, und keines von ihnen wollte mit ihm spielen. Es beschloss,
davonzulaufen.

HANS CHRISTIAN ANDERSEN,
DAS HÄSSLICHE ENTLEIN

Während meiner gesamten Schulzeit fühlte ich mich wie
ein Einsiedlerkrebs auf der Suche nach einer Schnecke zum
Reinkriechen. Ich war schon immer die Außenseiterin gewesen: Schlabberblusen, Schlaghosen, schreckliche Frisur,
Dauerkarte für den Hautarzt, Übergewicht. Die Krater in
meinem Gesicht und die 72 unregelmäßig auf 1,64 Metern
verteilten Kilogramm machten mir das Leben schwer.
Ebenso wie der obligatorische Mangel an Selbstbewusstsein, der all diese Teenagerprobleme erst zu wirklichem
Leid machte. Denn das war das Schlimmste: dass ich überhaupt unter meinen tatsächlichen oder vermeintlichen
Mängeln litt.

Unter all den hübschen Mädchen, die mit sechzehn
schon einen Freund hatten, der sie mit Blumen oder Moped
von der Schule abholte, fühlte ich mich völlig deplatziert.
Ich war das Aschenputtel, hatte aber kein Kleid für den Ball.
Wenn damals der verschüchterten und schon leicht verbit-
terten Elftklässlerin jemand gesagt hätte, dass sie zwei Jahre
später in Highheels um kniende Männer herumstolzieren

und sie mit herrischen Blicken im Boden versinken lassen würde, hätte sie darauf nur geantwortet, dass hier wohl eine Verwechslung vorliegen müsse.

In der großen Pause gab es immer Schüler, die entweder in großen, lauten Versammlungen rumstanden, in kleinen verschwörerischen Gruppen beisammen flüsterten oder aber einsam in einer Ecke am Käsebrot knabberten, das Mama ihnen eingepackt hatte. Ich war die mit dem Käsebrot. Doch meistens flüchtete ich mich in der großen Pause in die Schulbibliothek und versteckte mich dort hinter einem Buch.

Im Unterricht meldete ich mich fast nie. Denn die Vorstellung, vor der gesamten Klasse zu sprechen und mich dabei anstarren zu lassen, war für mich ungefähr der gleiche Horror, wie nackt auf einer Cocktailparty zu stehen. Ich verbrachte meine Schulzeit meistens mit Beten: Niemand hat so oft und arg um ein Loch im Boden gebetet wie ich. Und wenn ich nicht betete, konzentrierte ich mich aufs Hoffen. Denn ich wollte ja dazugehören. Ich sah die zarten, blonden Mädchen an, die meine Klassenkameradinnen waren und die aus unerfindlichen Gründen wunderschön und stilvoll gekleidet waren. Heute denke ich, dass sie wahrscheinlich Mütter hatten, die viel Geld für *Benetton*-Kindermode ausgaben. Damals zerfloss ich vor Neid und der Sehnsucht, mit von der Partie zu sein.

Oft genug bat ich meine Mama, mir andere Klamotten zu kaufen. Dann besorgte sie mir Pullover in schrillen Farben und klobige Turnschuhe, weil sie glaubte, das sei zeitgemäß. Und da ich selbst auch keine Ahnung davon hatte, was zeitgemäß und cool war, zog ich das Zeug an. Wenn ich dann am nächsten Tag das Klassenzimmer betrat, war ich erfüllt von Hoffnung. Ich dachte, alle würden mich nun anschauen wie das Aschenputtel, wenn es endlich in einem Traumkleid den Ballsaal betritt.

Was stattdessen geschah, will ich lieber nicht erzählen. Es war aber ungefähr so schlimm wie heute für Mädchen, zu denen Heidi Klum sagt: »Ich habe leider kein Foto für dich.«

Damals war mein Wohlbefinden vollkommen davon abhängig, wie andere mich beurteilten. Doch diese Abhängigkeit wurde mir zum Verhängnis. Denn ich war die, die gehänselt wurde. Und ich konnte nicht damit umgehen und dachte, es würde besser, wenn ich mich anpasste.

Irgendjemand hatte mir damals in mein Poesiealbum einen ungemein aufbauenden und nützlichen Spruch geschrieben: »Nur wer gegen den Strom schwimmt, kommt zur Quelle.« Wie wahr. So weit war ich damals freilich noch nicht.

Zwei Maßnahmen trugen dazu bei, dass mein Leben sich veränderte. Erstens: Ich wurde Vegetarierin. Zweitens: Ich wurde zum Gothic. Und o Wunder: Plötzlich bekam ich eine reinere Haut, und mein Arsch passte in Größe 38. Meine neugewonnene Schönheit hatte höchstwahrscheinlich damit zu tun, dass ich keine Leichenteile mehr aß, trotz meines Gruftie-Daseins.

Ich sparte mein Taschengeld und kaufte mir als neues Outfit schwarze Spitzenröcke und Springerstiefel. Das perfekte Schutzschild für meine angegriffene Teenagerseele war entdeckt!

Natürlich hatten meine Erzeuger erst mal die elterntypische Angst, ich könnte von einer satanischen Sekte indoktriniert worden sein. Bald merkten sie jedoch, dass es bei mir nicht ums Taubenschlachten und Pentagramme-Ritzen ging. Sie begriffen, dass ich meine innere Befindlichkeit ausleben musste. Ein Mädchen, das Edgar Allan Poe liest, anstatt mit Freundinnen im Drogeriemarkt den *L'Oréal*-Stand zu belagern, darf ruhig Schwarz tragen. Zum Geburtstag bekam ich ein fettes silbernes Kruzifix und schwarze Bettwäsche geschenkt.

Ich begann, nachts in Gothic-Clubs zu gehen, und weil ich nie betrunken oder zugedröhnt nach Hause kam, stellte auch das kein Problem dar. Ich lernte die schwarze Szene kennen. In den Clubs schwebte eine namenlose, unfassbare Stimmung von allem, was ich vermisst hatte, ohne zu wissen, was es war.

Immerhin so viel spürte ich: Es hatte mit Lust zu tun. Mit abgründigen Empfindungen, die in der schwermütigen, aggressiven und unheimlichen Musik verborgen lagen. Die mich ansprangen wie ein vielarmiges Tier, das mich zu Boden drückte und dessen unnachgiebigen, harten Griff ich unbeschreiblich genoss. Zwischen den Leuten im Club entstand eine eigenartige packende Sinnlichkeit, als deren Teil ich mich fühlte.

Zum ersten Mal in meinem Leben tanzte ich. Es fühlte sich unglaublich toll an. Frei. Plötzlich hatte ich das Gefühl, angekommen zu sein. Ich beobachtete die Frauen in ihren Lackkorsagen und Netzstrumpfhosen, den spitzen Stiefeln und den schwarzen aufgetürmten Frisuren. Ich beäugte die Männer in ihren Lederhosen und den transparenten T-Shirts, den tätowierten Fledermäusen auf ihrer leichenblassen Haut und den schwarzlackierten Fingernägeln.

Solche Wochenenden heilten mich von meinen bisherigen Komplexen. Die heiteren *Esprit*-Klamotten und Baggie-Pants waren nicht länger etwas, um das ich meine Mitschüler beneidete.

Ich trank in den Clubs nun mit Vorliebe Absinth, rauchte den einen oder anderen Joint und ließ mir beide Brustwarzen piercen – wobei das Piercen geiler war als das Kiffen.

Mir wurde zum ersten Mal bewusst, dass ich ein Freak war. Und dass das weitaus besser zu mir passte, als dem Mainstream den anderen hinterherzuhecheln wie ein Straßenhund, der gestreichelt werden will. Ich kultivierte das Außenseitertum und hängte mir das Ausrufezeichen der Unnahbarkeit um. Nichts hilft dabei so sehr wie schwarze Kleidung und eine verschlossene Haltung. Und plötzlich hatte ich meine Ruhe.

Plötzlich war das hässliche Entlein aus seiner pubertären Schale geschlüpft und begann, sich zu mögen.

In dieser Zeit lernte ich endlich auch ein, zwei Penisse kennen. Natürlich schmachtete ich damals nur Jungs aus der schwarzen Szene an. Ich hatte es zwar nicht genau gewusst, aber immer geahnt: Bei den Gothics gab es große Schnittmengen mit der SM-Szene. Viele der dunkel gewandeten Nachtschwärmer setzten gerade durch die spezielle Kleidung ein Zeichen und trugen die entsprechenden Symbole wie subtile Erkennungsmerkmale. Da gab es verschiedene Stahl-Fingerringe, die etwas über die Neigungen enthüllten, genau wie der Hanky-Code in der Schwulenszene. Viele Grufties interessieren sich für Bondage und das Spiel von Macht und Unterwerfung.

Vielleicht rührte hierher auch die ahnungslose Lust, die ich in den Clubs empfunden hatte. Der erste Mann, mit dem es zur Sache ging, war jedenfalls ziemlich versiert in dieser Kunst – von ihm wurde ich in Soft-SM eingeweiht. In dieser Zeit lernte ich die für eine Domina so wichtige Lektion, wie es sich anfühlt, auf der submissiven Seite zu stehen beziehungsweise zu knien. Es hat mir nicht geschadet, zu wissen, wie sich der Unterschied zwischen einer Ledergerte und einer Gummipeitsche auf meinem Po anfühlt. Und es ist wunderschön, später beim Fesseln eines Mannes ganz genau zu wissen, wie herrlich geborgen und gleichzeitig ausgeliefert man sich selbst mal in einer eng geknüpften japanischen Bondage gefühlt hat.

Mit diesem neuen Selbstbewusstsein ausgestattet, zog ich die Oberstufe durch und machte mein Abitur. Als ich meinen Eltern erzählte, dass ich an die Uni wollte, freuten sie sich darauf, mit einer angehenden Akademikerin in der Familie angeben zu können. Und ich freute mich auf die Uni, auf die Aussicht, mein eigenes Lernpensum festzulegen, meine Kurse selbst auszuwählen, mich nur noch mit den Themen zu beschäftigen, die mich wirklich interessierten: Kunst, Literatur, Geschichte.

Dies hätte zu einer ruhigen, ernsthaften Angelegenheit werden können, wenn ich nur weiterhin der stille, zurückgezogene Freak geblieben wäre, der am Wochenende zu Sisters of Mercy tanzte und unter der Woche fleißig Bücher wälzte.

Aber dabei sollte es nicht bleiben. Der Freak in mir hatte etwas entdeckt, was darüber hinausging, sich nur in der Subkultur verrauchter Keller-Discos auszuleben. Der Freak hatte entdeckt, wie sich mit etwas abwegigen Neigungen und Interessen viel Geld verdienen ließ – und dass es Männer gab, die auf Studentinnen abfuhren, die nach der Uni gerne mit Seilen und Ketten hantierten. So wurde ich vom Grufti-Mädchen, das am Wochenende sein Lackkorsett anzog, zur professionellen Domina, die nebenher ihr Studium bewältigte und dafür ihre Lackmontur vorübergehend auszog.

Es fühlte sich komisch an, keine »normale« Studentin

zu sein. Manchmal machte ich mir einen Spaß daraus, mir vorzustellen, wer von meinen Kommilitoninnen sonst noch als Jungdomina arbeitete. Einerseits war ich mir sicher, dass man mir meinen Nebenjob nicht ansah; schließlich ging ich ja nicht mit meinem Stahlkoffer und den Lackstiefeln in den Hörsaal, sondern sah aus wie eine typische Erstsemesterin: blass und gestresst, orientierungslos und unsicher. Daran änderten auch mein voller Terminkalender im Studio und mein dicker Geldbeutel nichts.

Andererseits fühlte ich mich wie unter Drogen. Auf dem Weg zur Uni stellte ich mir vor, die Leute könnten mir ansehen, dass ich eine Domina war. Ich gewöhnte mir ein kleines, hinterhältiges »Wenn ihr wüsstet«-Schmunzeln an, weil ich mich gewissermaßen überlegen und äußerst sexy fühlte. Während der Vorlesungen malte ich mir aus, der Professor hätte letzte Nacht meine Bilder im Internet gesehen und sich dabei einen runtergeholt, ohne zu ahnen, dass die junge Frau im Lackkorsett heute seinen Vortrag über Walther von der Vogelweide eifrig mitschreiben würde.

Ja, ich war stolz auf meinen Nebenjob. Mein erstes Semester verbrachte ich damit, mich enorm über mich selbst zu freuen und meine Kommilitonen unwürdig zu finden. Ich genoss meine Außenseiterrolle. Es ist wesentlich angenehmer, wenn man sich bewusst ausgrenzt, als wenn andere das tun. In der Schule hatte ich gerne dazugehören wollen. Spätestens an der Uni war ich von solch unterwürfigen Wünschen befreit. Denn ich hatte auf einer anderen Ebene gesehen, wie leicht und lustvoll es war, verehrt und angehimmelt zu werden. Wenn auch nicht von Gleichaltrigen. Die konnten sich mich nämlich nicht leisten.

Wozu brauchte ich das Gefühl, irgendwelchen Studentengruppen anzugehören, die über Fachschaftspartys diskutieren und abstimmen, wer das Bier und wer das Gras besorgt?

Ich nahm mir das Recht heraus, arrogant und distanziert zu sein, ich fühlte mich so frei und unbeschwert, dass ich einfach was Besseres sein musste. Mein schmutziges Geheimnis beherrschte meine Gedanken so sehr, dass alles andere uninteressant wurde.

Im ersten Semester sollte ich dann herausfinden, was es hieß, Germanistik zu studieren. Ich hatte mich auf spannende, erbauliche Diskussionen über Expressionismus und antike Epik gefreut, die erwachsene Menschen miteinander führen. Ein Irrglaube, wie sich bald herausstellte.

Im Linguistik- und Literaturgrundkurs saßen jeweils mindestens achtzig Leute in einem Raum, Arsch an Arsch, Schulter an Schulter, wie am Strand der Costa Brava zur Hochsaison. Nur die Hälfte bekam einen Sitzplatz, die andere Hälfte quetschte sich auf Fensterbänke und kauerte auf dem Boden. Die Räume müffelten nach einer Mischung aus nassen Schuhen und nassen Achselhöhlen. *Sehr lernfördernd, das Ganze,* dachte ich und fragte mich, wie das erst im Sommer werden sollte.

Da saß ich nun zusammen mit meinen Altersgenossen, meinen Mitstreitern, meiner sogenannten sozialen Peer-Group, eingeklemmt zwischen einer schlacksigen Nickelbrille mit Menthol-Atem und einer Blondine, die ihre Haare in Jungmädel-Manier geflochten trug und ihre Schreibutensilien in einem Mäppchen mit Diddl-Aufdruck verstaute.

Etwa die Hälfte des Kurses studierte auf Lehramt. Das waren mehrheitlich die mit dem Sitzplatz, die angehenden Pädagogen kamen nämlich immer pünktlich. Vor ihnen lagen meist saubere linierte Blöcke und ein ganzes Bataillon von Bunt- und Bleistiften. Sogar ein paar Tintenkiller waren aus der Schule herübergerettet worden.

Das Linguistik-Seminar wurde geleitet von einer sehr jungen Dozentin mit Delphin-Brosche am Kragen. Und schon bald steckten wir alle mitten in den Ritualen, die ich schon in der Schule so gehasst hatte: Arbeitsblätter austeilen, Anwesenheitsliste rumgehen lassen, Hausaufgaben abgeben. Gerade dass wir nicht gefragt wurden, ob wir uns am Morgen auch ordentlich die Zähne geputzt hatten. Auf den Arbeitsblättern standen gruselige Dinge wie »Evidentiale, Meronymie, Kontradiktion« und »semantisches Komplementaritätsprinzip« – für mich allesamt böhmische Dörfer, im Gegensatz zu meinen beflissenen Kommilitoninnen.

Vorne schlich die Dozentin wie eine verschüchterte Grundschullehrerin vor der Tafel herum, klebte mit Tesafilm bunte Schildchen darauf und malte Pfeile, Wörter und seltsame Symbole. Das Ganze sah ein wenig aus wie eine Wettervorhersage im Privatfernsehen.

Ungefähr alle zwei Minuten stellte sie Fragen ans Publikum, woraufhin links und rechts von mir Arme mit gestreckten Fingern rasend schnell in die Höhe wuchsen wie genmanipulierte Maisstauden. Nickelbrille und Diddl-Blondine waren dermaßen in der Materie drin, dass sie mir unheimlich wurden. Sicher hätte ich sie fragen können, ob wir zusammen auf die Klausur lernen könnten. Aber dazu wollte ich mich nicht herablassen – damit hätte ich ja meinen nicht vorhandenen Durchblick eingestanden, und das passte mir auf meinem Höhenflug nun mal gar nicht in den Kram. Lady Elvira hatte so was nicht nötig.

Anstatt mir langsam Sorgen zu machen, dass ich keine einzige der Dozenten-Fragen würde beantworten können, sah ich mich lieber um und stellte mir vor, wer hier außer mir noch ein schmutziges kleines Geheimnis haben könnte. Der Blick in die angestrengten, braven und ungeschminkt-kindlichen Gesichter sagte mir aber: *Nix da, ich bin hier die Einzige.* Diese Vorstellung gefiel mir natürlich, und zwar so gut, dass ich mich mit diesem Gedanken von meinem Null-Durchblick ablenkte. Ich fand den Gedanken an eine Fußsohlen-Flagellation allemal aufregender, als zu lernen, was eine semantische Verschiebung war. Lady Elvira geilte sich an ihrem schmutzigen kleinen Geheimnis auf. Das genügte ihr.

Ich stellte mir kurz vor, wie über meinem Kopf eine Blase aufleuchten würde, in der in blinkenden Buchstaben zu lesen war: *Die hier schafft als Semi-Nutte in einem SM-Keller und braucht kein BAföG.*

Ich fühlte mich schlichtweg auserwählt. Während die anderen übers Mensa-Essen und den Kater nach der letzten Studi-Party redeten, dachte ich an den neuerworbenen Edelstahl-Dildo, der meinen Arbeitskoffer noch mal eineinhalb Kilo schwerer machte.

Überhaupt erlebte ich in dieser aufregenden Anfangsphase meines Doppellebens nicht nur einen Höhenflug in mentaler Hinsicht, sondern auch in finanzieller. Endlich musste ich mir um Geld keine Gedanken mehr machen. Der Job im *Medea* ermöglichte es, dass ich mir gleich nach der Führerscheinprüfung einen netten, kleinen Gebrauchtwagen zulegen konnte – ganz ohne Elternzuschuss. Ich konnte endlich nicht mehr nur an Schaufenstern vorbeigehen, sondern nach einem Blick aufs Preisschild auch beschließen, das Geschäft um ein besonders tolles Stück zu erleichtern. Mir schauderte beim Gedanken daran, wie andere Studenten in eine WG zu ziehen, Möbel vom Sperrmüll zu holen oder – Gott bewahre – die Möbel aus dem alten Jugendzimmer abzuwohnen! Es machte viel mehr Spaß, zu IKEA zu spazieren und sich alles herauszusuchen, was mir gefiel. Und es war herrlich zu wissen, dass ich im Sommer nach Tunesien fliegen würde – der erste selbstbezahlte Urlaub!

Dieses Leben machte sorglos. Alles war möglich.

So gingen die Wochen ins Land – und die Abschlussklausur rückte näher und näher.

Die Suche nach der
au(a)thentischen Domina

She's dressed in black again
And I'm falling down again
Down to the floor again
I'm begging for more again
But oh what can you do
When she's dressed in black?

DEPECHE MODE, *DRESSED IN BLACK*

Rein äußerlich war es nicht allzu schwer, das allgemeine Anforderungsprofil einer Domina zu erfüllen.

Ich trug ein schwarzes, weit ausgeschnittenes Kleid aus Lederimitat. Auf dem Rücken war es geschnürt, so dass einiges von meiner weißen Haut zu sehen war. Über meinen Po fiel es lang bis auf den Boden, doch vorne reichte es gerade einmal bis auf die Mitte meiner Oberschenkel. Darunter konnte man einen Streifen nackte Haut sehen, bis ein paar Zentimeter weiter unten die Spitzenborte meiner schwarzen halterlosen Strümpfe meine Schenkel verhüllte. Meine Kniescheiben wurden eingeschlossen vom straff geschnürten Schaft der Lackstiefel, auf denen ich mich mittlerweile so sicher bewegte, als sei ich darin zur Welt gekommen.

In dieser Arbeitskleidung machte ich noch eine ziemlich gute Figur: Körbchengröße 85 C, schwarze lange Haare, kleine Füße. Wenn ich so auf die Straße ginge, würden die

Leute mit Sicherheit sagen: »Oh, wow, die sieht ja aus wie 'ne Domina!«

Aussehen? Gut und schön. Aber war ich es auch? Wenn wir uns zum Fasching als Krankenschwester verkleiden, heißt das ja noch lange nicht, dass wir eine Venenverweilkanüle von einer Haarnadel unterscheiden können.

Natürlich reicht es für eine Frau, die sich selbst als »Herrin« bezeichnet oder zumindest mal eine werden will, beileibe nicht, bizarr auszusehen, in ihrem aktiven Wortschatz Bezeichnungen wie »Sklavensau« oder »Lederluder« zu führen, sich einfach nur die Stiefel lecken zu lassen und ein paar Arschbacken rot zu klopfen.

Und genau das war meine Herausforderung.

Wenn ich im *Medea* neben der Meerjungfrau und den Amazonen saß, beobachtete ich sie und fragte mich, was genau sie zur Domina machte. Ihr Outfit? Ihre Stimme? Ihre Erfahrung? Warum hatte eine vernachlässigt aussehende und gruselig riechende Frau wie Kassandra überhaupt Kunden? Was machte sie zur begehrenswerten Domina? Und war Larissa eine Domina, nur weil sie dank ihres Körpergewichts so imposant wirkte? Und Luzifera? Bestand ihre dominante Ausstrahlung etwa nur aus ihrem apokalyptischen Körperschmuck? Und was war es eigentlich, das *mich* zur Domina machte?

Je länger ich die inneren Strukturen des *Medea* miterlebte, desto stärker bekam ich den Eindruck, dass es vielen Männern reichte, einfach nur einer Frau im Latexbody gegenüberzuknien. Denn tatsächlich gab es nur sehr wenige Kunden, die auf die wirklich harten Sachen und auf absolute unerschütterliche Strenge standen. Die meisten wollten einfach nur ein bisschen gefesselt, gehätschelt und getätschelt werden. Manchmal noch nicht mal das.

Ein SM-Studio ist freilich nicht nur Anlaufstelle für Männer mit Peitsche- und Stiefel-Phantasien. Nein, es steht auch im Ruf, dass dort Frauen anzutreffen sind, die Dinge tun, für die eine gewöhnliche Nutte zu doof oder zu eindimensional ist.

Einmal hatte ich einen Kunden, der einen, gelinde gesagt, exotischen Wunsch äußerte. Er hatte eine Tasche dabei, in der sich ein Weinglas befand. Und eine Banane.

Als er mir mit stark französischem Akzent seine Phantasie vortrug, hörte sich das in etwa so an: »Also, isch möschte gebunden werden an diese Kreuz da. Ja? Und, also ich möschte dort gefesselt sein, während Sie sisch ausziehen, schön langsam, so wie in eine, öh, Sex-Clüb mit Mädschen, die tanzön an die Schtange. Nehmön Sie diese Banan und stimulieren Sie sisch damit, also zwischen die Beine, ja? Und dann, also, isch stelle mir vor, wie Sie machen Pipi in diese Weinglas und dann schälen die Banan und, öh, tunken sie hinein in Ihre Pipi und dann füttern misch damit.«

Bei Kunden dieser Sorte war ich froh, mir einen Rest Spießigkeit bewahrt zu haben. Ich verwies den Spinner an meine Kolleginnen – noch heute höre ich ihr schallendes Gelächter im Aufenthaltsraum, als ich ihnen den exotischen Wunsch beschrieb. Eine von den Bizarrengeln erbarmte sich schließlich seiner. Später erzählte sie uns, dass der Bananenmann schon in diversen normalen Bordellen abgewiesen worden sei, weil den Nutten sein Wunsch zu bizarr, zu eklig, zu absurd war. Sie hätten ihm empfohlen, ein SM-Studio aufzusuchen, dort würde ihm sicher geholfen. Recht hatten sie.

Aber warum hatte ich den Kunden nicht angenommen? Fehlte es mir etwa an der nötigen Phantasie zur Umsetzung dieses bizarren Szenarios?

Nein, da gab es noch was anderes: Ich hasse Bananen. Von ihrem Geruch wird mir schlecht. Erst recht in Kombination mit dem, was der Typ als Dip wünschte …

Außerdem gefiel mir der Gedanke einfach nicht, dass sich eine Domina vor einem Kunden ausziehen und dann auch noch lustvoll tanzen sollte. Mir gefiel es generell nicht, dass die Dominas im *Medea* ihren Kunden offenbar zu Diensten waren – und nicht umgekehrt!

Doch genau darin lag die Herausforderung. Wie wurde man zu einer Domina, die zwar aufgrund ihrer Professionalität auf Kundenwünsche einging, dennoch aber ihr Gesicht wahren konnte und bei allem den Anschein erweckte, sich die bizarren Spielchen ganz spontan selbst ausgedacht zu haben?

Darüber zermarterte ich mir das Hirn – lange ohne Ergebnis. Ging ich dieses Problem vielleicht zu intellektuell an? War hier etwa die Studentin der Domina im Weg?

Ich hatte nicht damit gerechnet, dass hier fast nur Männer reinspazierten, die ausschließlich eine Hebamme für ihre körperliche Lust suchten. Ich hatte mir eher Männer vorgestellt, die mit Rucksäcken voller Latex- oder Lederklamotten ankamen, SM-Spezialisten, die abgefahrene Wünsche hatten, ernsthafte Unterwerfung suchten und Schmerz und Hingabe als eine lebensnotwendige Therapie betrachteten. Stattdessen fand eigentlich immer das Gleiche statt: Ein bisschen fesseln, am besten mit den Kunstfell-Handschellen aus dem Tankstellenshop, danach ein paar Hiebe mit einer Pfauenfeder und anschließend eine ausgiebige Penis-Massage.

Für eine Anfängerin hatte ich schon bald eine ganz beachtliche Kundenkartei, und einige von den Männern kamen bereits zum zweiten oder dritten Mal zu mir. Alle gehorchten, wenn ich mit schneidendem Tonfall befahl: »Leck mir die Stiefel, Sklave!« Jedes Mal sah ich das zufriedene, erlöste Leuchten in ihren Augen, sobald sie in meiner Gegenwart ein Kondom vollgespritzt hatten. Und wenn sie weg waren, räumte ich all die Seile und Peitschen wieder auf und dachte über all das nach. Denn irgendetwas sagte mir, dass es nicht genügte, jemanden, der sowieso darum bittet und auch noch dafür zahlt, zu fesseln und zu schlagen. Das war mir schlicht zu wenig. Zu langweilig. So hatte ich mir den Job als Domina nicht vorgestellt. Das alles erschien mir zu vorhersehbar, wie ein unausgesprochenes Drehbuch, an das ich mich halten sollte.

Ich wollte unbedingt wissen, was ich tun musste, um einen Mann *wirklich* zu beherrschen. Denn wenn ein Masochist zu einer Domina ging, wusste er ja von vornherein, auf was für ein Spielchen er sich einließ. Dann stand er vor der mit der Bullenpeitsche bewaffneten Lederbraut und dachte sich: »Na gut, das da ist die Herrin, ich bin der unwürdige Wicht. Jetzt bin ich also mal lieber 'ne Weile unterwürfig und brav, dann wird alles gut.« Jedem Mann, der sich auf so ein Abenteuer einließ, war die Rollenverteilung von vornherein klar, so wie jeder, der zum Zahnarzt geht, weiß, dass er sich auf den Stuhl unter die hässliche grelle Lampe legen und den Mund aufsperren muss. Dass eine Herrin unangenehme, einschüchternde Dinge mit einem tut, ist genauso klar wie die Tatsache, dass der Zahnarzt einem bedrohlich aussehende Metallteile in den Schlund schiebt und an unserem mühsam gepflegten Zahnschmelz herumkratzt. Am Ende einigt man sich mit dem Zahnarzt auf eine neue Füllung und mit der Domina auf einen wunden Arsch.

So lief das normalerweise. Aber es gab auch Spielverderber. Kunden, die keine so leichte Beute waren, wie man das als Herrin vielleicht gerne gehabt hätte. Es gab Männer, die gebrochen werden mussten. Die anfangs aufmüpfig und trotzig waren. Die sich nicht hinknieten, selbst wenn man ihnen bei dieser Weigerung die schlimmsten Strafen androhte.

Die den Kopf schüttelten wie ein Kind, das sich weigert, den Mund aufzumachen, wenn Mama ihm einen Löffel Spinat hinhält. Renitente, widerspenstige Zocker, deren Kick darin lag, mit der sogenannten Domina zu spielen. Anspruchsvolle, schlaue Füchse, die erst mal rausfinden wollten, ob ihnen ihre Herrin überhaupt gewachsen war. Sklaven, die eine Herrin brauchten, die sie ernst nahmen, eine, die ihnen *wirklich* überlegen war und nicht nur so tat. Typen, die bei einer Frau, die keine Ahnung von Psychologie hatte, keinen hoch bekamen, denen es auf Persönlichkeit ankam und auf wahre innere Stärke. Solche Kunden zu unterwerfen war in etwa so leicht, wie Paris Hilton dazu zu zwingen, sich zum Marxismus zu bekehren. Und für diese Männer interessierte ich mich besonders. Denn für mich stellten sie die Komplementärteilchen zu einer wahrhaftigen Herrin dar.

Anfangs traute ich mich an solche Typen überhaupt nicht ran, ich wusste, dass ich für sie nur ein kleines Mädchen im Lackrock war, aber keine echte Herrin. Ich sah es an ihren spöttischen, ungläubigen Blicken, wenn ich mich vorstellte. Ihre Gedanken standen ihnen ins Gesicht geschrieben: »Schätzchen, ist lieb gemeint, aber willst du nicht lieber wieder gehen und erst mal ein bisschen mehr Erfahrung sammeln? Schick mir eine richtige Herrin rein.«

Gleichzeitig reizten mich diese Typen so sehr wie den Bär das Bienennest. Denn diese Kunden knackt man nur mit wahrer Dominanz. Mit psychologischer Überlegenheit. Diese Fähigkeit erst macht eine echte, wahrhaftige Herrin aus. Und dies zu lernen war mein großes Ziel.

Ich wollte es nämlich nicht so machen wie meine Kolleginnen. Bei meinen vielen Besuchen in den Sessions der anderen Dominas hatte ich natürlich viele Methoden kennengelernt, wie man einen Mann dazu brachte, das zu tun, was man will. Larissa etwa raubte einem einmal mit einer Ohrfeige das Gleichgewicht, und als er wieder zu sich kam, saß sie auf ihm und fesselte grinsend seine Ellenbogen aneinander, und schon war das Machtspielchen entschieden. Filigran war das nicht gerade. Die holde Undine wiederum stellte einfach einen Blick in ihren Leder-BH in Aussicht, wenn der Widerborst ihr nicht gehorchen wollte. Aber das war es eben nicht, was ich unter dominantem Verhalten verstand.

So kam es, dass ich die folgenden Jahre immer auf der Suche unter meinen Kolleginnen nach einer Art Vorbild war – ohne zu merken, dass es vielmehr die sich mir als Sklaven ausliefernden Männer waren, die dabei halfen, dass aus mir eine Domina wurde.

Rohrstock und Rollbraten

In Nürnberg hat ein Kunde einer Domina offenbar in die Hand ge-
bissen. Während einer sogenannten »Sitzung« wurde der Mann
auf einer Liege festgekettet. Der 45-jährige Kunde hielt die
Schmerzen nach einer gewissen Zeit nicht mehr aus, weshalb er
die 27-jährige Prostituierte dazu aufforderte aufzuhören. Allerdings verstand die Domina die Aussagen des Kunden falsch, da
vor der Sitzung offenbar eine andere Absprache getroffen worden
war. Der verzweifelte Kunde wusste sich nicht anders zu helfen,
als der Dame in die Hand zu beißen. Diese verständigte daraufhin
die Polizei, die den Mann von der Liege befreite.

AGENTURMELDUNG *(DTS)*

In meinem engen Freundeskreis (nur dort war man im
Bilde über mich) sorgte mein abseitiger Job regelmäßig für
Gesprächsstoff und ungläubiges Staunen. Meine beste Freun-
din Anne hatte tausend Detailfragen zum Arbeitsalltag im
Medea und lauschte mit großen Augen, wenn ich ihr meine
Begegnungen mit Männern schilderte, die sich mir ausge-
liefert hatten. Sie hatte keinerlei Ahnung von dieser Welt,
genau wie ich vor noch nicht allzu langer Zeit.

Wir trafen uns einmal in der Woche in meiner Wohnung zum Frühstücken und plauderten dann meistens
stundenlang. Einmal saßen wir wieder auf meinem schwarzen Samtsofa, vor uns dampfende Teetassen, Honigbrote
und Mandarinenschalen. Aus den Lautsprechern ertönte
die flüsternde Stimme von Robert Smith, der von Spinnen

in Schlafzimmerecken sang. Anne war wie ich modisch ein eher dunkel orientierter Mensch und trug gerne Schwarz. Wir lehnten an den Sofakissen, genossen die friedliche Stimmung in meinem Wohnzimmer und summten die Melodie mit. Als *Lullaby* vorbei war, konnte Anne ihre Neugier mal wieder nicht zurückhalten und fragte unvermittelt: »Sag mal, wenn du mit deinen Kolleginnen so im Aufenthaltsraum sitzt – wie ist das dann so?«

Da war sie wieder, so eine Detailfrage.

»Na, wie soll das schon sein?«, antwortete ich. »So wie jetzt auch, eigentlich.« Im gleichen Moment wusste ich, dass das nicht stimmte. »Wieso fragst du denn?«

»Na ja, ich frage mich, ob in so einem SM-Studio immer eine – wie soll ich sagen – erotische Stimmung herrscht.«

Ich antwortete mit einem prustenden Lachen.

»Nein, im Ernst«, fuhr sie fort, »ich stelle mir immer vor, dass Dominas auch abseits von ihren Sessions einen besonderen Alltag haben – ich meine, im Studio, natürlich.«

Ich lachte wieder und sah vor meinem inneren Auge, wie Amazone Larissa, die letzte Woche einen riesigen Stapel Küchenrollen aus dem Keller hochgetragen hatte, auf der Treppe ausgerutscht und mitsamt ihrer Fracht auf den nächsten Treppenabsatz geplumpst war. Alle Küchenrollen lagen um sie herum verstreut, und im selben Moment klingelte auch noch ein Kunde an der Tür.

»Und wieso kommst du darauf?«, fragte ich Anne erheitert.

»Ich dachte immer, so eine Domina wird in ihren Pausen auch irgendwie … bedient. Ist das nicht so? Hast du nicht mal erzählt, dass ihr Putzsklaven habt?«

Ich musste mich wirklich zügeln, sonst bekam Anne noch das Gefühl, ich würde sie auslachen. Es war einfach so lustig, was sie sich da vorstellte. Sie war sicher nicht die Einzige, was das anging.

»Du glaubst also, dass wir in den Pausen nichts tun, außer uns auszuruhen und neue Energie für den nächsten Sklaven zu sammeln«, sagte ich.

Anne nickte eifrig. »Du hast doch erzählt, dass in eurem Studio immer eine dominante Atmosphäre herrscht, damit jeder Sklave, der kommt, das auch gleich spürt.«

»Okay – dann komm doch morgen mal mit und guck dir unseren Aufenthaltsraum an, ja?«

»Wieso?«

»Damit du siehst, wie weit das da her ist mit der edlen, königlichen Atmosphäre«, kicherte ich. »Dann weißt du erst, wie falsch du liegst.«

»Ach …«, hauchte Anne. War ihre Enttäuschung echt oder gespielt? »Dann läuft das da also alles ganz normal, so wie in einer WG oder so? Keine erotischen Schwingungen?«

Ich klärte sie über unsere Pausengestaltung im *Medea* auf – auch wenn das bedeutete, dass ich ihre schöne Illusion zerstören musste. Ich konnte mir denken, was ihr vorgeschwebt hatte, und vielleicht dachten auch einige unwissende Sklaven, dass Dominas in ihrem Studio-Alltag ein betörend angenehmes Leben führten. Sie stellen sich vielleicht ein Boudoir vor, rote Samtsofas, schwarze Ledersessel, Toulouse-Lautrec im Fetisch-Gewand. Dort räkeln sich majestätisch die Dominas in ihren schwarzen Stiefeln. Elfengleiche Zofen schwirren durch den Raum, servieren den Herrinnen Tee, Kaffee und Petit Fours und legen ihnen sadomasochistische Fachbücher auf den Tisch. Kerzen brennen, Wohlgerüche durchziehen den Raum, aus einem CD-Player plätschert Chill-out-Musik. Wenn die Herrinnen Lust haben, können sie ihre Sklavinnen auffordern, ihnen nebenher noch ein bisschen die Muschi zu lecken, oder den Haussklaven befehlen, sich gegenseitig einen zu blasen. Nur so zum Spaß, versteht sich.

Die Domina als Kunstprodukt, das immer schön aussieht und dauernd geile Dinge tut. Ihr Arbeitsplatz ein dunkler, geheimnisvoller Märchenpalast mit Zwergen und Elfen in Lack und Leder.

Das sind Disneyworld-Träumereien. Wüssten die Männer, wie es wirklich in einem Aufenthaltsraum eines SM-Studios aussieht und zugeht, wären die meisten von ihnen das letzte Mal Gast eines solchen Hauses gewesen. Ihre Lust würde dermaßen vor die Hunde gehen, dass sie in Zukunft auf sauberen Cybersex umsteigen würden.

Die schnöde Wahrheit: Eine Domina holt sich ihren Kaffee selbst, sie kocht ihn auch selbst. Und wenn ein Gast kommt, heißt es: »Was willst'n zu trinken? Wir haben Cola, Sprudel und Apfelsaft.«

Einmal unterhielt ich mich mit einem Mann, der in Großbritannien in einem SM-Etablissement gewesen war. Er erzählte mir, dass sich englische Herrinnen lieber die Absätze ihrer Stiefel abbeißen würden, als einem Sklaven von sich aus etwas zu trinken anzubieten. Und ohne Obstkorb als Präsent und der Bereitschaft, der Domina auch noch das Auto zu putzen, läuft dort anscheinend gar nichts. Naja, irgendeinen wahren Kern musste dieses Klischee wohl haben. Aber hierzulande kommt so was nicht vor.

Manche SM-Studios in Deutschland haben aber zumindest eine sogenannte Hausdame. Das ist eine Frau, die all die schnöden Verrichtungen des Betriebes von den Stars des sadistischen Theaterstücks fernhält. Eine Hausdame bedient das Telefon und die Türglocke, kocht den Kaffee und räumt den Aufenthaltsraum auf.

Das Studio *Medea* hatte keine solche gute Fee. Wir mussten alles selbst machen: Wachs und Wichse wegputzen, Mülleimer leeren, Kaffeetassen spülen, Handtücher waschen, Klos putzen und die Getränke aus dem Keller schleppen.

Allerdings hatte das *Medea* in der Tat Haussklaven. Die Idee hinter einem solchen ist die, dass ein devoter Mann sich für einen Sparpreis einen ganzen Tag lang in einem SM-Studio aufhalten und alle anfallenden Arbeiten im Haus verrichten muss beziehungsweise darf. Es soll ja auch Männer mit Aschenputtelphantasien geben.

Soweit die Theorie. In Wahrheit entpuppt sich der Haussklave leider nur allzu oft als ein aufdringlicher Wicht. Er hält sich für einen sehr geringen finanziellen Gegenwert in einem Studio auf und tut nur so, als sei er der Butler. Unter den vielen Möchtegern-Haussklaven, denen ich im *Medea* über den Weg gelaufen bin, war kein Einziger, der sich wirklich angestrengt und tatsächlich nur zum Dreckwegmachen gekommen wäre. Diejenigen, die ich kennenlernen durfte, waren geile, dickbäuchige Spanner, denen man eine Dienstmädchenschürze umband und sie auf Staubsuche schickte. Meistens platzten sie dann eine knappe Viertelstunde später mit einem Ständer in den Aufenthaltsraum, wo haufenweise nacktes Fleisch sich nicht mehr rechtzeitig bedecken konnte, und verlangten sabbernd, die Herrin möge doch eine neue Aufgabe für sie finden – sie würden auch sehr gerne Massagedienste leisten … Am Ende eines solchen Tages war im Haus kein einziges Zimmer geputzt, dafür hatte man sich mit dem Beaufsichtigen eines geilen Bocks aufgehalten, der nur Interesse an der Unterwäsche der Zofen und den belederten Ärschen der Dominas hatte. Meistens war an einem solchen Tag alles noch chaotischer als sonst.

»Dann hilft euch das gar nicht, wenn so ein Putzsklave kommt?« Anne wirkte richtiggehend enttäuscht.

»Naja, wer weiß, ich bin ja noch nicht so lange im *Medea*«, antwortete ich. »Vielleicht kommt ja doch mal einer, der es ernst meint und uns wirklich die Hausarbeit abnimmt und uns hofiert.« Ich verzog spöttisch das Gesicht.

»Also nein, ich finde das ungehörig, wenn so ein Mann einen Massagedienst anbietet, nur weil er nacktes Fleisch anfassen will«, erwiderte Anne.

»Dann gründe doch eine Sklavenbenimmschule«, schlug ich ihr vor. »Der Unterricht wäre natürlich rein theoretisch, versteht sich.«

Auch die Sache mit dem Telefon war etwas, das uns im Studio in unserer erotischen Grundstimmung meistens eher demoralisierte als aufbaute. Vielleicht gibt es SM-Studios, die sich neben Haussklaven und Hausdamen auch noch den Luxus einer Telefonistin leisten, die nichts anderes tut, als Anrufe entgegenzunehmen, Termine für die Frauen zu vereinbaren und Typen abzuweisen, denen man anhört, dass sie es offensichtlich gar nicht ernst meinen mit einem Besuch. Solch eine Erleichterung unseres Arbeitsalltags war uns leider nicht vergönnt. Wenn es klingelte, ging irgendeine von uns an den Hörer und reichte ihn dann entweder weiter oder befriedigte den Anrufer selber: mit Informationen oder mit ihrer geilen Stimme. Dabei ging es oft genug um »befriedigen« im wörtlichen Sinne. Denn nicht jeder Mann, der bei uns anrief, wollte wirklich einen Termin. Genau genommen war die Zahl derer, die sich am Telefon nur mal rasch einen runterholen wollten und dafür die Stimme einer Domina als Unterstützung brauchten, bestürzend hoch.

Natürlich gaben wir uns alle Mühe, am Telefon zu klingen wie die leibhaftige Verführung. Katja hatte in dieser Hinsicht einige wichtige Tipps für uns. Sie schärfte uns zum Beispiel ein, unsere körperlose Stimme in den Ohren der Sklaven so klingen zu lassen, als seien wir zu jeder erotischsadistischen Schandtat bereit. »Sprecht mit tiefer Stimme, unbedingt!«, meinte sie. »Und sagt schon mal ein paar verruchte Sachen, das wirkt Wunder! Am besten so was wie: ›Na, du neugieriger Sklave, was glaubst du, was ich mit dir mache, wenn du dich hertraust …‹«

Gut, das wir kein Bildtelefon hatten, sonst hätte Katja uns vielleicht noch gebeten, den Hörer dabei zwischen den Beinen zu reiben.

Natürlich gaben wir uns beim telefonischen Erstkontakt Mühe, schließlich wollten wir die Männer ja zu uns locken. Aber vielleicht wäre mir und meinen Kolleginnen einiges erspart geblieben, wenn wir am Telefon nicht geklungen hätten wie eine Sexhotline. Denn was dabei herauskam, waren tägliche Anrufe von Männern, die unsere Stimmen nur dazu benutzten, um sich einen zu rubbeln und sich dabei weiß der Kuckuck was vorstellten. In ganz harten Fällen kam es nicht mal zu einem richtigen Dialog.

»Studio *Medea,* was kann ich für dich tun?«

»Was machst du mit mir … wenn ich zu dir komme … Herrin … hmmm?!«

»Ääh – ja, also, auf was stehst du denn? Wie heißt du überhaupt?«

»Mhhh, ich bin der Josef … und ich stehe auf … Analdehnungen …«

»Hast du denn schon Erfahrung auf diesem Gebiet, Josef? Oder bist du noch ganz unerfahren?«

»Naaiin mmh … ich hab gerade einen ganz dicken Dildo hinten drin … Herrin …«

»Aha …«

»Dehnst du mich schön … wenn ich zu dir komme …«

»Äh, ja, also …«

»Ja?? Oh, ja …« *Tut-Tut-Tut.*

So oder so ähnlich ging das mehrmals am Tag. Besonders lustig wurde es, wenn man bei einem solchen Anruf den Lautsprecher anstellte. Wenn die Kolleginnen ringsum dann in Gelächter ausbrachen, legte der arme Wicht am anderen Ende ganz schnell auf.

Natürlich waren es meist die neuen, ahnungslosen Frauen bei uns, die ihre Zeit bei solchen Telefonergüssen verplemperten. So wie ich zum Beispiel. Ich entwickelte erst nach einiger Zeit ein Gespür dafür, ob ein Anrufer es ernst meinte oder nur akustische Hilfe beim Onanieren brauchte. Meistens riefen die Typen auch nicht mehr an, wenn man ihnen am Telefon einmal deftig die Meinung gesagt hatte.

Als ich noch ganz neu war im *Medea*, fiel ich auf einen speziellen Typen rein. Der Stimme nach war er über sechzig. Es war die ekligste Stimme, die sich je in meine arglose Ohrmuschel gebohrt hatte: kehlig, klebrig, ranzig, lüstern. Und obendrein noch schwäbisch.

Als ich ihn das erste Mal am Telefon hatte, verlief das Gespräch ungefähr so:

»*Studio Medea*, du sprichst mit Lady Elvira, was kann ich für dich tun?«

»Ha, bisch du neu da?«

»Ja, neu schon, aber mit allen Wassern gewaschen.« Ich tat zumindest so.

»Kannsch du auch schön schlage?«

»Aber natürlich – nichts tu ich lieber. Brauchst du denn Schläge?«

»Ja, i halt ganz viel aus, Herrin. Wie viele Schläge gibscht du mir denn?«

»Das besprechen wir dann, wenn du hier bist. Möchtest du einen Termin vereinbaren?«

»Sage mal, Herrin, ziehsch du den Rohrstock au schön durch?«

»Wenn du das aushältst. Wann darf ich dich denn hier begrüßen?«

»… dreihundert Hiebe, mi'm Rohrstock!«

»Äh, ja, aber magst du nicht erst mal einen Termin vereinbaren?«

»… und schön hart durchziehn, ja?«

Und so weiter. Natürlich kam es zu keinem Termin, weder bei mir noch bei einer meiner Kolleginnen, die nach und nach ebenfalls von diesem Typen behelligt wurden, der bei uns bald nur noch »Rohrstock-Opa« hieß. Es handelte sich wohl bloß um einen traurigen alten Mann, der einsam war und den eine furchtbare Langeweile plagte. Wahrscheinlich setzte er sich jeden Morgen nach dem Frühstück ans Telefon und rief sämtliche SM-Studios in Deutschland an, die er in den Kleinanzeigen seiner Zeitung finden konnte, und provozierte Gespräche, in denen die Worte »Arsch«, »Rohrstock«, »Hiebe«, »Dreihundert« und »schön durchziehen« vorkamen. Ein leidenschaftlicher Flagellant, der aber, da war ich mir sicher, niemals ein Studio betrat. Dafür reichten wohl weder Mut noch Rente.

In seiner Rolle als Telefonterrorist gehörte der »Rohrstock-Opa« bald zum *Medea* wie die roten Chiffon-Vorhänge in der Küche, die dort nach ihrem Äußeren zu urteilen seit Jahren keine Waschmaschine mehr von innen gesehen hatten. Er war eine unsichtbare, nur hörbare Institution, so wie das vertraute Klatschen und Stöhnen, das aus den Studios drang. Ein kleiner, böser Gnom, der manchmal sogar fähig war, Variationen in sein Anrufritual anzubauen. »Hasch du den Rohrstock schon gewässert?«, fragte er dann. Manchmal hielt er den Hörer auch an sein Radio, aus dem gerade Volksmusik kam. An guten Tagen wurde er richtiggehend kreativ und erdreistete sich, originelle Verse vorzutragen wie »Und aus der Ferne hört man's klimpern, des Königs Tochter lässt sich pimpern.« Oder: »Dein schöner Arsch passt am beschten in die Korsage.«

Mit solchen Kabinettstückchen versüßte uns der Rohrstock-Opa den Alltag. Wir hatten ja sonst nicht viel zu lachen in diesem Job voller Leid, Schmerz und Geschrei. Aber eines musste ich dem Opi lassen: Er bereicherte auch mein Privatleben um viele Lachanfälle. Nachdem ich meiner Freundin Anne diese Episoden anvertraut hatte, lag sie vor Kichern fast unter dem Frühstückstisch. Wenn sie danach bei mir zu Hause anrief, meldete sie sich mit: »Hasch du den Rohrstock schon g'wässert?«

Der Rohrstock-Opa hätte sich bestens für eine Stelle als Studioclown geeignet. Ein echter, devot veranlagter und hilfreicher Hausklave wäre uns freilich lieber gewesen. Aber woher nehmen, wenn nicht stehlen? Und so gab es niemanden, der uns regelmäßig die Krone der unantastbaren Majestät unserer Dominanz poliert hätte. Niemanden, der uns die Stiefel aufschnürte und unsere Kaffeetassen spülte. Niemanden, der wichsende Männer am Telefon abwimmelte und Räucherstäbchen anzündete, um die Luft mit erotischer Energie aufzuladen. Niemand sorgte innerhalb des Studios dafür, dass wir die distanzierten, erhabenen Herrscherinnen waren, für die wir uns in der Internetwerbung ausgaben. Wir waren und blieben Frauen in Kostümen. Dominante Dienstleisterinnen, die vor den Kulissen ein Rollenspiel aufrechterhielten und dahinter ganz normale Frauen mit ganz normalen Problemen blieben.

Ein Blick in Aufenthaltsraum oder Küche hätte genügt, um das Bild der edlen Herrinnen zu zerstören: Unsere Küche war klein und mit den Restbeständen einer insolventen Fliesenfirma ausgelegt. Die Spüle war zerkratzt und fleckig, an fast jeder Tasse fehlte der Henkel, und aus dem Mülleimer stank es nach Zigarettenkippen. Im Aufenthaltsraum standen keine Samt-Récamièren wie in meinem Wohnzimmer zu Hause, sondern abgewetzte Sofas von der »Resterampe« mit Kissen, die nicht zusammenpassten. In den Vorhängen waren kleine Brandlöcher, und der Tisch war übersät mit Schminkzeug, Bonbonpapier und vollgehaarten Bürsten und Kämmen. Auf dem Boden lagen die Rucksäcke und Taschen der Frauen verstreut, über die man mit seinen Highheels oft genug stolperte. Kurz: ein Saustall; ein gemütlicher Saustall zwar, in dem ich mich immer wohl gefühlt habe, in dem jedoch das mit der erotischen Energie nicht so recht funktionieren wollte.

Und inmitten von alldem eine Horde genervter Frauen mit verschmiertem Lippenstift, die sich über die trivialsten Dinge unterhielten. Das Gesprächsspektrum reichte von Verstopfung und Pickel über Tampons und Figurprobleme, Gassigehen mit den Pflegehunden bis hin zu nicht bezahlten Stromrechnungen. Manche der Frauen, die bei ihren Sessions Höschen von *Agent Provocateur* und Design-Lederkleider trugen, kamen mit verwaschenen Baumwollschlüpfern und BHs mit Snoopy-Aufdrucken zur Arbeit und zogen diese danach auch wieder an.

Wer nun denkt, eine Domina sei zumindest in ihrem edlen, bizarren Element, wenn die Tür der Folterkammer hinter ihr zufällt und sie sich voll und ganz ihrem Sklaven widmen kann, der irrt. Selbst während der Arbeit können Dinge passieren, die der Majestät einer Domina keineswegs schmeicheln, sondern sie auf den Boden der schnöden Menschlichkeit zurückholen.

Einmal hatte ich einen Gast, der seine erste SM-Session bei mir erleben wollte. Er war Anwalt, etwa so groß wie ich – solange ich meine Stiefel nicht anhatte. Angezogen wirkte er wie der absolute Durchschnittstyp, nackt machte er noch weniger Eindruck: Blass und schwammig stand er da; in seinem Stammbaum musste es irgendwo eine große Made gegeben haben. Er hatte keine speziellen Wünsche geäußert. Nur allzu sehr weh tun sollte ich ihm nicht.

Ich war begeistert. Er ließ mir also freie Hand. Meine Phantasie war angestachelt. *Den lockst du aus der Reserve. Dem zeigst du's richtig. Der wird nicht so blass bleiben, wie er jetzt ist.* O ja, ich würde eine leidenschaftliche Session abziehen und ihn mit den energiegeladenen Talenten einer Jungdomina einwickeln, verführen und gefangen nehmen, ihn zum Schwitzen und Stöhnen bringen.

Kaum angefangen, fraß er mir schon geradezu aus der Hand. Er schmiegte sich an mich und freute sich offensichtlich auf das, was ihn erwartete. Ich nahm ein zehn Meter langes Baumwollseil und begann, ihn mit langsamen, intensiven Bewegungen einzuschnüren. Larissa hatte mir gezeigt, wie das mit dem kunstvollen Fesseln funktionierte. Bondage war eine der ersten Spezialpraktiken, die ich gleich am Anfang meiner Arbeit lernen wollte. Ich genoss das Gefühl des weichen Seils zwischen meinen Fingern und die langsam wachsende Bewegungslosigkeit meines Gegenübers.

Sorgfältig knüpfte ich also eine sehr ausgeklügelte japanische Bondage. Kompliziert und symmetrisch verschnürte ich seinen nachgiebigen Oberkörper. Dabei streichelte ich

seine Brustwarzen, sah ihm listig in seine Äuglein und wartete …

Brav richtete sich sein Schwanz auf. Na also.

Nun entwickelte sich eine konstruktive Arbeitsatmo-
sphäre. Wortlos verschnürte ich ihn immer fester. Inzwischen atmete er erregt und stoßweise und rollte genießerisch
mit den Augen. Der kleine Anwalt war fest in meiner Gewalt. Aus der blassen Made war ein leidenschaftliches Stück
Fleisch geworden. Als der letzte Knoten gebunden war, beäugte ich stolz mein Werk. Um ihn teilhaben zu lassen an
meinem Kunstwerk, drehte ich ihn um, denn hinter ihm
stand ein riesiger Spiegelschrank. Hier sollte er einen ersten
Blick auf seinen kunstvoll verschnürten Oberkörper werfen.

Ich näherte meinen Mund seinem Ohr und flüsterte lüstern:

»Na, was habe ich aus dir gemacht?«

»Ein Opfer.«

»Ein Lustobjekt.«

»Dein williges Spielzeug, Lady Elvira.«

So hätte ein respektvoller Gast die Fesselkünste seiner
handwerklich gesegneten Herrin würdigen müssen. Doch
was antwortete der kleine Anwalt auf meine laszive Frage?

»Einen Rollbraten«, lautete seine nüchterne Feststellung.

In mir gefror jegliche Leidenschaft. Ein zweiter Blick in
den Spiegel tat sein Übriges: Ich musste zugeben, dass kein
Vergleich passender war. Der Durchschnittsheini hatte
mich kalt erwischt. Statt als Bondage-Profi hatte ich mich
als Metzgergeselle erwiesen. Wenn er gewusst hätte, dass
ich Vegetarierin war …

Schraube locker?

Ich bin noch nie zuvor einem wirklich verdorbenen Menschen begegnet. Mir ist etwas bange. Ich fürchte so sehr, dass er aussehen wird wie jeder andere.
OSCAR WILDE

Eines Tages – ich vergnügte mich inzwischen, parallel zu meinem ersten Studiensemester, bereits ein halbes Jahr im *Medea* – stand im Terminkalender der Name eines neuen Kunden, der eine Session mit mir vereinbart hatte. Ich arbeitete nur an zwei Tagen in der Woche im Studio; dazwischen vereinbarten die Kolleginnen die Termine für mich.

In großen, fetten Buchstaben stand *BERND* in meiner Spalte. Ich hatte keine Ahnung, wer dieser Mann war, geschweige denn, was er wollte. Und so wartete ich gespannt auf seine Ankunft.

Die Fenster im Aufenthaltsraum waren mit roten Organza-Vorhängen geschmückt, hinter denen man ungesehen auf die Straße schauen und jeden Neuankömmling beobachten konnte. Zur vereinbarten Zeit tauchte zwischen den parkenden Autos ein Mann auf, der zielstrebig auf unsere Tür zulief. Ich sah nur eine weiße Strickmütze à la Anton aus Tirol, eine abgewetzte Lederjacke sowie nackte Zehen zwischen braunen Birkenstock-Riemen. Dann klingelte es auch schon.

Wie ein Wilderer schlich der Mann in unseren Flur und

spähte noch mal nervös aus der sich schließenden Tür, als habe er Angst, von seiner Ehefrau beschattet zu werden. Ihn umgab der Geruch nach Adrenalin, Pheromonen und Angstschweiß, ein intensiver Cocktail, der mir wie eine Faust in den Magen fuhr.

Tapfer streckte ich ihm die Hand entgegen. »Hallo, ich bin Lady Elvira.«

»Tach«, sagte mein Gegenüber und versenkte demonstrativ seine Hände in den Hosentaschen.

Ich ließ meine ausgestreckte Rechte genau dort, wo sie war, und fixierte ihn. Sein Rasierer musste eine Vorliebe für Asymmetrie haben, denn in seinem Gesicht schien jede einzelne Bartstoppel eine andere Länge zu haben. Die Augen unter der weißen Mütze hatten die Farbe von verschüttetem Kaffee. Richtungslos huschten sie im Flur umher, ohne mich anzusehen. Der Mund wäre selbst für ein Strichmännchen zu schmal gewesen.

Der ganze Mann strahlte auf den ersten Blick etwas derart Unangenehmes und Unsympathisches aus, dass ich ihn am liebsten gleich wieder vor die Tür gesetzt hätte. Aber ich hatte keine Lust, ihm seine Stoffeligkeit durchgehen zu lassen.

»Hat dir deine Mama nicht beigebracht, dass man grüßt?«, fragte ich ihn.

Er zuckte mit den Schultern. »Tach«, wiederholte er.

Ich trat einen Schritt auf ihn zu und hielt ihm immer noch meine geöffnete Hand hin. Dann sagte ich in »Weißer Wissenschaftler begegnet Amazonas-Indianer«-Manier: »Ich – heiße – Lady – Elvira – und – wer – bist – du?«

»Bernd«, murmelte der Besucher.

»Na also, geht doch. Und warum stehst du dann rum wie ein Ladendieb und gibst mir nicht die Hand?«

»Ich will Ihnen nicht die Hand geben. Wer weiß, ob Sie gerade jemandem einen runtergeholt haben. Weiß ich, ob ihr euch hier drin die Hände wascht?«

Ich war so perplex, dass meine Hand nun tatsächlich nach unten sank. Als der erste Schreck vorbei war, sagte ich: »Okay, Bernd, hinter dir ist der Ausgang. Geh, wenn du der Meinung bist, dass ich deinen Hygienestandards nicht gerecht werde.« Ich deutete gebieterisch auf die Tür.

Der hässliche Mann druckste rum. »Tschuldigung. Ist halt mein erstes Mal. Bin aufgeregt.«

»Und unhöflich wie die Sau!«, fügte ich hinzu. Auf einmal verspürte ich eine gewaltige Lust, diesen Stoffel zu zähmen.

Ich verfrachtete Bernd in Studio sieben. Dort waren die Wände mit Barockornamenten in Schwarz und Weiß dekoriert, es gab einen gynäkologischen Stuhl, ein Spinnennetz aus Ketten und ein schwarzes Eisenbett, über dem allerlei Hängevorrichtungen schwebten. Bernd setzte sich auf den Rand des Bettes und zog seine komische Mütze ab. Darunter kam ein Wust aus verschiedenfarbigen Haaren zum Vorschein, die aussahen, als seien darin mehrere Generationen von Vögeln aufgezogen worden. Plötzlich begann ich mich vor dem Mann zu ekeln.

Nachdem Bernd ein Getränk abgelehnt hatte – wahrscheinlich dachte er, dass wir unsere Gläser nicht sauber genug spülten –, fragte ich ihn mit Engelsgeduld: »Also, Bernd. Warum bist du hier? Wie bist du auf mich aufmerksam geworden? Erzähl einfach mal, was du dir vorstellst.«

Der Mann in der speckigen Lederjacke holte tief Luft und stieß einen Schwall erdiger, verbrauchter Luft aus. Eins war klar, ich würde mir nachher einen Klecks Tigerbalsam unter die Nase reiben.

»Also, ich will Schmerzen erleiden und beschimpft werden.«

Schweigen.

»Das wollen so ziemlich alle, die hierherkommen. Geht's vielleicht ein bisschen konkreter?« Ungeduld stieg in mir hoch, und die schnoddrige Art meines Gastes gefiel mir überhaupt nicht.

»Na, ist doch nicht so schwer, oder?«, blaffte Bernd. »Ich will, dass Sie mir sagen, dass ich ein widerwärtiges Schwein bin und so.«

»Das bist du in der Tat. Um das zu wissen, brauchst du keine Domina.«

»Und ich hab hier was dabei, was Sie einsetzen sollen«, sagte er ungerührt und fummelte an seiner Jackentasche herum. Zum Vorschein kam etwas, was ich nicht identifizieren konnte. Etwas Rundes, das im schummrigen Studiolicht rostig aussah.

»Was ist das?«, wollte ich wissen.

»Ne Stahlschelle. Hab ich auf dem Schrottplatz gefunden.«

»Und was, bitte schön, soll ich damit anstellen?«, fragte ich.

»Sie sind ja 'ne komische Domina, wenn Sie das nicht wissen. Ist doch logisch, oder?«

»Oh, mir würde auf Anhieb etwas einfallen«, erwiderte ich mit beißender Stimme. »Ich könnte dir dieses Ding in dein unhöfliches Maul stopfen. Also entweder du benimmst dich jetzt, oder du fliegst raus!«

»Is ja schon gut, 'tschuldigung«, sagte er und reichte mir sein Mitbringsel. Es handelte sich um eine D-förmige Schelle, an deren Seite man mit einer Verstellschraube den Durchmesser regulieren konnte. Ich drehte die rostige Schraube, und das Ding wurde enger. Jetzt verstand ich.

»An deinen Eiern willst du dieses Ding also, ja? Na, ich hoffe mal, dass du da unten nicht auch einen Schrottplatz hast.«

Als ich das sagte, starrte Bernd mich ungläubig an und kniff die Lippen zusammen. War da ein Flackern in seinen Augen?

Dann kassierte ich den Betrag für eine Stunde und schickte Bernd duschen. Zu diesem Zeitpunkt hatte ich eigentlich überhaupt keine Lust auf diese Session. Mein Gast war ungehobelt und ungepflegt. Er brachte unhygienische Dinge mit und weigerte sich, mir die Hand zu geben. Er war so devot wie ein berühmtes gallisches Dorf und hatte anscheinend keinerlei Respekt vor mir.

Und doch: Irgendetwas an der Situation reizte mich ungemein. *Das ist deine Chance,* dachte ich. *Das ist einer von diesen obstinaten Besserwissern, die in dir nur eine Dienstleisterin sehen und glauben, sie wären dir haushoch überlegen.* Den würde ich brechen, das wusste ich jetzt.

Mit einem süßsauren Kribbeln und jeder Menge Vergeltungssucht im Bauch setzte ich mich in Studio sieben auf den einzigen Stuhl, der mit viel Phantasie als Thron durchgehen konnte. Irgendwann hörte ich die Badezimmertür, und im nächsten Moment stand der nackte Bernd vor mir, das Handtuch wie ein Schutzschild vor seiner Leibesmitte.

»Leg das weg, das brauchst du nicht!«, forderte ich ihn auf.

Widerwillig pfefferte er das Handtuch in die Zimmerecke.

»Sag mal, bist du von Schweinen aufgezogen worden, oder was? Heb das auf und leg es anständig weg«, rief ich. Entnervt schnaufend trabte Bernd dem Handtuch hinterher und legte es über das Fußteil des Bettes. Dann stand er vor mir, wie ein wenig liebevoller Gott ihn geschaffen hatte. Seine Schultern hingen herab wie zwei abgebrochene Sperrholzlatten. Der Brustkorb war flach wie ein Rollfeld, und auf seinem Bauch sprießten wahrscheinlich mehr Haare als auf einem Flokati-Teppich. Und dann sah ich auch, was er mit dem Handtuch zu verdecken versucht hatte.

Es war der gigantischste Schwanz, den ich jemals gesehen hatte. Er stand von diesem jämmerlichen Körper ab wie eine Attrappe. Mir fielen die Darstellungen des antiken Gottes Priapos ein, die ich in einem Buch über griechische Skulpturen gesehen hatte und die selbst die bösartigste Domina erröten lassen würden.

Dieses Geschlechtsteil hätte eher an den armen Bodybuilder Jürgen gehen sollen und der klägliche Regenwurm an diesen Mann hier, dachte ich mit einem Anflug von Mitleid. Wie konnte jemand, der mit einem Schwanz ausgestattet war, der andere Männer dazu bringen würde, auf schnelle, teure Autos zu verzichten, sich dermaßen unvorteilhaft und abstoßend geben?

»Was hast du jetzt zu tun?«, fragte ich lauernd.

»Was denn?«, antwortete Bernd nölig und warf mir einen vorwurfsvollen Blick zu.

»Wenn du nicht willst, dass ich dir augenblicklich deine blöde Kohle zurückgebe und du die Fliege machst, benimmst du dich jetzt!« Ich begann als kleinen Hinweis, mit meinen Absätzen auf dem Boden zu wippen.

Bernd machte ein unwilliges Gesicht und ging langsam auf die Knie. Dann robbte er auf mich zu und neigte seinen Kopf über meine Stiefelspitzen. Ein wohliger Schauder ergriff mich. Falls dies hier laufen sollte wie ein Boxkampf, würde ich klar nach Punkten siegen.

»Na siehst du, ist doch gar nicht so schwer, Klugscheißer. Zeig mir, wofür du hergekommen bist!«

Nichts. Bernd kauerte vor mir wie ein abgestellter Überseekoffer – klobig, unbeweglich und müffelnd. Er schien einer der Männer zu sein, gegen deren Körpergeruch kein Duschgel ankam. Nun gut, das war ich gewohnt.

»Zeig mir, was ein primitiver Rübezahl wie du wirklich braucht!«

Augenblicklich ergriff er meine Stiefel und begann, sie heftig zu küssen und seinen Schrubber-Bart daran zu reiben. Es funktionierte: Ich hatte seine Knöpfe gefunden. Wahrscheinlich gab dieser Bernd sich nur deswegen so abweisend, weil er geknackt werden wollte wie eine hartnäckige Nuss. Das konnte er haben.

Ein erregtes Kribbeln machte sich in meinem Nacken breit. Ich liebte diesen Anblick: Das gesenkte Haupt eines Mannes über meinen Stiefeln. Und ich liebte die Hingabe, die ich durch das Leder spürte.

Ich wollte gerade genießerisch die Augen schließen, als ich es sah. Bernds Riesenschwanz hatte sich inzwischen zu einem Ständer entwickelt – erstaunlicherweise, ohne dabei nennenswert an Größe zu gewinnen. Aber das war nicht das, was mich aufmerksam werden ließ. Es war der Geruch, der von da unten zu mir hochstieg und mich zusammenzucken ließ – genaugenommen ein ranziger Gestank.

Ich riss mein Knie hoch, bohrte den Stiefelabsatz in Bernds Brust und stieß ihn weg. Und dann tat ich etwas wirklich Grausames: Ich griff blind in das borstige Haarnest zwischen seinen Schenkeln und packte sein Rohr mit eisernem Griff. »Wer bist du, dass du deiner Herrin so eine Sauerei zumutest?«, zischte ich ihn an. Ich hielt ihn fest und schleifte ihn daran in die nächste Nasszelle. Sein Schmerzgeschrei übertönte ich leicht: »Wasch dich, du dreckiges Mistvieh! Du wagst es, mir mit diesem widerlichen Schlauch gegenüberzutreten? Los, ich will sehen, wie du ihn saubermachst!«

Und dann beaufsichtigte ich Bernd, während er mit hochrotem Kopf seinen Penis fein säuberlich einseifte und wusch. Mir war ein bisschen übel während dieser Prozedur, und ich ekelte mich furchtbar vor diesem Mann, doch all diese Gefühle wurden von etwas verdrängt, das sich wirklich gut anfühlte. Ich schloss für einen Moment die Augen und spürte diesem Gefühl nach. Ich tauchte in mich hinein und versuchte es zu fassen. Irgendwo ganz weit unten in meinem Bewusstsein schlängelte etwas wirklich Gemeines, Hinterhältiges zu mir hoch, wie der Kopf einer Tiefseeschlange. Ich lächelte innerlich dem grausamen Gesicht dieses Wesens zu und fühlte, wie sich das angenehme Kribbeln im Nacken auf meiner Wirbelsäule ausbreite. Da war sie, meine innere Domina. Und anscheinend kam sie gerade herrlich in Fahrt, weil dieser abstoßende Sklave ihren Stolz verletzt hatte.

»Ich wär dann fertig, Herrin«, verkündete Bernd und guckte mir schuldbewusst aus der Dusche entgegen.

»Na, ob eine Made wie du jemals wirklich sauber wird, ist fraglich!«, sagte ich spöttisch und bugsierte ihn mittels eines Tritts in den Hintern zurück ins Studio.

Anschließend fesselte ich Bernd an das Eisenbett und befestigte seine schreckliche, rostige Klammer an seinem Hodensack. Ich beschloss, seinem Schwanz keinerlei Achtung mehr zu zollen, und nannte ihn nur noch »die Made« oder »die große, hässliche Raupe«. Jedesmal, wenn ein solches Schlagwort fiel, zuckte Bernd zusammen und sah mich mit seltsam verschleiertem Blick an. Während der gesamten

Session verwendete ich kein einziges Werkzeug, das in dem Raum zur Verfügung stand. »Warum sollte ich eins meiner schönen Spielzeuge an so einem undankbaren Widerling wie dir schmutzig machen?«, fragte ich. »Ich werde es dir natürlich auch nicht gönnen, dass du meine Hände auf dir spürst.« Mit diesen Worten zog ich mir gleich drei Paar Gummihandschuhe übereinander an. Dann begann ich, an seinen vielen langen Haaren zu reißen. Ich zog ihn an seinem Bauchfell, rupfte an seinen Schamhaaren und goss Kerzenwachs auf seine überwucherten Schenkel. Es würde furchtbar schmerzhaft werden, das Wachs wieder daraus zu entfernen. Doch gerade diese Säuberungsmaßnahme machte mir immer besonderen Spaß. Ich riss an den Wachsplättchen, die natürlich nicht abgingen, ohne gleich noch etliche Haare mitzunehmen. Bernd wimmerte und jammerte und schrie auf, als ich ihm ein Büschel seines Körperwaldes unter die Nase hielt.

»Pfui! Nachher kann ich hier wahrscheinlich erstmal lüften und alles desinfizieren!«, schimpfte ich und zog kräftig an der Schraube. Schmerz und Scham verzerrten Bernds Gesicht, er sah mich immer wieder flehend an und klappte den Mund auf und zu.

»Was bist du — ein sterbender Fisch oder was?«, wollte ich wissen.

»Spucken Sie mir in den Mund, Herrin!«, bat er und leckte sich die Lippen.

»Warum soll ich meine gesunde, wertvolle Spucke an dein hässliches Maul verschwenden, sag!«

»Los, jetzt mach schon, du blöde Kuh, spuck mich an!«, schrie Bernd und klappte den Mund auf und zu.

Ich schlug ihm mit der offenen Hand ins Gesicht. »Du glaubst wohl, du hast mich durchschaut, was?«, zischte ich.

»Du denkst, immer wenn du einen auf Scheißkerl machst, bekommst du deine dreckigen Wünsche erfüllt, ja? Weißt du was? Sammel deine eigene Spucke und erstick dran!«

Dann drehte ich die rostige Schraube so sehr zu, dass seine Hoden violett anliefen und man jede einzelne Ader daran erkennen konnte. Bernd wand sich wimmernd in seinen Fesseln. Ich schnippte einmal gegen seine Eichel, die jetzt nach dem Lidl-Duschgel roch, das Katja in die Bäder stellte. Er kreischte auf und wand sich auf dem Bett.

In aller Seelenruhe setzte ich mich auf den Stuhl und angelte mir eine Zeitschrift. Minutenlang blieb es ruhig. Dann endlich hatte Bernd verstanden, dass ich ihn konsequent ignorieren würde, wenn sich seine Umgangsformen nicht besserten.

»Herrin …«, quengelte er.

»Was?«

»Herrin, bitte, ich will Ihre leckere Spucke schlucken. Bitte benutzen Sie mich als Ihren Spucknapf.«

Ich legte die Zeitschrift fort.

»Na, siehst du, du Trampel, so funktioniert das! Du bekommst deine Süßigkeiten nur, wenn du artig ›Bitte, bitte‹ sagst.«

Dann spuckte ich ihm in seinen geöffneten Mund und bemühte mich, dabei nicht allzu genau auf seine gelben Zähne zu schauen. Er schluckte meinen Speichel mit Hochgenuss.

Zum Abschluss befahl ich ihm, sich selbst zu befriedigen, was er mit Feuereifer tat. Er kam gleich in den ersten Sekunden und stieß dabei ein urzeitliches Gebrüll aus, das mich vor Schreck erstarren ließ. Was für ein seltsamer, unangenehmer Kauz! Doch auch welch weiches, geschmeidiges Gefühl von Überlegenheit und Triumph in mir!

Als Bernd zuckend und keuchend dalag, fühlte ich mich plötzlich mit ihm im Reinen. Alles um mich herum stimmte in diesem Moment. Ich war im Gleichgewicht mit dieser ganzen absurden Situation. Das Erlebnis hatte mich beflügelt, obwohl ich mir weiß Gott Schöneres vorstellen konnte.

Später, als Bernd dann doch noch eine Cola trank und mir wieder mit Sandalen und Mütze gegenübersaß, war er ein anderer. Umgänglich plauderte er mit mir und war sogar auf seine Art charmant, ja, er war wie ausgewechselt! Als sei eine hässliche Maske abgefallen, unter der ein freundlicher, harmloser Mann zum Vorschein kam.

Als ich ihm verriet, dass ich Germanistik und Kunstgeschichte studierte, sagte er: »Hab ich auch mal. Jetzt unterrichte ich Deutsch an der Realschule.«

Ich dachte an meine Kommilitonen, die auch auf Lehramt studierten, und verkniff mir ein Grinsen. Gleichzeitig wurde mir unangenehm bewusst, dass in zwei Wochen die Abschlussprüfung der ersten beiden Semester Linguistik anstand. Ich hatte so gut wie nichts gelernt und krümmte mich plötzlich innerlich vor Angst zusammen. *Das darf doch nicht wahr sein,* dachte ich, *jetzt erinnert ausgerechnet dieser perverse Bernd dich daran, dass du hier womöglich bald Schiffbruch an der Uni erleidest.*

Ja, nach einer Erfolgsgeschichte sah meine Studentenkarriere derzeit nicht aus. Was auch daran lag, dass ich mich bislang kaum in die Horde der Studierenden integriert hatte. Ich hielt mich ja für etwas Besonderes. Aber war ich das überhaupt? War es nicht arrogant, anzunehmen, ich wäre die Einzige mit einem solchen Geheimnis? *Wart nur, bestimmt kommt dich in zwanzig Jahren einer deiner Kommilitonen besuchen, von dem du es niemals gedacht hättest – so einer wie*

Bernd, fuhr es mir durch den Kopf. *Und wenn alles schiefläuft, hat der bis dahin seinen Lehrerjob – und du bist immer noch Domina.*

Es stimmte. Ich würde mein Studium nicht bestehen, wenn ich weiterhin alle belächelte und nicht mal für die Prüfungen lernte.

Plötzlich wollte ich mein schlechtes Gewissen in Gestalt von Bernd schnell loswerden. »Na, hast du heute noch Nachmittagsunterricht?«, versuchte ich einen Witz.

Bernd schüttelte den Kopf. »Nee, ich fahr jetzt brav heim zur Familie. Meine Kinder wollen heute auch noch was von mir haben.«

Ich schluckte erschrocken.

Als Bernd verschwunden war, stellte ich mir vor, wie er heimkommen und mit dem Nachgeschmack meines Speichels im Mund seine Kinder küssen würde …

Kaum zu glauben, aber wahr: Ausgerechnet Bernd, der bis dahin unangenehmste Gast meiner Domina-Karriere, hatte mir etwas geschenkt: Er hatte mich aufs Wirkungsvollste ernüchtert. Dass dieser Freak ein ganz normaler Deutschlehrer mit Familie war, kollidierte dermaßen mit meinen arroganten Klischees, dass ich schnell auf dem Boden der Tatsachen landete. Kurz vor dem Ende des ersten Semesters erst begriff ich endlich, dass ich so nicht weitermachen konnte.

Der Tag der Abschlussklausur nahte. Ich hatte mir in Torschlusspanik zwei Wochen Zeit gegeben, um zu pauken. Wobei es natürlich wenig hilfreich war, dass ich zwischen den Lernblöcken immer mal wieder im Internet checkte, was die Männer, die bei meinen Kolleginnen zu Besuch gewesen waren, an Erfahrungsberichten absonderten. Ich wollte schließlich auch im Fach SM was lernen.

Vielleicht aber hätte ich mich doch lieber wenigstens eine Zeitlang auf mein Studium konzentrieren sollen. Denn alle Lernerei half nichts: Ich rasselte gnadenlos durch die Linguistikprüfung. Von hundert zu erreichenden Punkten erhielt ich in der Prüfung gerade mal lausige 22. Auch im Literaturkurs hatte ich ziemlich unschöne Noten. Und schon hatte sich mein überheblicher Wunsch, nicht zu den Diddl-Mäppchen-Haltern zu gehören, erfüllt – allerdings anders als gedacht … Sie bekamen ihre Scheine, ich nicht. Ich musste den Grundkurs wiederholen und schämte mich mächtig. Da schaute Lady Elvira schön blöd aus der Wäsche.

Zumindest beendete dieses Erlebnis endgültig meinen irrealen Höhenflug. Wohl gerade noch rechtzeitig, sonst wäre ich vielleicht endgültig abgehoben – um später umso härter mit dem Hintern auf dem Boden der Tatsachen zu landen. Dass mir das erspart blieb, war mein Glück. Ich kenne genug Dominas, die ihr Studium abgebrochen haben und ihr restliches Leben damit verbringen, Männer-Phantasien zu versorgen und Schwänze zu melken.

Also beschloss ich, dass mich meine Domina-Denke nicht länger auch im Uni-Alltag beherrschen durfte. Ich ließ Lady Elvira im *Medea* und nahm dafür ab sofort ein bisschen mehr Bescheidenheit und Ernsthaftigkeit mit in die Seminare.

Schon im zweiten Semester spürte ich mein Doppelleben nicht mehr so aufdringlich wie ein frisch gestochenes Lippenpiercing, an dem man ständig mit der Zunge rumspielen muss. Es wurde selbstverständlicher. Irgendwann hatte meine Domina-Rolle nichts mehr mit der Studentin in mir zu tun.

Das viele Geld, das ich im Studio verdiente, gab ich allerdings nach wie vor mit Freude aus – aber auch hier verschoben sich schrittweise die Prioritäten. Wenn ich mir etwa fürs Studium einen Bildband über Michelangelo in der Landesbibliothek ausleihen musste und er gefiel mir, bestellte ich das gute Stück einfach anschließend neu bei Amazon. Es war egal, dass das Ding fast 200 Euro kostete – das bekam ich durch eine 60-minütige Session locker wieder rein.

So kam schrittweise das Gleichgewicht in mein damaliges Leben. Und plötzlich war ich auch meinem Ideal der wahren Domina viel näher. Eine wahre Domina – das ist eine Frau, die es als gegeben und selbstverständlich nimmt, dass sie sich sadistisch ausleben darf, so selbstverständlich wie Atmen. Eine wahre Domina muss sich nicht darin gefallen, was sie tut. Sie tut es einfach und freut sich. Nichts, worüber man groß nachdenken muss. Nichts, was einen dezidiert positiv von seinen Mitmenschen abhebt. Nichts, worauf man besonders stolz sein muss.

Als mir das klar wurde, verwandelte sich die arrogante und faule Bummelstudentin in eine ernsthafte und begeisterte Studierende. Und die ewig hadernde und unsichere Novizin in eine überzeugende und abgrundtief gemeine Jungdomina.

Nur manchmal schlich sich doch noch ein bisschen Elvira mit in den Hörsaal. So saß ich einmal im Grundkurs Latein (für mein Studium musste ich das Latinum nachholen). Der Professor erklärte vorne Vokabeln und zeigte dabei ausgerechnet auf das Wort *domina*.

»Ja, meine Damen und Herren«, sagte er, »viele von Ihnen kennen dieses Wort sicherlich schon. Heute versteht man darunter eine Dame, die gewisse Inserate in der Zeitung aufgibt und am Telefon ›Ruf-mich-an!‹ schreit.«

Er blickte in die Runde und vergewisserte sich, ob sein

Witz verstanden worden war und auch alle wussten, was er meinte. Das verschämte Gekicher aus dem Plenum stellte ihn offenbar zufrieden, denn er räusperte sich und fuhr fort: »Aber in seinem Ursprung bedeutet es nichts anderes als *Herrin, Hausherrin, Gebieterin,* aber auch *Dame* und *Edelfrau.*«

Als sein Blick an mir haften blieb, lächelte ich ihn maliziös an und nickte kurz. Wie recht er doch hatte.

Prinzenrolle rückwärts

Die Wahrheit verletzt tiefer als jede Beleidigung.

MARQUIS DE SADE

Nach zweieinhalb Jahren war mir meine zweite Persönlichkeit zur Selbstverständlichkeit geworden, zu einem natürlichen, unsichtbaren Begleiter, dessen Gegenwart ich mir nicht ständig bewusst machen musste. An der Uni, unter meinen Kommilitonen, grenzte ich mich nicht mehr so ab wie am Anfang und fand auch anderweitig zu einem gewissen Maß an Normalität und Gelassenheit.

Doch selbst jetzt gab es noch Situationen im Studio, in der mir diese mühsam erlernte Souveränität so schnell abhandenkam, als hätte jemand den Stöpsel einer Badewanne gezogen. Eines Tages geschah zum Beispiel etwas, das dieses angenehme Gleichgewicht schlagartig durcheinanderbrachte.

Viel zu selten kam es nämlich vor, dass ein Mann ins *Medea* kam, der nicht nur meine professionelle, sondern auch meine persönliche Aufmerksamkeit als Frau erregt hätte. Die meisten dieser Männer waren für mich schon auf den ersten Blick nicht viel mehr als ein Opfer mit Bedürfnissen, die ich ihm erfüllen würde, wenn die Bezahlung stimmte. Leider ähnelten diese Kunden allzu oft den Gestalten aus dem Gedicht *Nachtcafé* von Gottfried Benn, mit dem ich mich in einem Seminar über expressionistische Lyrik intensiv beschäftigt hatte. Ich konnte es mir nicht verbeißen, Benns Gedicht in eine eigene Version umzuarbeiten und damit dem Großteil meiner Kunden ein literarisches Denkmal zu setzen:

> *Gelbe Zähne, Stoppeln am Bauch*
> *windet sich in Schweißdunst.*
> *Fett am Kinn stöhnt milchweißer Herrin*
> *unverständlich Obszönes zu.*
> *Backenbart über Hühnerbrust*
> *trippelt weinerlich,*
> *tropfender Hahn zwischen den Schenkeln.*
> *Triefendes Auge giert schmatzend*
> *milchweiße Brüste zu packen.*
> *Ein faltiges Fleisch färbt sich rot …*

Ein SM-Studio ist eben kein Ort, an den sich nur die Prinzen dieser Welt verirren. Meistens waren es Zeitgenossen, die einer Frau – erst recht einer dominanten – unmöglich die Knie weich werden lassen konnten. Aber selten, ganz selten verirrt sich dennoch ein sogenannter Traummann an einen abseitigen Ort wie das *Medea*. Unser SM-Studio lag zwar nicht auf der Reiseroute von Rittern in schimmernden Rüstungen oder tapferen Prinzen, dennoch geschah es, dass ab und an ein solcher an unser Tor klopfte.

Auch ich hatte einmal dieses Glück. Niemand hatte ihm gesagt, dass es hier eigentlich keine Prinzessin gab, die von einem Drachen bedroht wurde. Und doch kam er …

Es begab sich eines Tages – ich wechselte gerade den Kaffeefilter in der Küche –, dass ich hörte, wie Petra, die hübsche, zerbrechlich wirkende Sklavin, ein Türklingeln beantwortete und kurz darauf neben ihrem zarten Trippeln feste Männerschritte ertönten. Als ich aus der Küche lugte, erspähte ich, wie sie gemeinsam mit einem Mann, von dem ich nur noch den Mantelzipfel sah, in einem der Studios verschwand.

Ich trug ein Tablett mit Tassen in den Aufenthaltsraum, als Petra zurückkam und verkündete: »Also, alle Dominas mal hergehört: In der Elf sitzt ein neuer Gast. Er ist gekommen, um sich mal zu informieren. Er heißt Conrad und möchte ein Mineralwasser trinken. Geht ihr rein und redet mit ihm?«

Außer mir waren noch Undine da, Luzifera sowie eine Gastdomina. Sie hieß Alexandra und arbeitete normalerweise in Hamburg, reiste aber einmal im Monat in den Süden Deutschlands, um sich für vier Tage im *Medea* zu vergnügen. Da alle anderen entweder keine Schuhe anhatten, sich die Fingernägel lackierten oder auf andere Weise verhindert waren, ich aber nur meinen Gottfried Benn beiseitelegen musste, machte ich den Anfang. Ich goss ein Glas Wasser ein, stellte es auf ein kleines Silbertablett und legte zwei Bonbons daneben. Flüssigkeit und Zucker sind immer gut für den Organismus eines Mannes, der sich für eine Domina entscheiden muss.

Ich machte mich auf den Weg in Studio elf. Das war einer der wenigen hellen und wirklich schön eingerichteten Räume. Der Boden war mit Marmorimitat ausgelegt, und gegen kalte Füße gab es ein paar flauschige, schwarze Teppiche. Die Wände waren hellgrau gestrichen und mit Goldspiegeln behängt. Das Highlight des Zimmers war ein wunderschönes rotes Samt-Kanapee mit goldenen Ziernägeln und geschwungenen Löwenfüßen. Diesem gegenüber hing an der Wand ein Metallrahmen, in den auf verschiedenen Höhen kleine Trittstufen eingelassen waren. Der Rahmen war in regelmäßigen Abständen mit Ösen versehen, an denen Karabinerhaken hingen. Man konnte hier einen Mann förmlich wie ein Bild an die Wand hängen.

Einen Meter davor war ein Flaschenzug in die Decke eingelassen, mit dem man ohne viel Kraftaufwand einen Menschen hochziehen konnte, zum Beispiel, um ihn ein bisschen an der Decke baumeln zu lassen. Der ganze Raum war so konzipiert, dass Frau einen Sklaven richtig ausstellen, präsentieren und vorführen konnte. Vor den Fenstern hingen schwere rote Vorhänge. Ich liebte dieses nostalgische, relativ harmlos aussehende, aber umso verheißungsvollere Zimmer.

Während ich noch vor der Tür stand und aufpasste, das Wasser nicht zu verschütten, erwartete ich, dort drinnen einen ängstlichen Neuling vorzufinden, einen neugierigen und gleichzeitig schüchternen Lüstling, der, wie so oft, wahrscheinlich sowieso nur nackte Haut sehen wollte. Ich hatte im Geiste eine der üblichen Schubladen geöffnet – um sie wenig später wieder zuzuknallen!

Auf dem Samtsofa saß der Mann, dessen schwarzen Mantel ich vorhin hatte verschwinden sehen. Dieser lag jetzt neben ihm auf der Lehne. Keine verklemmt übereinandergeschlagenen Beine, keine verkrampften Hände, kein verkniffenes Gesicht – nichts von alldem, was ich vermutet hatte.

Auf den ersten Blick glaubte ich, dass jemand dort ein Bild abgestellt hatte: irgendein altes Gemälde von verschlissener Schönheit. Der Mann, der dort saß, hatte ein Gesicht von geradezu sphärischer Gelassenheit, ein Gesicht, das gar nicht hierherpasste – nicht in dieses SM-Studio, nicht in diese Gesellschaft, nicht in diese Zeit.

Er mochte vielleicht junggebliebene vierzig sein. Der Blick, den er mir schickte, war derart sicher und erwartungsvoll, als habe er mich bereits durch das Holz der Tür gesehen. Ruhig und freundlich sah er mir entgegen, als ich mit plötzlich rutschiger Hand die Tür hinter mir schloss.

In diesem Moment wurde mir klar, dass ich nicht vorbereitet war.

Aber hey, dachte ich, *jetzt lass dich mal nicht verunsichern. Nur weil einer aussieht wie Adonis, kann er trotzdem ein ganz normales geiles Stück sein und keine anderen Wünsche haben als alle anderen geilen Stücke, die hier reinspazieren. Es gibt sowieso nichts, was dich als Domina beunruhigen muss! Außer, einer deiner Sklaven bekommt im gefesselten Zustand einen Herzkasper.*

Diese Gefahr bestand hier offenkundig nicht.

Der Mann war jugendlich schlicht gekleidet: Er trug blaue, weite Jeans, ein helles Hemd und darüber einen grauen, feinen Pullover. Langsam erhob er sich, und eh ichs mich versah, hatte er mir das kleine Tablett abgenommen und auf dem Beistelltisch in Sicherheit gebracht. Hatte er mir etwa angesehen, dass meine Hand zitterte? Oder war er etwa nicht nur schön, sondern auch noch ritterlich? Das konnte es ja wohl kaum sein. Gewiss wollte er sich nur einschleimen, Bonuspunkte sammeln und davon ablenken, dass er nur gekommen war, um Cunnilingus zu praktizieren.

Nun stand er wieder vor mir und reichte mir die Hand. Am liebsten hätte ich ihm die meine verweigert. Was war denn von einer Domina zu halten, die feuchte, heiße Hände hat?

Meine Hand verschwand in seiner großen Pranke, in deren Innern es sich anfühlte wie in einem weich gefütterten, festen Lederhandschuh. »Guten Tag, mein Name ist Conrad«, sagte der Gast mit einer höflichen, überhaupt nicht nervösen Stimme.

Obwohl ich acht Zentimeter Absatz unter den Fersen

hatte, musste ich zu ihm aufschauen. Das passte mir überhaupt nicht. So musste sich Cäsar gefühlt haben bei den großgewachsenen Germanen, die er doch eigentlich erobern und versklaven wollte. Von oben traf mich nun also ein Blick aus Augen, deren Farbe perfekt zu den goldenen Spiegelrahmen an der Wand passten: braun, mit einem gelblichen Schimmer. Die Haut in seinem Gesicht war ebenfalls bräunlich, so als hätte er in irgendeinem warmen Land ein paar Sonnenstrahlen eingefangen. Die Haare über seinen Augen wuchsen dicht und verliehen seinem Gesicht Masse und ein wenig Strenge. Der Rest seiner Züge jedoch war weich und fließend, und ich dachte plötzlich an Botticelli. Sein Mund war breit und in den Winkeln ein wenig verschwommen, so als wüssten seine Lippen nicht recht, wo das Lächeln endet und die Ernsthaftigkeit anfängt. Dadurch erschien sein Gesicht ein wenig schalkhaft. Das verunsicherte mich so sehr, dass ich innerlich zusammenschrumpelte. Was sollte dieser Ausdruck in seinem Gesicht, wenn er einer Domina gegenüberstand? War das Spott? Oder Überheblichkeit?

Ich straffte mich. *Na, das wollen wir doch mal sehen. Dich kriege ich noch klein.*

Seine Nase war lang und gebogen und erinnerte mich ein wenig an einen dieser Vögel, die vom Himmel herabschießen, um so zielgerichtet wie unbarmherzig eine unwissende Feldmaus zu schnappen.

DU bist hier der verdammte Raubvogel, beschwor ich mich. DU bist der, der majestätisch seine bedrohlichen Kreise am Himmel zieht, und dieser hübsche, stattliche Mann hier ist die kleine Maus. Egal, wie er aussieht! So wie du dich gerade fühlst, hat sich eine Domina nicht zu fühlen. Wo zum Teufel ist Lady Elvira, die blöde Kuh!?

Die Haare des Mannes reichten bis auf den Kragen seines Pullovers. Sie hatten die Farbe von Spatzenfedern. Ich stellte mir vor, wie sie sich anfühlen würden. Ich brachte gerade noch genug Contenance auf, um ihm seine Hand zu drücken: »Hallo. Ich bin Lady Elvira.«

Wie das klang ... Ein zarter Windhauch wäre gegen meine Stimme ein Orkan gewesen. *Was zum Habicht ist nur los mit dir?*

»Lady Elvira, aha«, wiederholte Prinz Conrad, und mir war, als spräche er das Lady so aus, als stünde dahinter ein dickes Fragezeichen.

Wir setzten uns, und er nahm einige tiefe Schlucke von dem Wasser.

Ha! Er ist also doch nervös! Ausgetrocknet vor lauter Angst und Spannung angesichts meiner überwältigenden Souveränität.

Während er trank, sah er mich unverwandt an. Seine Blicke tasteten mein Gesicht ab, dann meinen Körper, und schweiften auch um mich herum, so als erwartete er, etwas wie eine Aura an mir zu entdecken. Mein Herz pochte hart gegen mein Korsett. *Mädchen, du bist hier nicht beim Examen. Heb dir dein blödes Herzklopfen für die Zwischenprüfungen auf! Das hier ist nur ein kleiner, geiler Sklavenanwärter! Und du bist die starke, souveräne Domina, also zeig ihm jetzt mal, wo die Peitsche hängt!*

Fest entschlossen, nicht zu erröten, hielt ich seinem Blick stand. Normalerweise hätte ich jetzt mit einem unbekümmerten Lächeln mein Sprüchlein aufgesagt. Doch etwas in mir weigerte sich, die Worte »Jungdomina« und »Fesselspielchen« in den Mund zu nehmen. Irgendetwas sagte mir, dass Conrad das nicht hören wollte. Er wirkte auf Anhieb so exquisit, so fein, so erlesen. Ich fühlte mich neben ihm wie eine Nachhilfeschülerin. Mein übliches auf

Geilheit getrimmtes Vorstellungssprüchlein zerbröselte mir auf der Zunge. Es kam mir vor wie hirnloses Hurengeschwätz, wie eine alberne Frivolität, die an Conrads schön geschwungener Ohrmuschel zerbrechen würde wie ein pubertärer Handy-Klingelton.

Toll!, zischte ich in mich hinein, *dieser Fremde hat es geschafft, dass du dir vorkommst wie ein Küken im Streichelzoo!*

Conrad stellte das Wasserglas ab, faltete die Hände in seinem Schoß und lächelte mich höflich und erwartungsvoll an. Sein Gesicht war zwar liebenswürdig, doch seine leise zuckenden Mundwinkel verwirrten mich.

»Nun, Lady Elvira«, sagte er, »ich bin heute zum ersten Mal in eurem Studio, weil eure Internetpräsenz wirklich Lust auf ein reales Erleben macht.«

»Reales Erleben« – das klang etwas kryptisch, aber durchaus verheißungsvoll. Normalerweise hätte ich jetzt etwas Raffiniertes erwidert, doch all meine kleinen Zweideutigkeiten blieben mir im Halse stecken.

»Ich dachte, ich sehe mir die Damen hier mal an. Dabei lernt man sich kennen, und wir können dann einen Termin in ein paar Wochen vereinbaren.« Er machte eine kurze Pause und fuhr dann fort: »Sagen Sie, was machen Sie denn so? Sind Sie auch eine Domina?«

Zack! Das saß.

Er hatte an mir den unerschütterlichen, gleißenden Nimbus der Dominanz nicht wahrgenommen. Er hatte die Aura der unbezwingbaren Stärke meiner sadistischen Weiblichkeit nicht erkannt.

Nun ja, kein Wunder. Für Conrad war eben nur ein junges Mädchen zur Tür hereinspaziert, deren Mundwerkzeuge mit Klebstoff in Verbindung gekommen zu sein schienen, deren Hände einer gerade verendeten Forelle glichen und deren Blicke blinzelnd um Fassung rangen, anstatt ihn verführerisch herauszufordern. Wie sollte diese Kleine eine echte Domina sein?

Reiß dich am Riemen!, befahl ich mir. *Es wird doch wohl kein Problem sein, diesem Engelchen zu sagen, was du alles mit ihm anstellen wirst, so dass ihm später sein eigener Name nicht mehr einfällt … Conrad! Was für ein schöner, seltener Name.*

Die Sache schien mir zu entgleiten. Conrad lächelte jetzt geradezu väterlich-gütig. Gleich würde er wohl meinen Kopf tätscheln und sagen: »Ei, ei, ei, wird ja alles gut, musst keine Angst haben.«

Ich räusperte mich und sagte: »Ja, weißt du, wenn du noch nie in einem SM-Studio warst, dann kannst du eine Domina ja gar nicht erkennen.«

Das sollte cool klingen, selbstbewusst und schlagfertig. Tat es aber nicht. Am liebsten hätte ich mir sofort auf den Mund geschlagen und diese bescheuerte Ansage wieder dorthin zurückgestopft. Aber gesagt war gesagt.

Conrad bedachte meine Worte mit einem leichten Hochziehen der Augenbrauen. Spätestens jetzt hielt er mich wohl für eine plumpe Schlampe.

»Aha. Und was bieten Sie an, Lady Elvira?«

Schon wieder dieses leicht vibrierende Spötteln, wenn er meinen Namen nannte.

Ich erklärte ihm hastig meine Neigungen und offenbarte mein Repertoire: Bondage, Flagellation, Klammern und Gewichte, Rollenspiele … Doch ich redete, als sei ich nicht wirklich jemand, der diese Praktiken liebte und all das mit großer Lust an jemandem wie Conrad praktiziert hätte. Nein, ich fühlte mich wie außerhalb meines Körpers und sah mir dabei zu, wie ich mit versteinertem Gesicht über Lust und Spiel, über Hingabe und Erotik schwadronierte. Ich saß da wie ein Automat mit Korsett und Stiefeln.

Conrad hörte mir freundlich zu. Sein Gesicht war unbewegt, während seine Augen über mein Gesicht tasteten. Wunderte er sich, dass er sich in einem SM-Studio von einem Mädel in die Materie einführen ließ, die den Eindruck vermittelte, hier gegen ihren Willen festgehalten zu werden? Die Worte wie »Fesselspiele« und »Lustschmerz« mit demselben Enthusiasmus aussprach wie »Kehrwoche« und »Arbeitslosengeld«. Erotisch klang anders – ich konnte unmöglich wie ein Ausbund an sprühender Sinnlichkeit wirken. Um dem Ganzen die Krone aufzusetzen, erzählte ich auch noch, dass ich Fetischistin war und Korsetts und das Gefühl von edlem, makellosem Nylon auf meiner Haut liebte.

Conrads Blick wanderte während dieser Worte hinab zu meinen Knien. Was suchte er dort? Verdammt! Eine Laufmasche! Hässlich und breit fraß sie sich in den Schaft meines Stiefels und passte so überhaupt nicht zu meinen großspurigen Worten. Schnell zuckte meine Hand darüber, doch es war zu spät: Conrad hatte sie längst erspäht. Der Raubvogel hatte eine umherirrende Maus entdeckt, auf die er sich stürzen konnte Eine Laufmasche war ein No-go im Outfit einer Herrin. Das Blut strömte mir den Hals hinauf und ergoss sich in meine Wangen.

Vielleicht solltest du dich einfach in Luft auflösen, erwog ich, während ich Conrad anstarrte und vor Scham zerfloss – und … vor Sehnsucht. Das war das Absurde. Und so was in einem professionellen Gespräch zwischen Domina und Kunden.

Dabei wäre mir insgeheim eine *Pretty Woman*-Szene gerade durchaus lieber gewesen. Meine Mimik drängte bei diesem Mann Richtung Kulleraugen und Schmachtmund, was in dieser Situation nun wirklich völlig abwegig war. Um diese Regung zu unterdrücken, startete ich noch einmal das Programm »Hart, überlegen, geheimnisvoll«. Ohne Erfolg, wie mir schien. Was dabei herauskam, war eine Mischung aus überspielter Unsicherheit und Trampelhaftigkeit. Ich musste ihm vorkommen wie das ausrangierte Mängelexemplar einer traurigen Freizeit-Domina: Nachlässig und schlampig im Äußeren, behauptet aber, Fetischistin zu sein.

Bevor Conrad bei mir eine Session buchte, würde er sich lieber zu einem Candlelight-Dinner mit Sarah Palin treffen.

Eine verpasste Gelegenheit! Ja, ich hätte diesen Kerl gerne nackt gesehen! Mit ihm gespielt und seine Phantasien erfüllt! Und ja, ich wollte von ihm anerkannt und begehrt werden, so wie mich all die Lulatsche, Bierbäuche und Stirnglatzen begehrten, denen ich bisher begegnet war. Und vor denen es überhaupt kein Problem gewesen war, eine passable Jungdomina abzugeben.

Schluss jetzt! Ich erhob mich hastig und sagte schnell: »Also, Conrad, ich schick dir noch ein paar Kolleginnen rein, die kannst du dann auch kennenlernen.«

Conrads Miene verhärtete sich plötzlich. »Ja, danke«, knurrte er und griff wieder nach seinem Wasserglas.

»War nett, dich kennenzulernen. Bis später vielleicht«, sagte ich mit letzter Kraft.

Conrad sah mich verständnislos, geradezu verstört an. Jetzt mussten sich seine Mundwinkel deutlich Mühe geben, um noch ein letztes höfliches Lächeln zu produzieren. Ich drehte mich um. Jeder meiner Schritte verursachte ein lautes, spitzes Knallen auf dem Fliesenboden, dabei wäre ich am liebsten auf Zehnspitzen hinausgeschlichen. *Seht mal, da*

läuft Lady Elvira, ihres Zeichens Jungdomina – denkt sie jeden-
falls. Eigentlich ist sie ein kleines schwaches Weibchen, das sich
dieses beeindruckende Mannsbild gerne neben die Fotos von An-
tonio Banderas und Brad Pitt an die Jugendzimmerwand gehängt
hätte.

Das war wohl die bittere Wahrheit: Auch eine Herrin kann im Angesicht eines Kunden schwach werden. Und wenn das passiert, kommt ihre sorgsam aufrechterhaltene Strenge durcheinander, und sie mutiert zum Schmachtfetzen.

Ich verschwand aus dem Zimmer, ohne Conrad noch einmal anzusehen. Doch sein Gesicht, seine Gestalt, seine Blicke hatten sich fest in meine Netzhäute eingebrannt. Mein Herz schlug mir bis zum Hals.

Hastig eilte ich die Treppe hinauf, um die Nächste nach unten zu schicken. Vielleicht konnte ja eine meiner Kolleginnen den Schaden wiedergutmachen. Die zauberhafte Undine mit dem goldenen Haar, Alexandra, deren Strümpfe makellos unter ihrem Kleid hervorschimmerten, vielleicht sogar Luzifera mit ihren klimpernden Ringen in der Nase.

Eine nach der anderen gingen sie nach unten. Ich stellte sie mir auf dem Sofa neben Conrad vor und fühlte die Galle in mir hochsteigen. Ich war richtiggehend eifersüchtig, dass meine Kolleginnen hier eine Chance nutzten, die ich verpatzt hatte.

Irgendwann ging unten die Tür. Alexandra kam nach oben. Ich sah aus dem Fenster: Unten lief Conrad über den Hof. Draußen dämmerte es schon. Sein braunes Haar lag auf dem schwarzen Mantelkragen. Ein komisches Gefühl ergriff mich: Wehmut, Schmerz, Sehnsucht. Ich hätte mich am liebsten geohrfeigt. Conrad würde demnächst bei einer meiner Kolleginnen eine Session buchen, mich würde er abhaken und als Missgriff verbuchen, den man überall auf der Welt erwischen kann, wie ein korkender Rotwein oder ein zähes Filet.

Doch woher kam dieses bittere Gefühl? Warum gelang es mir nicht, diese durchwachsene Begegnung rasch zu den Akten zu legen? Ich wusste, warum: Weil dieser Conrad kein normaler Studiogänger gewesen war, sondern eben eine Art Prinz. Er war genau einer dieser Männer, von denen man gemocht, begehrt und angehimmelt werden wollte. Auch als Domina! Herrgott, ich war doch beides: herrische Stiefelträgerin und sensibles, verträumtes Mädchen.

Eins stand fest: Sollte dieser wirklich interessante und attraktive Kunde jemals wieder im *Medea* aufkreuzen, würde ich mich im Besenschrank verstecken. Ich durfte diesem Mann niemals wieder über den Weg laufen.

In den nächsten Wochen gab ich mir alle Mühe, den peinlichen Vorfall zu vergessen. Doch schon einen Monat später kam Alexandra mal wieder aus dem hohen Norden angereist. Während ich ihr zusah, wie sie sich in Schale schmiss, ihre makellosen Strümpfe überstreifte und sich die Haare bürstete, klingelte es an der Tür.

»Elvira, machst du mal auf? Ich bin gleich soweit. Setz ihn in die Elf, das ist bestimmt der goldige Conrad.«

Conrad!

Das Schnurren von Alexandras Lockenstab hallte durch die leeren Flure. Niemand sonst war hier, der die Tür hätte öffnen können.

Gefühlsmäßig kam ich einem Totalausfall plötzlich gefährlich nahe.

»Kannst du nicht selber …?«

Alexandra sah mich unwillig an und wiederholte mit sehr eindringlicher Stimme: »Elvira, bitte, jetzt mach einfach auf! Du siehst doch, dass ich noch nicht soweit bin.«

Kein Entkommen. Nun gut. Ich holte tief Luft, drückte am Treppenabsatz auf den elektrischen Türöffner und ging nach unten, um den Prinzen zum Gemach seiner Träume zu geleiten. Ich sah kurz an mir herunter: Wenigstens wies mein Beinkleid heute keine Beschädigungen auf. Ich trug sogar etwas sehr Hübsches: ein kleines Schwarzes aus Leder, das an den Seiten geschnürt war und jede Menge nackte Haut sehen ließ. Sollte er ruhig merken, dass ich auch vorzeigbar aussehen konnte, auch wenn es mir jetzt nichts mehr nützte.

Obwohl – warum eigentlich nicht? Wieso Schadensbegrenzung statt Ehrgeiz? *Versuch doch noch mal, ihm zu gefallen,* dachte ich mir – und im selben Moment schoss es mir durch den Kopf: *Eine Domina, die einem Sklaven gefallen will? Wo gibt's denn so was? Jetzt reiß dich mal zusammen, damit es nicht wieder peinlich wird!*

Weiter kam ich mit meinen Gedankengängen nicht, denn schon wehte Conrads schwarzer Mantel durch die Tür, garniert mit einem riesigen Blumenstrauß, den Conrad vor sich hertrug. Rosen und Gerbera. Meine Lieblingsblumen für Herrin Alexandra. Auweh.

Als mich Conrad sah, blieb er wie angewurzelt stehen. Erstaunt sah er mich an und zog Augenbrauen und Mundwinkel hoch. »Oh, Lady Elvira«, sagte er. Da war wieder dieses uneindeutige Lächeln.

Nanu, dachte ich, *der weiß ja sogar noch meinen Namen.*

Conrad strahlte vollkommene Höflichkeit aus. Das setzte mir mehr zu, als wenn er verachtend und wortlos an mir vorbeigegangen wäre. Ich beschloss, ein wenig Charme auszupacken. »Keine Angst, ich habe nur die Tür aufgemacht. Lady Alexandra kommt gleich, sie macht sich noch hübsch für dich. Komm, ich bring dich schon mal rein.«

Na also, ging doch. Ich führte ihn in Studio elf, den Ort unserer ersten freudlosen Begegnung. Ich beschloss, währenddessen möglichst zu schweigen. Bei meiner Vorgeschichte war dies die beste Form der Schadensbegrenzung. Ich sah heute schön aus und hüllte mich in stilvolle Wortlosigkeit – etwas Besseres kann eine Domina, die für ihre Kollegin die Empfangsdame spielt, gar nicht tun.

Conrad betrat den Raum. Ich wies auf das Sofa und wollte mich mit einem sanften Lächeln zurückziehen, als er mein Handgelenk umfasste. »Warten Sie einen Moment«, sagte er. Dann griff er in den Blumenstrauß und zog eine einzige rote Gerbera heraus. Mit einem liebenswerten Lächeln reichte mir Conrad die Blume. Ich war sprachlos. Zaghaft ergriff ich den feuchten Stiel. Dabei berührten seine Fingerkuppen meinen Handrücken.

»Warum ... womit habe ich das verdient?«, stammelte ich.

»Sie haben beim letzten Mal so einen traurigen Eindruck gemacht, Lady Elvira. Nun wollte ich Ihnen gern eine kleine Freude machen.«

»Oh«, hauchte ich, mehr fiel mir erst mal nicht ein.

Was machte man als Domina bei so einer herzigen Geste? Ihm um den Hals fallen? Oder sollte ich ihn tadeln, dass er den Blumenstrauß seiner eigentlichen Herrin fleddert? Am liebsten hätte ich die Tür hinter mir abgeschlossen und ihn gefragt, ob wir noch mal von vorne anfangen können.

»Danke, das ... das ist dir gelungen«, brachte ich dann doch noch heraus – diese Worte wurden bereits begleitet vom Klappern von Alexandras Highheels auf der Treppe.

Ich lächelte Conrad noch einmal zu und schloss dann schnell die Tür hinter mir. Ich versteckte mich im Studio nebenan, damit Alexandra nicht sah, dass aus ihrem Strauß etwas fehlte. Durch die Wand konnte ich hören, wie sie mit hoher Stimme ihre Freude über die Blumen bekundete.

Ich indes musste mal wieder mit den Schmetterlingen in meinem Bauch kämpfen. Ich entschloss mich für die größtmögliche Entzauberung. Was war denn wirklich geschehen?

Mir hatte ein höflicher, gutaussehender Mann eine Blume geschenkt – weil er Mitleid mit einer Jungdomina hatte. Das war nicht romantisch, nein, das war peinlich, nichts weiter!

Ich würde das Blümchen ein paar Tage ins Wasser stellen und danach auf den Komposthaufen werfen. Und Conrad würde ich wahrscheinlich nie mehr wiedersehen.

Dachte ich …

Gewalt gegen Senioren

Erspar dem Knaben die Züchtigung nicht; wenn du ihn schlägst
mit dem Stock, wird er nicht sterben.

DIE BIBEL, SPRÜCHE 23,13

Es trat ihr stolzes Bild mir hoheitsvoll entgegen,
ich sah den kühlen Blick voll Mitleid und voll Kraft,
des reichen Haares Helm im Duft der Leidenschaft,
und war dem Zauber der Erinnerung erlegen.

BAUDELAIRE, AUS DIE BLUMEN DES BÖSEN

An der Supermarktkasse vor mir stand ein blasser Mitdrei-
ßiger und hievte eine Jumbo-Packung Pampers aufs Kas-
senband. Die Kassiererin schob sie über den Scanner, bis es
piepte. Dem Papa fiel die kleine Frau, die hinter ihm stand,
nicht weiter auf. Ihm fiel auch nicht auf, dass sie ebenfalls
ihren eingebauten, unsichtbaren Scanner ausfuhr und ihn
damit abtastete: vom Scheitel über das Gesicht, wo sie etwas
länger verharrte, und dann über den Rest seines Körpers.

Mein Scanner piepte nicht.

Das war der Nebeneffekt meines Jobs: Überall und zu
jeder Tageszeit schaute ich mir die Männer an und fragte
mich, ob sie wohl auch Domina-Kunden waren. Beim Arzt
im Wartezimmer, an der Tankstelle, in der U-Bahn, einfach überall stellte ich mir diese Frage. Ich checkte die Gesichter meiner Mitbürger und suchte nach Anzeichen dafür,

ob die Möglichkeit bestand, mein Gegenüber bald bei mir auf der Matte zu haben.

Dabei wusste ich, dass es eigentlich sinnlos war, die SM-Studio-Besucher anhand ihrer äußeren Erscheinung und ihres vordergründigen Verhaltens zu identifizieren. Denn ins *Medea* kamen ohnehin fast nur Männer, zu denen ich am liebsten gesagt hätte: *Du hier?! Na, von dir hätte ich das aber nicht gedacht!*

Ich habe Birkenstock-Sandalenträger erlebt, die Nadeln in ihren Hodensack haben wollten. Oder Profiboxer, die mit Alete-Babynahrung gefüttert werden wollten. Und ich kenne Ärzte, denen es ein Bedürfnis ist, dass man sie so lange ohrfeigt, bis ihnen schwindelig wird. Nicht zu vergessen die vielen Familienväter, denen ich in den Mund gespuckt habe und die danach heimgegangen sind, um ihre Kinder zu küssen.

Auch Max Mosley, dem Oberguru des Formel-1-Verbandes, hat man es nicht angesehen, dass er sich gerne von Prostituierten verkloppen ließ, die in Nazi-Uniformen gekleidet waren. Umso entsetzter war die Reaktion der Öffentlichkeit. Nein, so was, pfui …! Wobei die Frage offen bleibt, ob es in diesem medialen Empörungsbrei in erster Linie um die fünf Prostituierten, das abgefahrene Rollenspiel oder die historisch gesehen unerotischste aller Kostümierungen ging.

Ich habe mich immer gefragt, woher dieses Entsetzen bei einer solchen Enthüllung kommt. Liegt es an der Tatsache, *dass* jemand sadomasochistische Neigungen hat? Oder eher daran, dass er sie praktiziert? Hätte die *BILD*-Zeitung herausgefunden, dass Ozzy Osbourne oder Marilyn Manson sich auspeitschen und anspucken lassen, wäre wohl anstatt einer Empörungswelle nur ein müdes Lächeln durch die Medienlandschaft geschwappt, nach dem Motto: Man kennt ja seine perversen Pappenheimer. Aber dass ein angesehenes Mitglied des Establishments sich ab und zu in der Schmuddelecke aufhält, ist in unserem Denken nicht vorgesehen.

Nein, man sieht den Männern ihre schmutzigen Geheimnisse nicht an ...

Eines Nachmittags stand ich mal wieder am Treppenabsatz im *Medea* und drückte auf den Türöffner. »Komm bitte nach oben«, rief ich und hörte die entschlossenen Schritte des Besuchers. Kurz darauf sah ich einen schneeweißen Haarschopf über einer dunkelblauen Filzjacke. Welches Gesicht sich unter dem salomonischen Haupt wohl verbergen mochte?

Als der Mann die Biegung der Wendeltreppe genommen hatte und auf mich zukam, erblickte ich ein strahlendes Lächeln aus kleinen blauen Augen, zwei rote Apfelbäckchen und einen weißen, gepflegten Vollbart. Fast hätte ich ihn gefragt, was er mir zu Weihnachten schenken würde.

Leicht schnaufend kam er oben an, hielt mir ohne Scheu eine weiche Großvater-Pranke hin und sagte mit freundlicher Stimme: »Einen wunderschönen guten Tag, junge Dame.«

Er schaute mir geradewegs in die Augen und ließ die seinen nicht etwa in meinen Ausschnitt fallen, wie ich es gewohnt war. Und die Anrede »Junge Dame« war in meinem gegenwärtigen Aufzug nicht gerade angebracht. Ich trug ein bodenlanges Lackkleid, das mit einem knallroten Mieder in der Mitte zusammengeschnürt war. In meinen Stiefeln überragte ich ihn um Haupteslänge. Sein Gesicht sah aus wie das des alten Mannes aus der *Werthers Echte-*

Werbung: gütig, vertrauenerweckend und ein wenig verschmitzt.

Ob er sich in der Tür geirrt hatte? Aber sein ganzes Auftreten war dermaßen entschlossen und erwartungsvoll, dass kein Zweifel bestand: Rauschebart wollte uns besuchen.

Ich fragte ihn, ob er einen Termin habe. Er lächelte: »Nein, meine Dame, aber ich habe heute große Lust verspürt. Und da habe ich mich in den Bus gesetzt und mich spontan zu Ihnen begeben. Ich hoffe, ich komme nicht ungelegen. Ach, verzeihen Sie, mein Name ist Theodor.«

»Du hast also große Lust verspürt, Theodor. Na dann … Ich bin gespannt, *worauf* du Lust hast.«

Ich begleitete Theodor in eines der Studios. Als ich sah, wie er die Gerätschaften und Werkzeuge betrachtete, ging mir fast das Herz über. Er strahlte, dass sein Bart sich sträubte, und setzte sich schwungvoll auf den Rand der Streckbank.

»Hach ja, genau darauf hatte ich heute Lust.« Er tätschelte die Bank. »Wie heißen Sie, junge Dame?«

Er sah mich mit seinen blauen Knopfaugen neugierig an und fand es offenbar ganz normal, dass er mich siezte und ich ihn duzte – verkehrte Welt. Ich war so perplex, dass ich tatsächlich vergessen hatte, mich ihm vorzustellen.

»Ich bin Lady Elvira.«

»Oh, was für ein melodiöser Name, meine Dame«, sagte er und kicherte, wahrscheinlich, weil »Name« und »Dame« sich reimten. »Wissen Sie, Sie dürfen nicht glauben, dass ich ganz und gar unerfahren bin. Ich beschäftige mich schon sehr lange mit Ihrem … nun, sagen wir … Berufszweig.«

»Du hast also schon Erfahrung mit SM?«, wollte ich wissen.

Er schüttelte vehement den Kopf: »Aber nein, nicht doch. Deswegen bin ich ja hier. Ich habe meine Neugierde nicht mehr zügeln können. Sagen Sie, Lady Elvira, ob ich wohl ein Glas Wasser bekommen könnte?«

Ich holte ihm etwas zu trinken und war ganz entzückt von diesem süßen Alterchen, das hier reinspazierte, als würde es Freunde zum Canasta-Spielen besuchen. Als ich wieder bei ihm war, hatte er sich seiner Jacke entledigt. Er trug eine Bundfaltenhose und einen himmelblauen Pullover. Er schlürfte das Wasser mit einem Genuss, als hätte ich ihm einen Grand Cru kredenzt. Dann strahlte er mich wieder an und sagte: »Junge Dame, ich finde es hier ganz wunderbar, und ich frage mich, ob Sie sich meiner wohl annehmen würden.«

»Das kommt darauf an, was du möchtest. Du hast gesagt, du hast noch keine Erfahrung. Dafür machst du aber einen sehr forschen Eindruck.«

Er winkte ab: »Ich sage Ihnen etwas. Ich habe in meinem Leben viele brenzlige Situationen erlebt. Das hier ist nur eine davon, und ich gebe mir große Mühe, gelassen und höflich zu sein. Das weiß eine Dame wie Sie doch zu schätzen, nicht wahr?«

Theodors Manieren machten mich fertig. In seiner Kinderstube musste es eine ausgezeichnete englische Gouvernante gegeben haben, die ihm dieses Benehmen beigebracht hatte. Ob sie ihn, um dieses tadellose Ergebnis zu erzielen, dazu auch körperlich gezüchtigt hatte?

Ich setzte mich ihm gegenüber und überkreuzte die Beine. Jetzt riskierte Theodor der Tadellose doch einen Blick auf meine Stiefel.

»Ach, davon träume ich schon seit Jahren. Ich bin sehr froh, dass ich endlich hier bin.«

»Sag mir doch, was du gerne erleben möchtest, Theodor. Hast du eine spezielle Phantasie, die du ausleben willst? Oder willst du einfach mal etwas Neues ausprobieren, ohne zu wissen, was genau?«

Wie alt mochte er wohl sein? Warum machte er nicht das, was Männer in seinem Alter normalerweise in ihrer Freizeit unternehmen: Kegeln, Kreuzworträtsel lösen, Kräutertee trinken?

Theodor holte nicht einmal besonders tief Luft, bevor er mir mit strahlenden Augen entgegentrompetete: »Ich träume davon, von einer jungen Dame so sehr verprügelt zu werden, dass mir Hören und Sehen vergeht!«

Das war es also. Hören und Sehen. Sinnliche Fähigkeiten, die bei Männern in diesem Alter normalerweise stark eingeschränkt waren. Theodor hatte es sich offensichtlich in den Kopf gesetzt, sie auf einen Schlag loszuwerden.

Mit plötzlich schüchtern verschämtem Gesicht fuhr er fort: »Sagen Sie, Lady Elvira, würden Sie sich etwas Besonderes für mich anziehen? Ich meine, wenn es nicht zu viele Umstände macht?«

»Was darf's denn sein?«

»Nun … ähm, Sie kennen doch bestimmt diesen Film *Der blaue Engel*, mit Marlene Dietrich?«

Theodor hatte Glück, dass ich nicht nur Domina war, sondern in meiner Freizeit gerne schon mal alte Schwarzweißfilme anschaute und daher genau wusste, was er meinte. Ich ging also in den Aufenthaltsraum, tauschte Lackkleid und Stiefel gegen schwarze, halbtransparente Spitzenunterwäsche, legte einen Strapsgürtel an und klipste meine Strümpfe daran. Dazu wählte ich kirschrote Peep-toes. Als ich in den Raum zurückkam, in dem Theodor wartete, huschte ein Leuchten über sein Gesicht.

Bald darauf lag sein nackter Körper auf der Streckbank. Seine Fuß- und Handgelenke wurden von weichen, festen Ledermanschetten umschlossen, von denen vier Seile in die Mechanik der mittelalterlich inspirierten Vorrichtung führten. Ich drehte langsam am Rad.

Theodor sah blendend aus, das musste man schon sagen. Er war schlank und kräftig. Man sah ihm an, dass ein gesundes Leben hinter ihm lag.

Ich hatte den Ahnungslosen alle Schlaginstrumente selbst aussuchen lassen, mit denen er Bekanntschaft schließen wollte. Ohne lange zu zögern, hatte er sich eine Gerte geschnappt, eine lange Lederpeitsche und ein Holzpaddel. Dabei hatte ich jedoch beobachtet, dass seine Hand wie beiläufig über das Bündel an Rohrstöcken gestrichen war, die fein säuberlich und gewässert in einem silbernen Schirmständer warteten. *An die traut er sich nicht ran,* dachte ich.

Mit leuchtenden Augen hatte er den geflochtenen Griff der Peitsche befühlt und gesagt: »Oh, jetzt bin ich aber doch etwas aufgeregt. Wissen Sie, es ist leicht, die ganze Zeit davon zu träumen und sich diese Geschichten im Internet durchzulesen. Aber wenn es einem dann selbst bevorsteht – ja, jetzt wird mir doch ein wenig flau.« Was ihn nicht daran hinderte, sich auf Befehl seines blauen Pullis und der restlichen Kleider zu entledigen und sich im Adamskostüm auf die Streckbank zu legen.

Zuerst hatte ich Angst gehabt, auf seinen Schwanz zu gucken; ich hatte noch nie einen so alten Mann nackt gesehen. Aber zu meiner Überraschung sah der noch ziemlich frisch aus. Nur dass er nicht stand; das machte mir ein wenig Sorgen. Ich beschloss, zumindest das aufs Alter zu schieben.

Da lag Theodor nun auf dem Bauch und strahlte mich seitlich und mit erwartungsvollem Gesicht an. Zuerst schlug ich ihm mit dem Paddel ganz leicht auf die Oberschenkel. Ich wollte, dass er mich dabei sah und am Anfang nichts hinter seinem Rücken passierte. Theodor schaute interessiert über seine Schulter, und als die ersten Schläge auf seine Schenkel niedergingen, schien es, als blicke er in sich hinein. Er sah sehr konzentriert aus, fast so, als suche er in seiner Erinnerung nach irgendetwas Bekanntem, mit dem er das jetzige Gefühl vergleichen konnte. Jedenfalls verzog er keine Miene. Weder vor Schmerz noch vor Lust. Ich schlug etwas stärker zu, dann wechselte ich zu einer Reitgerte. Allmählich wurden seine Schenkel rot.

Theodor sah mich etwas hilflos an und lächelte immer noch. »Das ist dir wohl zu lasch, was?«, neckte ich ihn und legte die Schlaginstrumente weg.

»Mitnichten, Lady Elvira. Aber es ist so – wie soll ich sagen – harmlos, so zart. Ich dachte da eher an etwas Vehementeres – wenn Sie wissen, was ich meine.«

»Na, du weißt zumindest offenbar genau, was du willst. Ich hatte schon Angst, du hast es dir anders überlegt.« Ich band ihn los. Er richtete sich auf.

»Es ehrt Sie, Lady Elvira, dass Sie behutsam anfangen. Aber Sie müssen bei mir nicht allzu vorsichtig sein. Ich habe schon Schlimmeres erlebt und ich versichere Ihnen, dass ich tapfer sein kann, wenn es darauf ankommt.«

Sein Lächeln hatte so etwas Schicksalergebenes, Hingebungsvolles.

Ich stellte ihn mit dem Rücken zu mir an den Pranger. Dazu hob ich die Klemmvorrichtung und bugsierte behutsam Theodors weißen Schopf und Handgelenke hindurch. Zwei Klammern an der Seite des Prangers arretierten das oberste Brett, so dass er sich unmöglich herauswinden konnte.

»Dann wollen wir doch mal sehen, wie viel Vehemenz du einstecken kannst«, sagte ich.

Ich ließ das Paddel gegen seine Arschbacken klatschen. Leider konnte ich sein Gesicht nicht sehen, doch mir entging nicht, dass Theodors Schultern zuckten. Bei den nächsten Schlägen meinte ich, ihn stöhnen zu hören.

Ich trat neben ihn, um sein Gesicht zu sehen. Er hielt nun die Augen geschlossen und den Mund zusammengepresst.

»Ist es das, was du unter Vehemenz verstehst?«, fragte ich süßlich.

Theodor nickte heftig und keuchte nun in einem drängenden, ungeduldigen Ton: »So machen Sie doch weiter. Bitte, hören Sie nicht auf.«

Aha. Ich hatte ihn also geknackt. Offensichtlich stand hier ein Flagellant der alten Schule vor mir. Es gibt ja die Theorie, dass Männer, die in ihrer Kindheit körperlich gezüchtigt worden sind, später Flagellationsphantasien entwickeln. Solche Neigungen sind vermutlich eng verknüpft mit dem Erwachen der frühen Sexualität, die von dieser Art der Züchtigung begleitet wurde. Zwar wird natürlich nicht jeder Junge, der mit dem Rohrstock geschlagen wurde, später zum Flagellanten, aber es gibt Männer, die diesen speziellen Schmerz aus ihrer Erinnerung immer wieder erleben wollen, weil sie damit verschüttete sexuelle Impulse verbinden.

Und wenn ein solcher Mann dann zu einer Domina geht, hat er kein Interesse an Wäscheklammern an den Brustwarzen und Reizstrom am Hoden, sondern an roten Striemen auf seinem Allerwertesten. Aber warum hatte er sich dann nicht vorhin gleich auf einen der festen, biegsamen Bambusstöcke gestürzt, die Katja regelmäßig in Wasser einweichte, damit sie nicht spröde wurden?

Es wurde Zeit, die Rollenverteilung klarzustellen. »Ich mache weiter, wenn ich das will! Hast du gehört?«, zischte ich.

Theodor entschuldigte sich sofort für seine Ungeduld. »Bitte verzeihen Sie, Lady Elvira. Aber das hier gefällt mir schon viel besser. Es ist wunderbar.«

Ich sah seinen sehnsüchtigen Blick und schaltete eine Stufe höher. Ich nahm die Lederpeitsche, ging ein paar Schritte zurück und schlug ihm auf Arsch und Rücken. Sofort bildeten sich hellrote Streifen. Theodor stand ganz still, nur seine Wirbelsäule bog sich vor und zurück. Er wölbte sich den Schlägen geradezu entgegen. Irgendwann hörte ich ihn etwas rufen, was ich nicht verstand. Ich hielt inne, trat wieder neben ihn und warf gleichzeitig einen prüfenden Blick auf sein Ding. Doch es baumelte immer noch leblos zwischen seinen Beinen. Ich war etwas ratlos. Glücklicherweise sprach sein Gesicht eine andere Sprache. Theodors Kopf war rot angelaufen, die Augenlider flatterten, und sein Mund stand offen, so wie die Münder von Pornodarstellern, wenn man den Ton wegdreht. Stöhnen hatte ich ihn nämlich noch nicht gehört.

»Was hast du gerade gesagt?«

»Stärker! Schlagen Sie mich stärker!«, drängte er.

Ich runzelte die Stirn. »Sag mal, hast du mir etwas verschwiegen, Theodor? Du bist doch heute nicht zum ersten Mal bei einer Herrin. Oder warum bist du so tapfer und so gierig nach Schlägen?«

Auf einmal waren seine Augen gar nicht mehr die eines netten Großvaters, sondern fordernd: »Das geht Sie gar nichts an. Schlagen Sie mich endlich! So war es doch abgemacht, oder nicht?!« Noch bevor ich etwas Passendes erwidern konnte, wurde er fuchsteufelswild. Er trampelte mit den Füßen und rüttelte am Pranger, als wollte er ihn umwerfen. »Schlagen Sie mich, so fest Sie können!«, schrie er. Seine Stimme war jetzt schrill und unangenehm. Sie hörte sich fast wie die eines Wahnsinnigen an. Der nette Weihnachtsmann hatte sich in Luft aufgelöst.

Jeder andere Sklave, der sich derart ungebührlich aufführte, hätte von mir spontan erst mal ein paar besonders starke Hiebe zur Strafe abbekommen. Aber das war ja genau das, was Theodor wollte. Und offensichtlich war dieses Verlangen dermaßen stark, dass der Tadellose sich unversehens in ein hungriges, wildes Tier verwandelt hatte, das sich nun das unbedingt holen wollte, von dem es allzu lange ferngehalten worden war.

Theodor sah mich mit aufgerissenen Augen an, verzweifelt und rastlos. Am Rand seiner Enttäuschung ließ er mich in einen Abgrund schauen. Was hatte dieser alte Mann erlebt? Was kam in diesem Moment in ihm hoch?

Mir wurde die Situation ein wenig unangenehm. Plötzlich hatte ich Angst, Theodor zu enttäuschen. Offensichtlich lief hier mehr ab als ein bisschen Flagellation, und ich wusste nicht, was es war und welche Rolle ich dabei spielte.

Auf keinen Fall wollte ich ihm aber meine Verunsicherung zeigen. Ich trat wieder hinter ihn, um dieses rasende Gesicht nicht mehr zu sehen. Nun denn, er sollte bekommen, was er verlangte.

Ich griff zu dem Instrument, das Theodor vorhin unbeachtet gelassen hatte. Das Instrument, das die größten, heftigsten Schmerzen verursachte und Striemen, die sich über Wochen halten können. Den Rohrstock. Ich griff mir ein dünnes, besonders biegsames Exemplar und trat wieder hinter den heftig atmenden Theodor.

Ich schlug fest und hart zu – zuerst langsam, dann in immer kürzeren Abständen. Ich ließ auf Theodors Hinterteil dermaßen schnelle und heftige Hiebe prasseln, dass es mir selbst weh tat. Nie zuvor hatte ich einen Mann so erbarmungslos geschlagen. Außerdem bekam ich langsam die Anstrengung in den eigenen Armen zu spüren: Mein Handgelenk begann zu schmerzen.

Plötzlich ertönte von Theodor ein tiefes, unendlich erleichtertes Seufzen. Es hörte sich an, als hätte er etwas lange Vermisstes wiedergefunden: die Freude der Erschöpfung. Die atemlose Überraschung, etwas zu bekommen, was er jahrzehntelang verloren geglaubt hatte.

All das hörte ich in Theodors Stöhnen. Er lachte laut und befreit auf und bog mir sein Hinterteil gierig entgegen. »Ja – ja – noch stärker!«

Stärker?! Ich schlug schon so heftig zu, dass ich Angst hatte, den Rohrstock jeden Moment zu zerbrechen. Die Haut auf Theodors Hinterteil war schon glühendrot und stellenweise aufgeplatzt.

Doch ich machte tapfer weiter. Im Raum ertönte das Pfeifen und Klatschen des Rohrstocks. Kleine Blutströpfchen traten aus den Striemen. Mein rechtes Handgelenk fühlte sich verkrampft und schwer an. Ich nahm den Stock in die andere Hand und schlug weiter auf ihn ein.

Zwischen dem tiefen, befriedigten Stöhnen stieß Theodor immer wieder kleine, befreite Lacher aus. Solche Geräusche hatte ich noch nie von einem meiner Kunden gehört. Ich war verwirrt. Und ich war angestrengt. Er hatte für eine Stunde gezahlt, und die war noch lange nicht um. Irgendwann würde auch meine zweite Schlaghand am Ende ihrer Kräfte sein.

Plötzlich ertönte ein kleiner Aufschrei: Theodor schrie

mit einer Stimme, die ich nur aus Filmen mit religiösen Fanatikern kannte: »Danke! Danke! Oh, ich danke Ihnen! Oh, danke!«

Ich schlug unbeirrt weiter. Doch Theodor bat mich, aufzuhören. »Bitte, halten Sie ein! Es ist genug.«

Ich warf den Rohrstock weg und betrachtete meinen seltsamen Kunden. Theodor hing jetzt schlaff am Pranger und schüttelte fassungslos den Kopf. Auf dem Boden war nicht etwa eine Pfütze, wie ich schon vermutet hatte, nein, es schien, als hätte all das nicht in den Sphären seiner körperlichen Lust stattgefunden, sondern in verborgenen psychischen Gegenden. Theodor drehte mir den Kopf zu, und plötzlich war da wieder der liebe alte Rauschebart. Seine Äuglein waren feucht und strahlten eine solche Freude aus, dass ich mich fragte, welche Emotionen das Ganze in ihm ausgelöst hatte.

»Oh, Lady Elvira, ich danke Ihnen. Das war wunderbar. Ich hatte mich so sehr nach einem solchen Erlebnis gesehnt. Es tut so schön weh!«

Ich streichelte ihm ein paarmal über die Wange. Dann öffnete ich den Pranger, führte den alten Mann zurück zur Streckbank und ließ ihn sich dort hinlegen. Er sank auf das schwarze Polster und legte beide Hände übers Gesicht. Ich setzte mich zu ihm und sah ihn an. Noch nie hatte ich mich in einer Session so wenig als herrische, launische Vollstreckerin gefühlt. Vielmehr war ich sein therapeutisches Werkzeug gewesen, eine Art Hebamme. Ja, genau, das Ganze hatte sich angefühlt wie eine Geburt, als habe sich etwas, das lange in Theodor verborgen gewesen war, seinen Weg nach außen gebahnt.

Er nahm die Hände vom Gesicht, und ich sah, dass er geweint hatte. Er sah erschöpft und geschwächt aus. Und glücklich.

Ich nahm seine zitternde Hand und fragte ihn leise: »Sag mal, bist du sicher, dass es dir gutgeht?«

»Oh, mir ging es nie besser, da bin ich ganz sicher.« Er lachte kurz auf und blickte mich an, wie ein kleiner Junge, der zugab, etwas Verbotenes getan zu haben. Irgendetwas schien ihm peinlich zu sein. Er verdeckte mit einer Hand seine Scham. »Ob ich mir kurz meine Unterhose holen dürfte?«, fragte er. Sein Gesicht war gerade dabei, dieselbe Farbe anzunehmen wie sein Hintern.

Ich schickte ihn erst mal duschen und reinigte unterdessen die Streckbank. Kleine Blutflecken hatten sich dort abgesetzt. Als Theodor aus dem Bad kam, zog er eine Tube mit Wundsalbe aus seiner Jackentasche und bat mich: »Könnten Sie mir bitte ein wenig davon auf meine hintere Partie cremen, Lady Elvira?«

Jetzt wurde ich wirklich stutzig. Woher konnte Theodor wissen, wie man Rohrstock-Striemen am besten behandelte? Und woher kam die weise Voraussicht, das Zeug gleich ins SM-Studio mitzubringen?

»Du hast ja an alles gedacht«, sagte ich, als ich die Tube nahm. Theodor legte sich wieder auf die Streckbank, und ich strich vorsichtig Salbe auf die wunden, teils aufgeplatzten Stellen. Ich kam mir vor wie eine perverse Krankenschwester, die das wiedergutmachen und gesundpflegen will, was sie zuvor kaputtgemacht hat. Theodor streckte mir seinen Po jetzt ebenso begierig entgegen wie vorhin am Pranger. Wieder ertönte ein tiefes, wohliges Seufzen.

Beim Anblick seines Hinterns wurde mir ganz anders zumute. Er sah aus, als könnte man ihn erst mal für eine geraume Zeit nicht mehr als Sitzfleisch gebrauchen.

»Theodor, deine Spuren wird man für ein paar Tage sehen. Und auch spüren. Bist du sicher, dass du das wolltest?«

»Machen Sie sich Vorwürfe, einen alten Mann so zuge-richtet zu haben, Lady Elvira?« Theodor schmunzelte.

Ich konnte nicht anders, als ehrlich zu sein: »Ja, das mache ich. Falls es stimmt, dass du heute zum ersten Mal bei einer Domina bist, dann gehört das, was ich mit dir gemacht habe, eigentlich eher zum Fortgeschrittenenprogramm. Und dein Arsch sieht nicht so aus, als könntest du in der nächsten Woche zur Wassergymnastik gehen.« Ich massierte in kreisenden Bewegungen Salbe auf das wellenförmige Striemenrelief.

»Diese Konsequenzen werde ich ebenso genießen wie Ihre Schläge, glauben Sie mir. Ich wollte es so, und Sie haben mir diesen Wunsch auf unnachgiebige Art und Weise erfüllt. Anders hätte es mir gar nicht gefallen.«

Ich sah ihn misstrauisch an. Ich konnte mir einfach nicht vorstellen, dass ein alter Mann einfach so einen Sonntagsspaziergang in ein SM-Studio unternimmt und sich von einer Domina dermaßen verprügeln lässt, dass er für mindestens eine Woche nicht mehr würde sitzen können. Woher kam dieser Mut? Diese zielgerichtete Entschlossenheit? Dieses fast schon süchtige Verlangen nach einem ganz speziellen Schmerz, den nur wenige Männer ertrugen.

»Ich bin mir leider immer noch nicht sicher, ob das heute wirklich dein erstes Mal war«, versuchte ich es erneut.

Theodor stieß ein leises Lachen aus: »Sie sind sehr neugierig, junge Dame«, sagte er in leicht tadelndem Ton. Und dann begann Theodor zu erzählen.

Er war heute 72 Jahre alt, also ein gerade mal fünfzehnjähriger Knabe, als der Krieg zu Ende war. Sein Vater war in Gefangenschaft, und er lebte mit seiner Mutter ganz allein in einem großen Haus in der Nähe einer Stadt, deren Namen er mir verschwieg. In dieser Zeit vermietete seine

Mutter einen Großteil des Hauses an andere Leute. Seine Mutter erklärte ihm, dass Flüchtlinge, Vertriebene und einige notleidende Frauen bei ihnen einziehen würden.

Theodor musste sein Zimmer hergeben und bei der Mutter schlafen. Er fand allerdings, dass die Frauen, die hier einzogen, gar nicht so leidend aussahen. Im Gegenteil, sie waren allesamt sehr hübsch, und er schämte sich ein wenig vor ihnen, weil er sich in seinen kurzen Hosen neben ihnen vorkam wie ein kleiner Bub. Argwöhnisch beobachtete er das Kommen und Gehen einiger Soldaten, die stets in den Zimmern der Mieterinnen verschwanden. Seine Mutter erklärte ihm, die Soldaten seien Freunde der Frauen und würden diese hin und wieder besuchen.

Theodor konnte sich das alles nicht recht erklären, denn die Männer blieben immer nur für kurze Zeit und verschwanden danach mit hochrotem Kopf, so als hätten sie sich gestritten.

Bald freundete er sich mit einer der neuen Bewohnerinnen an. Es war eine Frau namens Agnes, Anfang dreißig, verschlossen und wortkarg, dabei aber wunderschön, dunkel und geheimnisvoll. Eines Tages bat sie Theodor aus heiterem Himmel in ihr Zimmer und forderte ihn auf, ihr Gesellschaft zu leisten. Sie konnte nicht gut lesen und wünschte sich, er möge ihr aus einer Zeitung vorlesen. Was er mit großem Stolz tat – denn das ließ ihn erwachsen erscheinen.

Allerdings fand die Frau offensichtlich nichts dabei, sich, während Theodor ihr verschiedene Artikel vorlas, vor ihm zu entblößen, sich zu waschen und umzuziehen. Sie bewegte sich mit einer selbstverständlichen Natürlichkeit vor ihm, als wäre er noch ein kleiner Junge, für den ihre Nacktheit keinerlei Besonderheit war. Sie behandelte ihn zärtlich und liebevoll, wie man es mit einem Kind getan hätte. Ihr schien nicht aufzufallen, dass zwischen seinen Beinen etwas erwachte, das ihn angesichts der Umstände, unter denen das geschah, verwirrte, ja geradezu quälte. Außerdem ließ sie ihre Wäsche und Strümpfe wild im ganzen Zimmer herumliegen.

Der Anblick und Duft dieser geballten Weiblichkeit setzte Theodor so zu, dass er sich stets bäuchlings auf ihr Bett legte, wenn er ihr vorlas und sie mal wieder nackt vor dem Spiegel saß und sich frisierte und schminkte. Ihre Freizügigkeit irritierte ihn; gleichzeitig machte sie derart wenig Aufhebens darum, dass es ihm schnell selbstverständlich vorkam. In ihrem Zimmer gab es immerhin Schokolade und Comic-Hefte, und Theodor fühlte sich bald so wohl in Agnes' Räumlichkeiten, als gehörten sie ihm selbst.

Eines Tages ließ Agnes ihn alleine in ihrem Zimmer und ging außer Haus. Theodor sah sich nun ganz genau das feine Gewebe ihrer Strümpfe und Wäsche an, die auf einer Stuhllehne hingen. Er schnupperte an den Nylons – und verspürte dabei ein vollkommen neues, bestürzendes Gefühl. Plötzlich hörte er Schritte auf der Treppe und Agnes' Stimme sowie die eines Mannes. Hastig krabbelte er unter das Bett, rasch genug, bevor die beiden eintraten. Dann sah er, wie das Kleid von Agnes neben den schwarzen Stiefeln eines Soldaten zu Boden fiel. Er sah zwei Paar nackte Füße, die im Bett verschwanden. Und dann begann das Bett zu ächzen und sich zu biegen. Er hörte das leise Stöhnen von Agnes und das Keuchen eines Mannes. Theodor fühlte sich verwirrt und verraten.

Es dauerte nicht allzu lange, dann war der Soldat wieder gegangen. Plötzlich erschien Agnes' feucht glänzendes Gesicht unter dem Bett. Sie zerrte Theodor an den Haaren hervor und schlug ihm ein paarmal ins Gesicht. Sie war fast nackt, trug nur einen Strumpfgürtel und ihre Strümpfe. Sie zischte ihm zu, dass sie ihn bestrafen müsse für seine Neugierde und er nie wieder würde gutmachen können, was er getan habe. Sie zwang ihn, seine Hose auszuziehen, warf ihn bäuchlings aufs Bett und fesselte seine Handgelenke mit einem dünnen Strick an die Bettpfosten. Und dann wurde Theodor zum ersten Mal in seinem Leben geschlagen. Agnes zog einen Stock hinter dem Schrank hervor, mit dem sie hart und erbarmungslos auf seinen nackten Hintern einschlug, bis sie nicht mehr konnte und keuchend neben ihm aufs Bett fiel. Theodor hatte vor Schmerz und Angst seine Zähne ins Kissen geschlagen. Sein Gesäß fühlte sich an wie zerfetzt.

Agnes band ihn los und schickte ihn fort. Theodor schlich im Haus herum, bedacht darauf, niemandem zu begegnen, und versuchte, irgendwie den Schmerz auf seinen Hinterbacken zu verdrängen. Gleichzeitig aber spürte er große Erregung und eine wilde Sehnsucht nach Agnes.

Am Abend holte sie ihn wieder in ihr Zimmer. Jetzt streichelte sie ihn und wollte seinen Hintern begutachten. Behutsam strich sie eine Heilsalbe auf die aufgeplatzte Haut und pflegte das geschundene Fleisch so fürsorglich, dass Theodor dabei einen großen Genuss empfand. Er wünschte sich, Agnes würde niemals damit aufhören. Von diesem Tag an musste er jedes Mal, wenn er wieder zu ihr kam, seine Hosen herunterziehen, damit sie die Heilung der Striemen begutachten konnte. Sie streichelte und cremte ihn dann jedes Mal ein, und alles lief weiter wie bisher. Doch dann, als sein Hintern wieder so gut wie makellos war, band Agnes ihn zu seiner Überraschung erneut auf ihr Bett und schlug ihn wieder so stark, dass er vor Schmerz fast schreien musste. Zwischen den Hieben erinnerte sie ihn daran, dass er ein böser, verdorbener Junge gewesen sei, weil er sie bei »der Arbeit« beobachtet habe.

So kam es, dass die Hure Agnes den jungen Theodor alle paar Wochen züchtigte, um ihn anschließend fürsorglich wie eine Mutter zu pflegen. Theodor spürte, dass er das Heilen der Wunden kaum noch erwarten konnte, weil Agnes ihn dann wieder schlagen würde. Er sehnte sich schier danach, ihr ausgeliefert zu sein. Seltsamerweise empfand er den extremen Schmerz durch den Stock nicht als unangenehm und tat nichts, um ihm auszuweichen. In dieser Zeit, so erzählte Theodor mir, erwachte sein Begehren, diese Schläge immer wieder zu erleben.

Seine Mutter erfuhr von alldem nichts, auch wenn sie ihn bisweilen fragte, warum er beim Essen so krumm auf dem Stuhl sitze und möglichst rasch wieder aufstehen wolle. Eines Tages hielt Theodor sein Begehren nicht länger aus und berührte Agnes. Daraufhin stieß sie ihn zurück. Sie schlug ihn nie mehr, und nach wenigen Wochen zog sie aus dem Haus aus, ohne zu sagen, wohin. In das Zimmer, in dem Theodor gezüchtigt worden war, zog eine Familie.

Theodor trauerte um Agnes, und alles in ihm verzehrte sich nach dem Rohrstock, der von ihren zarten Händen geführt worden war. Er vergaß sie nie und erzählte niemandem davon.

Theodor wurde erwachsen und heiratete. Nach einiger Zeit forderte er seine Frau auf, ihn zu schlagen. Sie reagierte darauf jedoch vollkommen verständnislos und verstört. Trotz seines wiederholten Bittens ging sie nicht darauf ein. Da begriff Theodor, dass sein Erlebnis mit Agnes etwas Einmaliges war. Er liebte seine Frau sehr und begriff, dass er glücklich sein konnte, ohne seine psychischen Abgründe auszufüllen.

Im Laufe der Jahre entdeckte er das bizarre Reich des käuflichen Sadomasochismus, las Inserate von Dominas und SM-Studios, in denen er seine Erinnerung hätte wieder aufleben lassen können. Manchmal glaubte er auch, in Frauen auf der Straße Agnes wiederzuerkennen. Doch je älter er wurde, desto größer wurde seine Gewissheit, dass auch sie mittlerweile eine alte Frau war. Und dass sie ihn in Gedanken immer noch beherrschte. Hier endete Theodors Geschichte.

Plötzlich merkte ich, dass ich diese alten, erschütternden Erinnerungen vielleicht gerade erst durch meine abschließende Zärtlichkeit vollkommen gemacht hatte. Das Ganze berührte mich. Dieser alte, freundliche Mann hatte soeben mir, einer völlig Fremden, einen Blick in seine intime Vergangenheit gewährt. Er hatte beschlossen, dass ich noch einmal Agnes sein sollte. Kein Wunder, dass er zwischendurch so ungehalten und verzweifelt gewesen war.

Theodor sah mir meine Erschütterung und Rührung wohl an. »Nun gucken Sie mich nicht so groß an, meine Liebe«, sagte er und drückte meine Hand. »Sie waren ganz und gar wundervoll. Ich hoffe, ich habe Sie nicht erschreckt mit meiner Geschichte.«

Was sollte ich darauf antworten? »Du bist also hierhergekommen, um dieses Erlebnis noch einmal nachzuempfinden.«

Er nickte.

»Warum erst jetzt?«

Er streifte sich seinen himmelblauen Pullover über und schlüpfte in seine Schuhe. Dann sah er mich ein bisschen traurig, fast resigniert an und sagte: »Meine Frau ist vor einem Monat gestorben.«

Theodor und seine Geschichte lehrten mich eines endgültig: Eine Domina ist immer auch eine Therapeutin – manchmal ohne es zu wissen.

»Geil!« – Die Domina-Prüfung

Man erlebt immer wieder Enttäuschungen, aber man lernt auch immer besser, damit umzugehen.

MARQUIS DE SADE

Als Domina zu arbeiten war eine feine Sache. Schon allein deswegen, weil man in diesem Gewerbe überhaupt keiner Kontrolle von oben unterlag. Es gab keine Vorgesetzten, die einem auf die Finger schauten, keinen Aufsichtsrat und auch keine geheimen Kameras, die die Mitarbeiterinnen unseres bizarren Kleinunternehmens heimlich beim Ausüben ihres Jobs bespitzelten. Katja, unsere Chefin, wusste gerade einmal unsere bürgerlichen Vornamen, aber sonst besaß sie keine privaten Daten, mit denen sie uns hätte erpressen können.

Nein, Katja wusste schlichtweg nichts über ihre Schmuckstücke. Auch die Verwandlungen, die dieser Job in jeder Frau auslösen musste, blieben vor ihr verborgen.

So konnte sie auch nicht wissen, dass ich auf meinem Selbstfindungstrip irgendwie steckengeblieben war. Ich hatte zehn Stammgäste, die mich regelmäßig aufsuchten. Über mangelnde Kundschaft konnte ich mich also nicht beklagen. Ich hatte mit einigen absonderlichen Gästen, wie zum Beispiel Theodor, wahre Kunststücke vollbracht. Und der Ausrutscher mit Conrad war unter »ferner liefen« abgebucht worden.

Man hätte darum meinen können, dass meine Karriere

als Domina im Studio *Medea* wunderbar glattlief. Doch das war nur äußerlich so. Tief in mir war immer noch diese hartnäckige Unsicherheit, die meine Suche nach einem echten Vorbild antrieb. Manchmal fragte ich mich, wie eine Frau wie Katja, die immerhin mehr als ein Jahrzehnt als Herrin gearbeitet hatte, die Herausforderungen angegangen war, die sich in diesem Metier stets aufs Neue auftun.

Seit über zwei Jahren war ich nun schon im Geschäft, und immer noch trug ich die Bezeichnung »Jungdomina«, und das, obwohl in den vergangenen Monaten regelmäßig neue Mitglieder zum *Medea*-Team gestoßen waren, die auch alle als solche bezeichnet wurden. Wurde es nicht langsam Zeit, dass ich von der Jung- zur Volldomina wurde? Also mit Roxanne, Luzifera, Undine und Kassandra auf eine Stufe gestellt wurde? Was stand eigentlich noch zwischen mir und diesem »Titel«? Und wer legte ihn fest? Katja etwa? Und wenn ja, wie fand sie heraus, ob und wann man reif dazu war?

Ich wollte diese fundamentalen Fragen endgültig von ihr beantwortet haben. Musste sie nicht trickreiche Strategien kennen, die das Image einer Jungdomina verfeinern konnten? Subtile Knöpfe, die man an Männern bedienen konnte, damit sie automatisch Knie und Blick senkten? Mittel und Wege, wie ich meine Ausstrahlung und meine Rhetorik bedrohlicher wirken lassen konnte, so dass mein Auftreten dem einer wahren Herrin glich? Sie musste doch selbst Interesse daran haben, dass ihre schwarzhaarige Jungdomina irgendwann einmal das Image des Schneewittchen-Nesthäkchens ablegte.

Ich wollte die Chefin um ein paar persönliche Nachhilfestunden bitten. Doch es kam anders. Grund dafür waren die neuen Mädchen, die ihren Weg ins *Medea* gefunden hatten. Bei soviel jungem Blut, aber noch aus anderen Gründen hielt es Katja für angebracht, das gesamte Personal noch einmal in die hohe Schule der weiblichen Dominanz einzuweisen – beziehungsweise das, was sie dafür hielt.

Eines Morgens fuhr Katja mit quietschenden Reifen in ihrem alten Passat vor dem Studio vor, knallte die Autotür heftiger zu als sonst und stürmte mit wütenden Schritten die Treppe herauf. Es war zehn Uhr, die Banker und Bürofritzen hatten noch keine Mittagspause, dementsprechend wenig war los. Alle Frauen saßen um den großen Tisch im Aufenthaltsraum. Auf dem Tisch standen offene Marmeladengläser, aufgerissene Käsetüten und Brötchen aus dem Supermarkt. In der Stille des wenig betriebsamen Morgens war nur das Klimpern von Kaffeelöffeln und das Rascheln von Zeitungen zu hören. Alle genossen die Ruhe vor dem Ansturm der devoten Armee frustrierter Ehemänner, der um die Mittagszeit zu erwarten war.

Nun stand Katja in der Tür – und irgendetwas an ihr sah nach Wut aus. Denn ihre Augen zuckten zornig hin und her, während sie die Hände in die Hüften stemmte. Mit ihrem wirren Haar sah sie aus wie Rubens' *Medusa*. Seltsamerweise schien auch die Elster die Fähigkeit zu besitzen, diejenigen, die sie ansahen, in Stein zu verwandeln. Welche Laus war ihr über die Leber gelaufen?

»Morgen, Katja«, stammelten die Frühstückerinnen, doch da fing Katja schon an zu schreien:

»Guten Morgen, Katja …!! Ihr habt ja Nerven, ihr Schlampen! Wisst ihr, was heute im Gästebuch stand?«

Damit meinte sie das Online-Gästebuch, in das unsere Kunden schreiben konnten, ob sie mit unseren »Diensten« zufrieden waren oder nicht.

Schuldbewusste Köpfe senkten sich in Richtung Frühstücksteller. Alle fühlten sich irgendwie angesprochen. Nur verstand ich die allgemeine Schuldigkeit nicht. Was sollte da schon Schlimmes stehen?

»Da steht«, klärte uns die Elster nach Atem ringend auf, »dass einige von euch nicht mehr den vollen Service anbieten.«

Was meint sie mit vollem Service?, fragte ich mich.

Katja war noch nicht fertig. »Außerdem seid ihr schlampig und unzuverlässig, und die Bäder sind dreckig! Ein Stammgast hat sich sogar darüber beschwert. Und das hier …« – Katja zog einen zerknitterten Zettel aus ihrer Hosentasche – »sind die Umsatzzahlen des letzten Monats!«

Sie wedelte uns mit dem Papier vor der Nase rum.

»Unser Umsatz ist deutlich zurückgegangen. Um zwanzig Prozent! Kann mir das eine von euch vielleicht erklären?«

Niemand sagte etwas. Endlich wagte sich eine von den Neuen vor: »Vielleicht, weil bald Weihnachten ist?«

Da war was dran. Im Allgemeinen besinnen sich die Männer zum Fest der Liebe auf ihre Familien, und das Weihnachtsgeld wird in Küchenmaschinen für die Frau und Playstations für den Nachwuchs investiert und weniger in professionelle Erniedrigung. Dass auch die Domina gern ein bisschen Weihnachtsgeld verdient hätte, vergisst ein Studiogänger um diese Zeit leicht. Irgendwann Anfang Januar dann, wenn der Overkill an häuslicher Innigkeit erreicht ist, die undankbaren Kinder die großzügigen Geschenke schon wieder vergessen haben und die ungeschminkte Ehefrau mit Bratengeruch im Haar abgefallenes Lametta aufpickt, erinnern sich die geplagten, vollgefressenen Familienväter dann ihrer wahren Herrinnen – an die fast schon vergessene, geheimnisvolle Schöne, die nicht Lametta, sondern eine mehrschwänzige Peitsche in der Hand schwenkt! Und schon begeben sie sich wieder reumütig in die Hände ihrer Domina.

»Warum hast du mich in den Adventswochen nicht um eine Audienz ersucht, du Wicht!?«, herrscht man sie dann an, und die jämmerliche Antwort lautet: »Herrin, verzeih! Aber mein Sklaventribut ging für den Familien-Skiurlaub im Schwarzwald drauf.«

Tja, was soll man da machen?

Aber Katja ließ sich von diesem Argument nicht beeindrucken: »Weihnachten! So eine Scheiße will ich nicht hören, verdammt noch mal!« Ihre Wangen waren hochrot angelaufen, die Fäuste ballten sich. »Für euch gibt es immer irgendeine Ausrede, wenn hier tote Hose ist! Bundesliga, Formel 1, Ostern, Weihnachten, Sommerferien – das ist doch lächerlich! Nein, die Flaute liegt an jeder Einzelnen von euch! Ihr seid diejenigen, die dafür verantwortlich sind. Wenn ihr es wirklich wolltet, wenn ihr einen richtig guten Job machen würdet …«, Katja schnappte nach Luft, »… dann würden uns die Kunden hier die Bude einrennen, selbst wenn Deutschland im WM-Finale spielen würde!«

Die Lust auf das Erlebnis mit einer Lederfrau, die ihn so zurichtet, dass er sich drei Tage lang nicht mehr nackt am ehelichen Waschbecken zeigen kann, sollte also selbst fundamentale männliche Bedürfnisse wie Fußball und Autowaschen übertreffen? Der durchschnittliche SM-veranlagte Mann hatte uns also auf seiner Prioritätenliste immerzu ganz oben stehen? Und nichts und niemand würde ihn davon abhalten, seinen Trieb auszuleben, nicht einmal ein Blitzeinschlag in seiner Märklin-Eisenbahnanlage? Nun ja, wenn sie meinte …

Keine der Frauen wagte, der Elster zu widersprechen.

Mit betretenen Gesichtern sahen sie zu ihr auf, gespannt, ob es eine Lösung für das Problem geben würde.

Ich hingegen hatte die plötzliche finanzielle Not nicht einmal bemerkt. Nicht einmal jetzt, nach über zwei Jahren im Studio, hatte ich Ahnung von den angestrebten Umsatzzahlen und den wirtschaftlichen Schwierigkeiten dieses Betriebs. Aber anscheinend gab es da noch etwas, von dem ich nichts wusste. Wie kam es, dass die Frauen um mich herum alle plötzlich aussahen wie das leibhaftige schlechte Gewissen?

Noch während ich mir diese Frage stellte, warf Mutter Oberin das entscheidende Stichwort in die demütige Runde:

»Herrgott noch mal, seid ihr überhaupt *geil*?!«, geiferte die Elster uns an. »Schaut euch doch mal an. Wo bitte ist der Lippenstift? Wo sind eure Stiefel?! Ihr seht aus wie Hausfrauen!«

»Aber Katja, wir frühstücken doch gerade. Es ist wirklich nix los, da können wir doch …«, begehrte Larissa auf, mit ungewöhnlich sanfter, fast unterwürfiger Stimme.

»Und wenn jetzt ein Kunde klingelt?«, wollte Katja mit schneidender Stimme wissen. »Wenn jetzt ein Kunde klingelt, dann macht eine von euch Transusen die Tür auf und hat noch Marmelade am Kinn, oder was?!«

Da hatte sie zugegebenermaßen recht. Ein devoter Ankömmling hätte in diesem Augenblick statt eines Sündenpfuhls einen Haufen träger Frauen zu Gesicht bekommen, die Zeitung lasen, sich Käsesemmeln in den Mund schoben und Krümel auf dem Schoß hatten. Das war zwar auch ein schreckenerregender Anblick, aber nicht in der Form, wie man ihn in einem SM-Studio erwartete. Welcher Mann will sich von solchen Leuten gerne Gewichte an die Eier hängen lassen? Und das hatte Katja gesehen. Der wenig erotisierende Anblick ihrer Schmuckstücke, kombiniert mit den schwachen Umsatzzahlen, machte ihre Wut wohl verständlich.

»Also, bei euch Lahmärschen hätte ich auch keine Lust! Die Kunden spüren das doch, wenn ihr keinen Bock habt!«, fasste Katja die Szenerie zusammen. »Ich will aber *geile* Frauen hier haben. Der Kunde will doch das Gefühl haben, dass ihr euch um ihn prügelt!«

Die hier Anwesenden prügelten sich vielleicht um das letzte Brötchen in der Tüte, aber sicherlich nicht um den nächsten Kunden. Und warum?

Die Antwort lautete: Gewohnheit. SM war eben auch nur ein Job. Für mich war zwar zu dem Zeitpunkt immer noch alles neu und aufregend, aber die allmorgendliche Welle kollektiver Unlust riss auch mich inzwischen ein wenig mit. Ich dachte oft einfach nur: »Super Job, alles easy, hier kann man gemütlich zusammen essen und danach – mal sehen.« Und natürlich war es schwierig, etwa an einem kalten Wintermorgen ein feuchtes Höschen zu bekommen und dieses erregte Glitzern in den Augen, wenn die Türklingel und das Telefon schwiegen und der Frühstückstisch verlockender erschien als eine Session.

Im Idealfall sollte man freilich jederzeit bereit sein, also perfekt gestylt, perfekt geschnürt und gestiefelt, mit einem Jucken in den sadistischen, rotlackierten Fingern und einer unübersehbaren Portion diabolischer Lüsternheit im Gesicht. Auch an einem stillen Wintermorgen.

Von ihrer Ansprache ermattet, sank Katja erst mal auf die Sofakante und schnappte sich einen Löffel und dazu ein Nutella-Glas. Während sie begann, es mechanisch auszulöffeln, sah sie jede Einzelne von uns nacheinander an.

Ihre Stimme war nun wieder ruhig und kontrolliert. Vielleicht hatte sie nur Unterzucker gehabt.

»Ich möchte von jeder Einzelnen von euch sehen, wie sie auf den Kunden zugeht. Wie ihr das Vorstellungsgespräch macht. Wie ihr eine Session einleitet.«

Auweia, jetzt wird's also ernst, dachte ich.

»Und da ihr ja so wenig zu tun habt, machen wir das jetzt gleich auf der Stelle. Hier ist irgendwo der Wurm drin, und ich will wissen, wo. Die anderen dürfen zuschauen, damit ihr was lernt. Nehmt die Telefone mit.«

Anscheinend hatte Katja meinen verständnislosen Blick gesehen und erklärte ihren Plan: »Also, hier läuft das so«, sagte sie mit deutlich nougatverklebter Stimme, »ich muss wissen, ob alle Frauen in meinem Studio das machen, was unsere Kunden wollen. Gerade im Vorgespräch schleichen sich tausend Fehler ein, die den Kunden wieder abturnen. Dann entscheidet er sich für eine andere, oder im schlimmsten Fall geht er ganz einfach wieder. Das darf nicht sein. Deswegen will ich von jeder sehen und hören, was sie zum Kunden sagt. Und später stellen wir dann gemeinsam eine Session nach.«

Die Anwesenden schluckten lautstark.

»Ja, ihr blöden Gänse, ihr braucht gar nicht so zu glotzen!« Katjas Stimme wurde wieder schriller. Sie sah sich um, und ihr Blick blieb an Caroline hängen. Diese saß als Einzige schon eingeschnürt in ihr Lederkorsett auf einem Barhocker und fegte sich verlegen ein paar Krümel von ihrem mächtigen weißen Busen. Ihr ergebener Blick sagte mir, dass sie genau wusste, was auf sie zukommen würde.

»Du spielst den Kunden, ja?«, sagte die Elster. Die dicke Sklavin nickte.

Katja stand ruckartig auf und knallte den verschmierten

Löffel zurück auf den Tisch. Ihr Blick sprach jede von uns an, auch die alteingesessenen, erfahrenen Dominas. Jede hatte nun ihrem Ruf zu folgen, und sei es nur, um ein wenig Bewegung in diesen allzu lauschigen Morgen im Studio zu bringen. Wie eine verschüchterte Herde erhoben sich alle, verließen den Frühstückstisch unter Ächzen und Seufzen und folgten Katja in das Studio nebenan.

»O Mann, die mit ihren dämlichen Domina-Prüfungen«, raunte mir Luzifera über die Schulter zu. »Das macht sie immer, wenn sie Panik wegen der Kohle bekommt. Absolut sinnlos.«

»Domina-Prüfung?«, fragte ich erstaunt.

»Ja. Sie will jetzt testen, wie *geil* wir sind.« Luzifera lachte spöttisch. Sie schien so eine Prozedur schon mitgemacht zu haben. »Wirst sehen, wir müssen am Ende alle zugucken, wie Katja das zu ihrer Zeit gemacht hat, als sie noch die große Herrin war.«

»Und Caroline?«, fragte ich.

Luziferas Augen verengten sich. Um ihren Mund erschien ein spöttisches Lächeln: »Die darfst du nachher fesseln, mein Schatz! Sie spielt einen beliebigen Kunden und stellt mit dir eine beliebige Session nach. Du musst an ihrem Körper beweisen, ob du die Knoten an der richtigen Stelle machst und ob du auch schön korrekt auf den Arsch haust und nicht auf die Nieren. Und dabei musst du möglichst *geil* sein, vergiss das ja nicht!« In Luziferas Stimme schwangen unverhohlen Spott und Widerwillen mit.

Die Wut der Chefin hatte mich erschreckt. Ich glaubte nämlich immer noch, eine wahrhaftige Herrin könnte nichts erschüttern. Die Elster war mir immer sehr beherrscht und locker vorgekommen, wie eine, die nichts aus der Ruhe bringt und ihren aufgestauten Frust an Nutella-Gläsern auslässt.

Ließ sie ihn also manchmal doch an ihren Frauen aus? Souverän wirkte das nicht.

Naja, vielleicht ist sie wirklich unterzuckert oder hat ihre Tage, dachte ich. Und obwohl in Katjas Mundwinkeln jetzt ein bisschen Nougatcreme klebte, war ich überzeugt, dass sie die Einzige war, von der ich etwas lernen konnte. Diese ominöse Domina-Prüfung war doch genau das, was ich mir insgeheim immer gewünscht hatte. Vielleicht würde Katja jetzt einige meiner brennendsten Fragen beantworten. Sie hatte schließlich nicht immer Turnschuhe und Wollpullis getragen.

Luzifera war genervt von der Aussicht, Nachhilfeunterricht zu bekommen. Ich hingegen freute mich darauf. Nur, dass Caroline den Kunden spielen sollte, erschien mir etwas zu kurios. Ich folgte den anderen in Studio fünf, wo wir uns alle auf einem großen Bett niedersetzten.

Katja saß auf einem Stuhl, in einer Haltung, die sie männlich und leger fand. Sie tat so, als sei sie der Kunde, der auf das gestiefelte Angebot wartet, und blätterte in einem der herumliegenden Fetisch-Magazine. Vor der Tür stand eine der Neuen, die von ihrer Chefin dazu auserkoren war, die Vorzeigedomina zu geben. Was war ich froh, dass es nicht mich erwischt hatte, denn ich fand diese Casting-Atmosphäre unerträglich.

Ich saß zwischen Luzifera und Larissa auf dem Bett, das mit einem Laken aus rotem Lack abgedeckt war und sich unter den vielen Hinterteilen der Domina-Schülerinnen kräuselte. In Larissas Schoß lagen zwei schnurlose Telefone, die immer noch beharrlich schwiegen. Kein echter Kunde würde uns wohl stören bei dieser wichtigen Sitzung. Vielleicht spürt ein echter Sklave ja, wenn seine Herrin Nachhilfeunterricht bekommt.

Ich beobachtete Katja. Wie hatte sie vor, einen Mann darzustellen? Ich stellte sie mir mit Oberlippenbart vor und wie sie sich am Sack kratzen würde.

Da öffnete sich die Tür, und die Probandin betrat den Raum. Katja legte das Magazin weg und schaute auf. Sie guckte neugierig und spreizte ein wenig die Beine. Wahrscheinlich fand sie das männlich.

Mit unbewegtem Gesicht stakste die Neue auf Katja zu. Sie hieß Shakira. Ehrlich gesagt wirkte sie nicht wie eine lernwillige, heiße Jungdomina, und auch mit der gleichnamigen kolumbianischen Pop-Queen hatte sie nicht viel gemeinsam. Kaninchen im Angesicht einer Giftnatter war wohl die passendere Bezeichnung.

Shakira verzog ihr Gesicht zu einem angespannten Lächeln. Am Morgen hatte sie noch stolz ihre neue Errungenschaft angezogen: eine Kunstleder-Korsage vom Ausverkauf bei *Beate Uhse*.

Jetzt knarzte das Prachtstück vor ihrem Bauch, und ich sah deutlich die Knitterfalten an den Seiten.

Die Unglückliche holte tief Luft: »Hallo, ich bin Lady Shakira. Und wer bist du?«

Katja reichte ihr die Hand und packte den gemeinsten Vornamen aus, den sie parat hatte: »Ich bin der Rolf.«

Nun leierte Shakira vor Katja ihr kunstledernes Sprüchlein herunter. Ihre Finger verknoteten sich dabei vor ihrem Körper, und auch die hochgezogenen Schultern und der schwankende Blick waren vermutlich nicht das, was sich die Elster wohl vorgestellt hatte. Spätestens nach dem dreizehnten »Äh« verdrehte Katja die Augen und brach den unbeholfenen Versuch der Jungdomina ab, *geil* zu sein. Durchgefallen, ungenügend.

Katja stand auf und warf einen verächtlichen Blick auf

ihr Versuchskaninchen, das peinlich berührt und mit glühenden Wangen an den Schnüren des Korsetts zupfte. Die Chefin wollte tatsächlich nicht wahrhaben, dass ein neunzehnjähriges, postpubertäres Gör es nicht aus dem Stegreif schaffte, wie eine umwerfende Göttin der Allmacht zu wirken, wie die Mensch gewordene erotische Dominanz. Wie konnte Katja bloß geglaubt haben, dass die Kleine auf Anhieb alles richtig machte? Vielleicht fragte sie sich auch gerade, warum sie dieses Mädchen eingestellt hatte und wie sie deren geschäftsschädigendes Gebaren schnellstens neutralisieren konnte.

Shakira stand da wie ein Schulmädchen, das mit ihrem Domina-Outfit beim Kostümwettbewerb durchgefallen war. Katja schob sie mit einer genervten Handbewegung zur Seite. »Also, mir reicht's jetzt schon!« Ihre Stimme ätzte kleine Löcher in die schwarze Lacktapete der Wände. »Ich habe keine Lust, mir von jeder von euch so eine Vorstellung anzusehen. Wir sind hier nicht beim Metzger, wo Schweinshaxen angeboten werden!«

Warum sie sich zu so einem abwegigen Vergleich hinreißen ließ, wusste ich erst, als die Elster plötzlich einen Buckel machte und anfing zu grunzen. Shakira schossen die Tränen in die Augen. Mit gesenktem Blick wollte sie sich davonstehlen. Katja ließ ihre Hand hervorschnellen und packte sie am Oberarm. »Du bleibst hier und schaust zu! So weit kommt's noch, dass du dich hier einfach verpisst!«

Damit schubste sie Shakira auf das vollbesetzte Bett, wo sich ein betroffenes Gesicht an das andere reihte. Die neue Schande des Studio *Medea* setzte sich mit feuchtem Blick neben Luzifera, die ihr wortlos und unauffällig einen Arm um die Schulter legte.

Als ich zur Seite blickte, fiel mir freilich auf, dass Caroline sich ein hämisches Grinsen gerade noch so verkniff. War sie etwa einverstanden mit den drastischen pädagogischen Maßnahmen unserer Lehrdomina?

Katja baute sich vor uns auf und knackte mit den Fingerknöcheln. *O weh, jetzt holt sie den Rohrstock raus,* dachte ich. Sie sagte mit mühsamer Beherrschung: »Ich will hier nicht meine Zeit verschwenden. Will noch jemand eine anständige Vorstellungsrunde vormachen? Oder soll ich euch zum x-ten Mal zeigen, wie eine ordentliche *geile* Domina das macht?!«

Köpfe senkten sich, Schultern knickten ein. Nur das obligatorische verlegene Räuspern fehlte.

Daraufhin verkündete Katja mit nun süßlich-liebevoller Stimme und hochgezogenen, immer noch nutellaverschmierten Mundwinkeln: »Na gut, ist auch besser so. Dann mache ich es euch jetzt noch mal vor, und ihr, meine lieben Schlampen, merkt es euch!«

Mit einem Blick in die Runde winkte sie Caroline zu sich, die sich nun ihrerseits auf dem Stuhl niederließ, um die Männerrolle zu besetzen, nicht ohne schwungvoll ihr Haar in den Nacken zu werfen und die Lippen unübersehbar herablassend zu kräuseln. Das Bett ächzte erleichtert auf, als sie uns verließ. Während Katja die Tür hinter sich schloss, raunte mir Luzifera zu: »Hab ich's doch gewusst, dass jetzt wieder *diese* Show kommt. Jetzt hat sie, was sie will.«

Nun war ich aber gespannt. Zwar fiel es mir schwer, meine anfänglich noch vorhandene Sympathie für die Elster aufrechtzuhalten, während ich Shakiras leises Schniefen vernahm. Aber meine Hoffnung, etwas Wichtiges zu lernen, war größer als meine menschliche Enttäuschung.

Dann endlich begann Katjas Domina-Demonstration. Langsam ging die Tür auf, und eine schwammige kleine Hand erschien. In einem Horrorstreifen würden bei so einer Szene alle aufkreischen. So aber blickten wir wie gebannt auf ein Bein, das sich nun mit gespannter Fußspitze langsam und geheimnisvoll zu uns hereinschob. Katja stellte die Spitze ihres Turnschuhs auf und ließ anschließend langsam den Rest ihres Körpers folgen. Alles an ihr wirkte plötzlich so grazil, so tänzerisch.

Leise schloss sie die Tür und nahm Blickkontakt zu Caroline auf. Dazu zwang sie ihre Lider in einem unwahrscheinlich langsamen Augenaufschlag nach oben und warf ihrem Gegenüber einen schmachtenden, feuchten Blick zu. Dann dehnte sich ihr Mund zu einem klebrigen Lächeln, und mit tiefergelegter Stimme hauchte sie: »Hallllooo, mein Lieber. Schööhn, dass du hier bist. Ich bin Lllady Medea.« Dabei stemmte sie eine Hand lässig in ihre Hüfte, während sie eine Fingerspitze der anderen in ihren Mund schob. Mit lüsternem, wiegendem Gang und gestreckten Zehen tänzelte Katja auf Caroline zu. Sie beugte sich graziös hinunter, legte die Hand, die eben noch lasziv zwischen ihren Lippen gesteckt hatte, auf Carolines fleischiges, bestrumpftes Knie.

»Und wer bist du?«

Mit gesenktem Kopf und den Lidern auf Halbmast fixierte sie ihr Gegenüber und spitzte die Lippen. Caroline tat nun ebenfalls alles, um *geil* zu sein.

»Ja, halllloooo«, flötete sie und schüttelte die Klaue der Elster langsam und mechanisch.

»Ich bin der Herbert. Oh, Sie sind aber eine schöne Herrin!«

Katjas Fagottstimme flötete zurück: »Oh, danke. Aber ich bin nicht nur schön, sondern auch geil auf dich. Komm, erzähl mir doch mal, was du so alles für geheime, verbotene Gedanken hast, Herbert.«

Sie setzte sich auf den anderen Stuhl, überkreuzte ihre Beine und legte die Hände ausgestreckt auf die Knie. Während Caroline sich einen Kundenwunsch aus dem Ärmel schüttelte, fing Katja plötzlich an, sich zu räkeln wie eine rollige Katze. Sie wiegte ihren Oberkörper vor und zurück und warf immer wieder Blicke wie Schmelzkäse in den Raum. Ab und zu zog ihre Zunge eine feuchte Spur auf ihren Lippen. Unter ihren halbgeschlossenen Lidern schaute sie Caroline an, als wolle sie sich gleich auf sie stürzen, um ihr die Zunge in den Rachen zu schieben. Dann streckte sie lächelnd eine Hand in Richtung ihres »Kunden« und begann, »sein« Knie zu streicheln.

Caroline fragte: »Geht das, Herrin Medea? Darf ich Sie um so einen Wunsch bitten?«

Aber Lady Medea hatte nicht zugehört. Sie war zu sehr damit beschäftigt, sich zu zelebrieren, und ging gar nicht auf ihr Gegenüber ein. Sie schob ihre Hand Carolines Schenkel hinauf, bis sie fast an deren vorgewölbten Schamhügel stieß, den sie heute in ein knappes Lackhöschen gezwängt hatte. Ob sie damit ein passendes »männliches« Versuchsobjekt war, wagte ich zu bezweifeln, ebenso wie die Tatsache, dass von dem, was Caroline gesagt hatte, auch nur irgendetwas zu Katja durchgedrungen war, denn die schnurrte jetzt voller Begeisterung: »O ja, das hört sich geil an. Komm, erzähl mir noch mehr, das macht mich ganz nass!«

Ihre Hand wanderte nun zu ihren eigenen Brüsten und – ich traute meinen Augen nicht – begann, ihre Brustwarzen unter dem groben Wollstoff zu reiben. »Guck mal, Herbert, wie mich das aufgeilt, deine *schmutzigen* Sklavenphantasien!«, hauchte Katja dazu.

»Oh, Herrin, wirklich? Das freut mich so …« Caroline spielte mit, ja, sie ging total in ihrer Rolle auf und fing nun ihrerseits an, Katja anzufummeln. Plötzlich verfielen beide in ein irrsinniges Gurren und Schnurren. Alles, was ich noch raushören konnte, waren die Wörter »oh ja« und »geil«. Die Szene wurde immer absurder.

Ähnlich unangenehm kann es sich nur anfühlen, wenn man seine eigenen Eltern beim Sex erwischt, dachte ich beim Anblick des eifrigen Pussierens zwischen der Elster und ihrem dicken Schmuckstück. Es war verstörend und kaum zum Mitansehen.

Die beiden rieben sich nun gegenseitig an den Schenkeln rum, während Katja immer wieder ihre Brüste anfasste und behauptete, dass sie ganz steif und fest seien. Das war also Katjas Domina-Schulung … und natürlich ein schlechter Witz. Denn was ich vor mir sah, war kein Kundengespräch und keine Vorstellung, wie man sie von einer Dame, die für sich den Beinamen »Herrin« beanspruchte, erwarten würde. Zumindest hatte ich mir das nicht so vorgestellt.

Und das ging nicht nur mir so. Um mich herum sah ich betroffene Gesichter, Unverständnis, angedeutetes Kopfschütteln. Luzifera stand unverhohlene Verachtung im Gesicht geschrieben. Selbst Shakira hatte aufgehört, zu schluchzen, und starrte angeekelt und geradezu hypnotisiert auf das Schauspiel der Gigantinnen. Eigentlich mussten wir uns alle verarscht vorkommen.

Nun stand die Elster auf und zog Caroline von ihrem Stuhl hoch. »Los, lass uns gleich anfangen. Ich kann es kaum erwarten, dich in meine Finger zu bekommen. Ich will meine Geilheit an dir auslassen. Komm, du geiles Sklavenstück!«

Katjas Augenlider hingen immer noch auf Halbmast und auf ihrer Stirn erschienen rote Flecken. Sie schnurrte und gurrte und schob Caroline an ein stählernes Fesselgerüst. Dann begann sie, an den Schnüren rumzufummeln, die Carolines Korsett zusammenhielten.

Jetzt geht's also ans Eingemachte, dachte ich und zog in Erwägung, meinen Blick so lange auf einen imaginären Punkt auf der Lacktapete zu richten, bis das Ganze vorbei war.

In diesem Moment klingelte eines der Telefone in Larissas Schoß.

Ein jäher Ruck durchfuhr die Runde.

Geistesgegenwärtig entriss ich das fordernde Ding aus Larissas Obhut und sprang auf in Richtung Tür. Selbst wenn am anderen Ende der Leitung Jack the Ripper einen Termin bei mir vereinbaren wollte, war ich ihm zu Dank verpflichtet. Er würde mir Anlass geben, diesen Raum zu verlassen.

Ich sauste vorbei an den beiden geilen Turteltauben, die verwirrte Blicke austauschten, offensichtlich ernüchtert durch die gemeine Unterbrechung. Die Elster ließ den feuchten Schnabel und die gierigen Krallen hängen, und Carolines Korsettschnüre sanken zu Boden.

In geschäftiger Eile riss ich die Tür auf, markierte mit einem wichtigen Nicken die Gewissenhafte und war draußen. Den Gang hinunter flüchtete ich in unseren Aufenthaltsraum. Das Klingeln verstummte.

Ich sank auf das Sofa und starrte auf die Überreste dessen, was als leckeres Winterfrühstück begonnen hatte. Entgeistert fragte ich mich, was soeben geschehen war.

Ich war tatsächlich begierig gewesen auf die Inszenierung einer erfahrenen, abgeklärten Domina. Ich hatte erwartet, sie könne mich alleine durch ihre vernichtende Ausstrahlung und rhetorische Brillanz beeindrucken. Daran hätten auch Katjas Schlabberpulli und ihre Turnschuhe nichts ändern können. Doch nun war ich Zeugin einer Nummer geworden, die ich, mangelnde Erfahrung hin oder her, eher unter »Gierige lesbische Schlampen lecken sich nass« ins Regal einer Schmuddel-Videothek stellen würde.

Die plötzliche Ernüchterung traf mich wie ein harter Schlag. Die Tatsache, dass ich Katja als Lehrdomina abschreiben konnte, war schlimm. Noch schlimmer war allerdings, dass mein Ideal einer professionellen Herrin ganz offensichtlich mit der Realität kollidierte.

Es war zum Verzweifeln: Eigentlich stellte ich mir darunter eine geheimnisvolle Lady vor und hatte sogar geglaubt, hinter Katjas ungekämmten Haaren und ihren unförmigen *Ulla Popken*- Klamotten eine solche zu finden. Sie verkörperte aber wohl doch eher eine Domina, die dem Abziehbildchen eines Vamps in einer billigen Sekt-Werbung glich. Vielleicht hatte sie ja zu Hause Poster von Demi Moore im Film *Striptease* hängen und verspürte den innigen Drang, dieser abgegriffenen Ikone nachzueifern.

Die Frage, die sich mir aufdrängte, war: Was suchte ich überhaupt in diesem Haus, in dem mir eine quietschende, sabbernde Porno-Tante beibringen wollte, wie man *geil* wirkt? Und zugleich steif und fest behauptete, zehn Jahre als Domina gearbeitet zu haben. Was und wen hatte sie in all den Jahren eigentlich dominiert?

Plötzlich stand ich im Niemandsland der absoluten Verunsicherung. Ich hatte jetzt mehr Fragen als zuvor. Und ich fühlte mich verarscht.

Nun, eins stand zumindest fest: Katja konnte in meinen Augen nicht länger als Herrin bestehen. Sie war für mich ab jetzt eine verzweifelte, grobe und unbeherrschte Puff-Mutter mit zweifelhaften Ansichten von weiblicher Verführungskunst. Von ihr würde ich so wenig über weibliche Dominanz lernen wie von Spongebob.

Diese Erkenntnis beruhigte mich gleich wieder etwas. Ich musste in Zukunft nicht mehr darauf hoffen, dass irgendeine Angestellte oder Chefin eines SM-Studios mit derartigen Prioritäten mir als Lehrmeisterin dienen konnte. Ich würde ab jetzt das tun, was mein Vater mir immer geraten hatte: mein eigenes Ding machen, meinen eigenen Weg finden. Das hatte bisher immer ganz gut funktioniert.

Ich kehrte in unseren bizarren Seminarraum zurück, um mir den Rest der Vorstellung reinzuziehen. Vielleicht würde es sogar noch lustig werden.

Vor der Tür hörte ich bereits die gedämpfte Stimme der Elster und ein leises Klatschen und Rasseln. Ich konnte nur ahnen, was sich dahinter abspielte: Wahrscheinlich leckte Caroline gerade Katjas Nippel und sagte ihr, was für eine geile Herrin sie doch sei. Wahrscheinlich war Caroline mittlerweile nackt und stand an Armen und Beinen gefesselt da, und eine Welle weiblicher Brunft würde mir entgegenschwappen. Würden die Zuschauerinnen, beeindruckt von dieser meisterhaften Vorstellung professioneller Dominanz, mit aufgerissenen Augen dasitzen und sich ihrer eigenen Mittelmäßigkeit schmerzhaft bewusst sein?

Als ich den Raum betrat, war Caroline tatsächlich gefesselt. Glücklicherweise hatte sie aber noch was an.

So unauffällig wie möglich ging ich zum Bett und setzte mich wieder. Neben mir war Luziferas Gesicht zu einer starren Maske aus Ablehnung und Widerwillen geworden. Die anderen Frauen sahen eher gelangweilt aus, gaben sich aber allesamt den Anschein, interessiert zu sein. Nur Shakira saß mit großen Augen da und saugte jedes Wort, jede Geste höchst aufmerksam ein. Sie war offenbar froh, dass ihr

endlich mal jemand zeigte, wie man sich als Domina angemessen *geil* verhielt in so einem SM-Studio … Ich hoffte,
dass Luzifera ihr später unter vier Augen all das sagen würde,
was sie als eingeschüchterte Jungdomina nicht wissen
konnte. Auch, dass hier irgendetwas schieflief. Und zwar
gewaltig.

Endlich beendete Katja ihre Vorstellung. Sie blickte in
die Runde und fragte in herrischem Tonfall: »Und? Habt
ihr das jetzt alle verstanden?«

Sie erntete ein allgemeines Murmeln und begann, mit
weit ausgebreiteten Armen zu predigen: »Also, Mädels, ich
will einfach, dass ihr euch Folgendes vorstellt. Ihr müsst
euch in den Gast hineinversetzen. Ihr müsst ihn von der ersten Sekunde an am Schwanz packen. Und das meine ich
auch wörtlich. Ihr könnt dem ruhig schon mal zwischen die
Beine fassen im Vorgespräch.«

Wie bitte?

»Der Gast soll denken, dass ihr ihn haben wollt, um jeden
Preis. Er soll sich privilegiert vorkommen. Er will doch spüren, dass ihr geil auf ihn seid. Was ihr anschließend macht,
ist ihm völlig egal. Dann könnt ihr während der Session ruhig auch mal die Highheels ausziehen oder euch die Nase
putzen.«

Katja lief jetzt langsam im Zimmer auf und ab. Im Hintergrund rüttelte die vergessene Caroline verlegen an ihren
Ledermanschetten. Sie hatte wohl doch keinen sonderlich
großen Auftritt gehabt. Katja sah uns an und ihre Augen
glänzten. Röte breitete sich über ihr Gesicht. Sie sah aus wie
ein kleines Mädchen, das vor ihren Klassenkameradinnen
ein Referat über ihre Zuchtkaninchen hält.

»Ach ja, und dann … noch das hier …« Katja ging rasch
zu einem der metallenen Bettpfosten und griff sich ein le-

dernes Ding, das dort hing. Zuerst erkannte ich nichts in dem Gewirr der schwarzen Lederriemen. Doch dann sah ich, was die Elster in ihren Krallen hielt.

Ein kompliziertes Spielzeug, das den wunderschönen Namen »Dildo-Maske« oder auch »Fick-Harness« trägt. Eigentlich ist es ein Ball-Knebel, der vorne dran eine kleine lederne Platte hat. An der Platte ist ein dicker, schwarzer Dildo befestigt. Das Ganze ist so mit Riemen versehen, dass man es um den Kopf eines Menschen schnallen kann. Praktisch handelt es sich um eine Maske mit zwei gegenüberstehenden Dildos. Der kürzere ist für den Mund des Sklaven, auf den größeren außen kann sich eine Frau setzen und sich in die Ekstase reiten – zumindest theoretisch.

Dieses Utensil nun hielt Katja hoch und rief mit begeisterter Stimme: »Das hier, das dürft ihr nicht vergessen!«

Ich blickte erst nicht ganz durch, was sie damit meinte. Sollten wir nicht vergessen, das Ding regelmäßig abzustauben, oder wie?

»Nehmt die Dildo-Maske so oft es geht mit in eure Session, Mädels. Was meint ihr, wie der Gast abgeht, wie geil der euch am Ende wird, wenn ihr ihm die aufsetzt!«

Katja hielt das schwarze Ledergewirr hoch über ihren Kopf wie ein Priester die Hostie. In ihren Augen glitzerte der pure Enthusiasmus. Unsere skeptischen Blicke schienen ihr allerdings nicht zu entgehen, denn sie fuhr fort:

»Mensch, jetzt habt euch nicht so! Ihr dürft euch nicht immer so zieren. Schnallt das Eurem Sklaven zur Belohnung um und besorgt es euch ein bisschen auf seinem Gesicht. Ist doch nix dabei. Aber den Kunden, den habt ihr dann sicher. Der geht nie wieder in ein anderes Studio! Versteht ihr!?«

Kein Raunen ging durch die Runde, nur die Augen

wurden ungläubig aufgerissen. Welch toller Rat. Hieß das, dass jede Domina sich so einen Dildo-Knebel im Internet kaufen sollte, damit sie es sich in Zukunft am Ende jeder Session richtig schön versaut geben konnte – auf dem Gesicht des Sklaven, wohlgemerkt?

Als Katja die Gesichter ihrer Nachhilfeschülerinnen sah, ließ sie den Harness nach unten sausen. Zorn kroch auf ihr eben noch so begeistertes Gesicht: »Also, das kann ich ja wohl von euch erwarten, oder? Wenn unsere Umsätze derart in den Keller gehen, muss jede von euch einfach das Maximum geben. Da kann ich doch verlangen, dass ihr geile Aktionen in der Session macht. Die Männer wollen doch so was, das wisst ihr!«

Das Bett knirschte. Luzifera stand auf. Ihr dünner, weißer Leib schraubte sich neben mir in die Höhe, und der Skorpion auf ihrer Schulter gewann an Größe. Sie stemmte nicht die Hände in ihre Hüften. Sie fing nicht an zu motzen. Sie stand ganz still da in ihrem schlichten Lederkleid und sah Katja an. Die Elster guckte etwas verwirrt. Dann ruckte sie das Kinn vor und blaffte: »Willst du irgendwas sagen?«

Die Angesprochene wartete noch einen Moment. Dann sagte Luzifera ruhig: »Katja, ich sehe nicht ein, dass du so was von uns verlangst. Wir arbeiten hier als Dominas. Und ich dachte immer, dass solche Dinge nicht in unser Repertoire gehören. Ich will als Domina ernst genommen werden und nicht meine Fotze auf dem Gesicht von irgendeinem Kunden über einen Dildo stülpen.«

Katjas Gesicht zerfiel in zwei Hälften. So sehen Menschen aus, die nicht gewohnt sind, dass man ihnen widerspricht. »Du hast also ein Problem, ja?«, ätzte sie.

Doch der Skorpion blieb standhaft und duckte sich nicht

zwischen ihre Schulterblätter: »Ja, Katja, das habe ich. Und ich bin bestimmt nicht die Einzige.«

»Woher willst du das wissen?«, krächzte die Elster aufgebracht. Auf einmal erschienen wieder rote Flecken auf ihrem Gesicht. Und weit und breit kein Nutella-Glas in der Nähe …

Luzifera legte nach: »Die Frauen hier müssen selbst entscheiden, was sie tun und wer ihnen unten reingucken darf. Die Dominas sind im Prinzip nicht für so was da. Stell lieber ein paar normale Huren an, denen kannst du dann Dildo-Masken austeilen. Aber verlang das nicht von uns. Wenn wir solche Sachen hier anbieten, werden keine SM-Gäste mehr kommen. Das ist doch total nuttenmäßig. Wir sind kein Bordell, sondern ein SM-Studio. Und ich arbeite hier als Herrin und sag dir gleich: Ich mach so was nicht, das kannst du vergessen.«

Ich sah zu Luzifera hoch. In diesem Moment war sie nicht mehr die düstere Dürre, die ihr Essen hochwürgte, sondern meine persönliche Heldin.

Doch die Elster nahm die Herausforderung an. In klassischer Heldenmanier pfefferte sie die Dildo-Maske ins nächste Eck, straffte die Schultern und holte aus zum K.-o.-Schlag: »Von dir magersüchtiger Schlampe muss ich mir nicht sagen lassen, wie ich meinen Laden zu führen habe!«, schrie sie.

Der Skorpion zuckte nicht einmal.

»Du bist so eine gruselige Person, mit dir will doch sowieso kein Gast was zu tun haben!«, setzte Katja nach.

Aber Luzifera ging nicht zu Boden, sondern parierte: »Katja, eines Tages wirst du dir hier einen Puff herangezüchtet haben. Du warst mal so stolz auf deinen Laden, auf dein SM-Studio, weißt du noch? Aber sag mir ein Studio in Deutschland, wo sich die Frauen so was bieten lassen müssen.«

»Die Frauen in anderen Studios sind halt einfach besser als ihr. Die brauchen so was ihren Gästen gar nicht erst anzubieten.«

»Ach, du meinst, wir haben das nötig, weil wir sonst nichts draufhaben?«

Ich lauschte gebannt und wäre vor Luziferas Ruhe und Sicherheit am liebsten niedergekniet. Sie hatte ja so recht. Katjas Methoden waren eher im Werbefilm eines Puffs anzusiedeln, nicht in einem SM-Studio, wo Damen arbeiteten, zu deren Berufsethos es im Allgemeinen gehörte, »unberührbar« zu sein.

Doch die Elster holte noch einmal aus: »Wenn's dir hier nicht passt, dann kannst du ja gehen. Such dir doch ein anderes Studio. Mal sehen, ob du dich da wohler fühlst.«

»So? Du kannst also auf meine Umsätze verzichten? Na, dann können deine finanziellen Sorgen ja nicht allzu groß sein.«

Zack. Das saß.

Katja holte zu einem letzten verzweifelten Schwinger aus.

»Ach, dich will doch sowieso niemand mehr haben, dich mit deinen Knochentitten.«

Das klang so armselig, dass sich keine Reaktion darauf lohnte. Luzifera sagte nichts mehr. Aufrecht verließ sie den Raum.

Die Nachhilfestunde war gelaufen.

Katja fiel nichts Besseres ein, als uns am Ende noch einen letzten guten Ratschlag reinzudrücken: »Wenn euch das mit der Dildo-Maske zu arg ist, könnt ihr euch meinetwegen auch lecken lassen.« Das war die passende Krönung ihrer Schulung.

Mit hängenden Armen und entgleistem Gesicht verließ Katja das Studio. Ich hoffte, dass ihr diese Aktion wenigstens ein bisschen peinlich war.

Larissa war die Erste, die zur Normalität zurückfand. Sie befreite Caroline, die während der ganzen Diskussion am Pranger gestanden hatte, aus ihren Fesseln. Zerknirscht und gedämpft verließen wir den »Seminarraum«. Die Telefone schwiegen noch immer, und ich war mir sicher, dass niemand das bedauerte.

Im Aufenthaltsraum räumte Luzifera in aller Seelenruhe ihren Spind aus.

Katja saß auf dem Sofa und schaufelte wieder Nutella in sich hinein. Zwischen einzelnen Löffeln sagte sie immer wieder: »Mensch, Luzi, jetzt sei doch nicht bös … Das war doch nicht so gemeint … Versteh mich doch auch …«

Doch Luzifera ging nicht darauf ein. Sie machte den Reißverschluss an ihrer Tasche zu und sah die Elster mitleidig an.

»Ist schon gut, Katja. Wir passen nicht zusammen, das wissen wir doch schon länger, oder? Ich wünsch dir alles Gute.«

Und dann ging sie. Einfach so. Staunend und etwas wehmütig sah ich der dünnen Frau hinterher, wie sie die Treppe hinunterstieg mit ihrer schweren Tasche. Ich begriff, dass sie vielleicht die einzige Frau im Studio *Medea* gewesen war, die mein Ideal geteilt hätte. Die vielleicht dem edlen Bild, das ich von einer Domina hatte, nahe gekommen war. Zumindest war sie die Einzige gewesen, die den Mund aufgemacht und den Plänen der Elster etwas entgegengesetzt hatte. Alle anderen hatten gekuscht. Wahrscheinlich trösteten sie sich damit, dass Katja sowieso niemals die Kontrolle darüber haben würde, wer von uns sich von den Kunden die

Muschi lecken ließ. Oder ob diese absurde Dildo-Maske zum Einsatz kam.

Später erfuhren wir, dass Luzifera in derselben Stadt ein eigenes Domina-Studio in einem angemieteten Keller eröffnet hatte. Eine ernstzunehmende Konkurrenz zum *Medea* …

Jemand was zu knabbern?

Wohlerzogen zu sein ist heute ein großer Nachteil. Es schließt einen von so vielem aus.

OSCAR WILDE

Als ich in einem Zeitungsartikel las, dass ein Mann seinem schwulen Partner ein Staubsaugerrohr in den Enddarm eingeführt hatte, dachte ich mal wieder: *Meine Güte, es gibt Leute, die bei der Verteilung des gesunden Menschenverstandes vom lieben Gott offenbar übersehen worden sind.*

Nur laufen diese Leute tatsächlich frei rum, und zwar nicht nur in Staubsaugerabteilungen von Kaufhäusern, sondern auch in SM-Studios. Es sind diejenigen, die anrufen und Dinge sagen wie: »Hallo, ich bin der Heinz. Also, ich möchte gerne einen Einlauf mit Brennspiritus. Geht das?« Es sind aber ebenso diejenigen, die dort arbeiten und sich *Domina* schimpfen – und das zuweilen bar jeder Kompetenz.

Einige meiner Kolleginnen im *Medea* hatten Techniken drauf, die durchaus das Zeug hatten, in der Zeitung zu landen – und zwar in der Sparte »Vermischtes«. Dies fiel mir umso mehr auf, nachdem Luzifera gegangen und mir die Möglichkeit genommen war, bei ihr Nachhilfestunden zu nehmen. Nun musste ich mich nach anderen Kolleginnen umsehen, von denen ich etwas lernen konnte.

Da gab es Kassandra, die von Katja immer so gelobt wurde. Kassandra, die ich ängstlich beäugte, von der ich meinte, sie sei ein seltsamer Freak, eine Außenseiterin, eine unheimliche Person. Herrin Kassandra, die geheimnisvolle, verschwiegene Lady, die angeblich so gut und speziell drauf war, dass ihr keine das Wasser reichen konnte.

So war mir Luzifera anfangs auch erschienen. Ich hatte sie wegen ihres Äußeren für ungeeignet gehalten, mir beibringen zu können, was eine echte Domina ausmacht. Sie hatte mich inzwischen eines Besseren belehrt. Vielleicht kannte Herrin Kassandra ja doch ein paar Spielarten, die etwas Besonderes waren, begehrenswert für eine wie mich, die keine Lust hatte auf 08/15-Spielchen.

Kassandra war Mitte vierzig und Katjas Lieblingsschmuckstück. Im Internet wurde sie als »Psycho-Domina« angepriesen. Dort stand, sie beherrsche meisterlich die Kunst psychischer Manipulation und subtiler Demütigung.

In der Tat, Herrin Kassandra gab sich während ihrer Sessions nicht mit läppischen Fesselspielen zufrieden und auch nicht mit Wald- und Wiesen-Masochisten. Wozu heißes Kerzenwachs, wenn man gleich eine Zigarette auf den Brustwarzen eines willigen Narbensammlers ausdrücken konnte? Wozu eine ordinäre Akupunkturnadel, wenn es auch Sicherheitsnadeln sein konnten – am besten durchs Augenlid? Harter Militärdrill, Schlachtungs-Rollenspiele, Folterszenarien à la Guantanamo und psychische Erniedrigungen waren Kassandras absolute Spezialität, dementsprechend kamen zu ihr nur die ganz abgebrühten Burschen.

Herrin Kassandra wollte ihren *Gästen* das Gefühl geben, dass man bei ihr jederzeit auf das Schlimmste, Absurdeste und Unverträglichste gefasst sein musste. Immer, wenn im Studio von ihr gesprochen wurde, hörte es sich so an, als sei sie das Krasseste, Gefährlichste und Geheimnisvollste unter der Sonne und erst recht in der Dunkelheit eines Kerkers.

Auf ihrer Internetseite umschwebte sie eine Aura absoluter Unbarmherzigkeit: ein kalter, stechender Blick über einem unbewegten Mund.

Als Kassandra mir das erste Mal über den Weg lief, wurde mir freilich klar, dass ihr Photograph nicht gerade sparsam in die Retuschierkiste gegriffen hatte. Sie musste wahrlich keine besonders fiesen Sachen sagen, um einen Mann zu ängstigen – ihr Anblick allein verhieß schon, dass sich hinter ihrem Raubfischblick ein tiefer Abgrund auftat. Von Make-up hatte sie offenbar noch nie etwas gehört; ihre Stirn war ein Sammelbecken für alle möglichen Lichtreflexe, die sich in ihren speckig glänzenden Aknenarben sammelten. Weder der Gebrauch von Nassrasierern noch von Schuhcreme schien ihr vertraut, und von Zahnpasta oder gar Parfüm hielt sie wohl erst recht nichts. Diese Frau umschwebte eine Art ungelüftetes Geheimnis, das ihr ebenso hartnäckig anhaftete wie der dezente Geruch nach fehlenden Waschgelegenheiten. War diese Mischung vieler mittelschwerer äußerer Unzulänglichkeiten gar ihre persönliche Art, die exquisiten Grausamkeiten, die auf ihre Opfer warteten, schon optisch anzukündigen?

Was machte sie bloß so erfolgreich? Wie schaffte sie es, dass Männer sich von ihr fesseln ließen? Dass Männer dafür bezahlten, mit Kassandra alleine in einem dunklen Raum zu verbringen? Ich musste erfahren, was es mit der offensichtlichen Beliebtheit dieser Frau auf sich hatte, die aussah, als sei sie aus einem Altkleidercontainer gekrochen.

Es musste doch etwas geben, das Männer in die Knie zwang und das nichts mit ihrem Äußeren zu tun hatte.

Bei nächster Gelegenheit fragte ich Kassandra, ob sie mich mal bei einer ihrer Sessions zugucken lasse. Sie sah mich mit völlig unbewegtem Gesicht an, aber in ihren Augen begann es zu glänzen. Mit leiser, sogar angenehmer Stimme antwortete sie: »Sicher darfst du das. Aber« – sie hob die Augenbrauen – »funk mir nicht dazwischen. Das ist meine Show.«

Eines schönen Tages nahm Kassandra mich also mit in eines der größeren Studios. In diesem herrschte die bedrohlichste Atmosphäre des ganzen Hauses. Es war eines der wenigen Zimmer, in denen *kein* Bett stand. Ein dunkler Kerker mit braunem Fliesenboden wartete darauf, dass die Schreie des armen Schweins, das sich in diese Gemäuer begeben hatte, an den violetten Wänden widerhallten.

Im Studio wartete bereits Kassandras Gast – nackt, gefesselt an ein riesiges Spinnennetz aus Stahlseilen, ein Prunkstück des Raumes. Des Weiteren harrten darin noch ein Pranger und eine Streckbank darauf, um in Herrin Kassandras Show zur Geltung zu kommen.

Kassandra hatte mich auf dem Weg darüber aufgeklärt, dass der Mann das erste Mal bei ihr war und sie erst mal eine Weile brauchen würde, um die richtige Atmosphäre aufzubauen. *Wunderbar,* dachte ich, *die Grundlagen der Psycho-Dominanz, das praktische Schritt-für-Schritt-Programm für Einsteiger.*

Wir traten vor das nackte Opfer, das in den eisernen Schlingen des Spinnennetzes zappelte. Ich schätzte den Mann auf Anfang dreißig. So, wie er aussah, hatten ihm seine Eltern in der Kindheit verboten, Gruselfilme zu schauen, und jetzt hatte er Nachholbedarf. Mit nichts anderem war sein gieriger Blick auf Kassandra zu erklären, die heute eine zerschlissene schwarze Federboa zu einem speckigen Lederkostüm trug, das sie eigentlich nur in demselben Laden erworben haben konnte, aus dem auch Rudis grüne Stiefel stammten.

Das Spinnenopfer war blass wie ein Stück alte Seife. Im unrasierten Gesicht konkurrierten tiefe Augenringe mit schwarzen Bartstoppeln. Er hieß Ingo und war offensichtlich einer der Männer, die Zigaretten als Grundnahrungsmittel betrachteten, sich ansonsten von Tütensuppen ernährten und selten an die frische Luft gingen. Ingo brauchte wohl einen Kick – ein Erlebnis, das ihm mehr gab, als sich Abend für Abend bei schlechten Pornos einen runterzuholen. Es sah so aus, als passten er und Kassandra gut zusammen.

Meine Kollegin blieb neben mir an der Tür stehen und fixierte den ausgestellten Körper erst mal eine ganze Weile mit stechendem Blick. Ingo wurde nervös, sein Blick unruhig. Er wusste nicht, ob er seine Peinigerin begrüßen sollte. In Ermangelung der Möglichkeit, ihr unaufgefordert die abgetragenen Stiefel zu küssen, war das ohnehin nicht einfach. Wenn er jetzt irgendetwas sagte, hieß es: »Hab ich dir erlaubt, mich anzusprechen, Wurm?!« Solche Fallen stellen Dominas gerne auf, und die Sklaven tappen permanent rein.

Ingo nicht. Er schwieg, wusste allerdings nicht, wohin er schauen sollte. Kassandra setzte sich in Bewegung. Langsam ging sie mit knallenden Schritten auf Ingo zu, bis sie ganz nah vor ihm stand. Sie breitete die Arme aus, legte sie an die Stahlseile des Netzes und drapierte ihren Kopf direkt neben Ingos Gesicht. Die beiden konnten jetzt sicher gegenseitig ihren Atem riechen. Irgendwie war ich froh, dass ich an der Tür stehen geblieben war.

Herrin Kassandra drückte sich nun mit ihrem ganzen Leib an den Nackten, und sein haariger Schwanz hüpfte augenblicklich nach oben. Dabei hinterließ er eine glänzende Schleimspur auf ihrem Lederrock, als sei eine Nacktschnecke daran entlanggekrochen.

Ingo war offenbar mächtig beeindruckt von dieser Eröffnung. Es lief keine Musik, es brannten keine Kerzen, und dennoch war der Gast völlig gefangen von der Atmosphäre, schmiegte sich an die stumme Frau vor ihm und starrte ihr gebannt in die Augen.

Ich musste mir eingestehen: Das machte Kassandra gut. Allein durch ihre Gegenwart hatte sie Ingo an sich gebunden, nur durch ihre wortlose, geheimnisvolle Anwesenheit seine ganze Aufmerksamkeit an sich gerissen. Sie fing nun an, seine Arme zu streicheln, und ließ ihren Atem über seine Wange streichen. Das war offenbar Teil ihrer ganz besonderen Handschrift; damit schaffte es eine Frau mit so offensichtlichen Makeln also, die Lust eines Mannes zu erobern: mit nichts anderem als weiblicher Nähe. Herrin Kassandra spielte Schmusekatze. So weit, so gut. Aber zunächst auch verwirrend.

Ingo war jetzt völlig hingerissen; er hatte genießerisch die Augen geschlossen und gab sich Kassandra voll und ganz hin.

Ein schlimmer Fehler.

Im nächsten Moment knallte ihre Hand mit voller Wucht in sein Gesicht. Ingo riss erschrocken die Augen auf.

Jetzt lief die Psycho-Domina zur Hochform auf. Sie stand in einem Meter Abstand vor ihm und stemmte die Hände in die Hüften. Ihr Blick loderte unheilvoll. Ingos linke Wange lief knallrot an. Als beleidige die einseitige Färbung ihren Sinn für Ästhetik, knallte Kassandra ihm auch noch die andere Hand ins Gesicht. Sein Kopf schlug gegen die Stahlseile, ein rhythmisches Zucken ging durch das Netz. Selbst ich verzog kurz das Gesicht, als habe mich ebenfalls ein Schlag getroffen.

»Lady Elvira?«, erinnerte sich Kassandra an meine Anwesenheit.

Langsam löste ich mich von der Tür und näherte mich meiner Lehrmeisterin, die ungeduldig mit den Fingern schnippte. *Jetzt wird's spannend,* dachte ich. *Jetzt werde ich das mit dem Angstmachen lernen.*

Wie würde Herrin Kassandra ihr geheimnisvolles Schweigen brechen? Mit knappen Befehlen voll Härte und Schärfe, bei denen Ingo wie unter Peitschenhieben zusammenzuckte? Mit unheilvollen Reden epischen Ausmaßes, die ihn vor Angst zusammenschrumpfen ließen? Würde sie mit vernichtenden, messerscharfen Fragen bis auf den Grund seiner verlorenen Seele vorstoßen?

Kassandra sah mich herausfordernd an. »Lady Elvira, siehst du dieses …« – sie machte eine Kunstpause – »… Insekt?«

Aha, »Insekt« also … »Ja«, hauchte ich.

Auf einmal schien Ingo zu merken, dass er nicht alleine war mit der Frau, die ihm gerade ohne Vorwarnung beinahe eine Gehirnerschütterung verpasst hatte. Flehentlich richtete er seinen Blick auf mich und schien mich stumm zu bitten, meiner Kollegin Einhalt zu gebieten. Aber es gibt eine Regel, die jeder kennt, der in ein SM-Studio geht: Wem es zu viel wird, bittet um Gnade. Wer das nicht tut, hat noch nicht genug. Ingo offensichtlich auch noch nicht. Sein Schwänzchen hing zwar nach diesem Schock nur noch auf Halbmast, sank aber auch nicht tiefer.

Die Schleimspur auf Kassandras Lederrock glänzte immer noch. »Was hat das niedere Insekt gedacht?«, raunte sie. »Dass es hier stehen und mich mit seinem ekligen Sekret beschmutzen kann?« Kassandra krallte ihre Hand um das Kinn des Opfers im Spinnennetz. »Weißt du denn nicht, was man für gewöhnlich mit Insekten macht?«, zischte sie Ingo zu.

»Weißt du überhaupt, wer hier vor dir steht?«

Ingo hatte bis jetzt auf keine ihrer Fragen geantwortet. Er fragte sich wahrscheinlich gerade ernsthaft, mit wem er sich da eingelassen hatte. Was hätte er auch erwidern sollen? *Ja, Herrin Kassandra, ich bin eine eklige Köcherfliegenlarve und nicht würdig, von dir angesehen zu werden, du allmächtige Königin dieses Termitenhaufens, der sich Menschheit nennt.* Das wäre eine originelle Antwort gewesen, aber Ingo war dazu natürlich nicht in der Lage. Desorientiert starrte er abwechselnd die Krater auf Kassandras Stirn an und in ihre Augen. Darin entdeckte er wahrscheinlich die Bestätigung, dass sie das fleischgewordene Böse war, denn sein Gesicht nahm endlich den panischen Ausdruck an, den Kassandra bei ihm wohl sehen wollte.

Ihre Stimme wurde nun weicher: »Ich werde dir zeigen, wer ich bin. Damit du gleich mal weißt, dass du bei mir nichts zu lachen hast.«

»Ich lach doch gar nicht.«

Oha! Ingo zeigte Mut! Beinahe hätte ich ihm aufmunternd zugenickt. *Zeig's ihr, Ingo!* In seinen Augen stand ein aufmüpfiges Blitzen.

Das sollte er bitter bezahlen. Kassandras Klaue landete ein drittes Mal in seinem Gesicht. Ingo versuchte auszuweichen und knallte dabei wieder gegen das Spinnennetz. Ich an seiner Stelle wäre jetzt böse geworden. Plötzlich musste ich an den Film *Die Fliege* denken und stellte mir vor, wie dumm Kassandra aus der Wäsche schauen würde, wenn Ingo plötzlich Fühler wachsen würden und er sie mit behaarten Chitin-Beinen packen und zerbeißen würde, während seine Facettenaugen mir zublinzelten.

Kassandras Stimme riss mich aus meinen Phantasien. »Lady Elvira, bitte bring mir mal die Klammern. Dieses niedere Wesen hier versteht meine Sprache nicht.«

Was wäre das für ein Spaß, wenn ich jetzt sagen würde: »Hey, hol dir doch deine Klammern selbst! Ich quäle keine Tiere!« Aber brav und neugierig, wie ich war, ging ich zur Wand gegenüber und pflückte ein Pärchen Nippel-Klammern von der Wand. Ohne lange zu fackeln, packte Kassandra Ingos haarige Brustwarzen und spannte sie in das Maul der Klammern. Und seine Reaktion? Kein Zucken, kein Mucken. Offensichtlich fand Ingo die Klammern langweilig. Sein genervter Blick traf ihre Hoheit Kassandra die Schreckliche unvorbereitet. Sie merkte wohl, dass sie sich anstrengen musste, um die Fäden in der Hand zu behalten. Also griff sie an die Klammern, drehte sie um 180 Grad und zog dran. Ingo verzog das Gesicht. Seine Erektion lag in den letzten Zügen.

»Du solltest nicht so frech sein! Sonst wirst du es bereuen«, zischte sie. »Weißt du, was du bist?«

Wieder ein tiefer Griff in ihre angsteinflößende Rhetorikkiste. Welche drastischen Bezeichnungen aus der Tier- und Pflanzenwelt hatte sie wohl noch in petto?

»Du bist nur ein nutzloses Stück Fleisch! Ein missratener Fehler der Natur. Eigentlich sollte ich dich gleich zertreten. Aber bevor ich das tue, will ich meinen Spaß mit dir haben.«

Plötzlich jaulte Ingo gequält auf. Eine der Klammern war von seiner Brustwarze abgerissen und hatte ein Stück Haut mitgenommen. Blut sickerte in Ingos schwarzes Brustfell.

Mein Hirn war auf einmal so leer wie Kassandras Blick. Irgendwie tat mir plötzlich alles weh.

Erbarmungslos befestigte sie die Klammer erneut am lädierten Nippel und genoss wieder voll und ganz die Aufmerksamkeit ihres Opfers. Mit ungläubigem, leicht panischem Blick starrte Ingo sie an. Sein Schwanz sah mittlerweile aus wie eine verkümmerte, schrumpelige Möhre. Das mit dem Angstmachen beherrschte Herrin Kassandra tatsächlich.

»Ich werde dir jetzt eine kleine Geschichte aus meiner Kindheit erzählen«, kündigte sie an.

Ach je, was kommt denn jetzt?

»Ich habe nie mit meinen Puppen oder Teddybären gespielt, weißt du?«

Ja, ergänzte ich still, *wahrscheinlich hast du stattdessen mit dem Rasenmäher Nacktschnecken überfahren.*

»Weißt du, was ich mit ihnen gemacht habe?«, flüsterte Kassandra mit zitternder Unterlippe. »Ich habe ihnen mit der Schere Arme und Beine abgeschnitten. Und weißt du auch, warum? Weil sie mir so besser gefallen haben. Und weil es mir Spaß gemacht hat, sie zu verstümmeln, während sie sich nicht wehren konnten, die armen Kleinen!«

Ich hatte geahnt, dass in ihrer kindlichen Sozialisation etwas schiefgelaufen war.

»Deswegen vergehe ich mich gerne an ausgelieferten Wesen wie dir.« Sie blickte ihn stechend an. »Soll ich dir auch die Arme und Beine abschneiden, Ingo? Oder vielleicht dieses erbärmliche Organ hier?« Sie krallte ihre Finger um Ingos Penis-Überreste. Er guckte völlig fassungslos. Ich fragte mich jetzt ernsthaft, warum er nicht darum bat, nach Hause gehen zu dürfen.

Kassandra fuhr fort: »Und meine Kollegin Lady Elvira wird mir helfen, dich dreckigen Evolutionsfehler fertigzumachen. Nicht wahr, meine Liebe?« Sie wollte mich zur Mittäterin machen.

Plötzlich wandte Kassandra sich mir zu, und mich traf der Blick eines hilflosen Haifisches, der zu sagen schien: *Jetzt mach doch auch mal was! Ich weiß grad nicht weiter!*

Ingos Gesichtsausdruck erinnerte an jemanden, der in

einem schlechten Kinofilm sitzt, aber keine Lust hat zu gehen, weil er sein Geld sowieso nicht zurückbekommt. Armes Viech.

Was hatte mir Kassandra eingeschärft? »Funk' mir ja nicht dazwischen, das ist meine Show.« Nun ja, *diese* Show konnte niemand mehr ruinieren.

Los, Elvira, sagte ich mir, *zeig ihr, was du drauf hast. Du bist doch eine viel bessere Domina als diese Geisterbahn auf Beinen. Rette, was du retten kannst! Wenn schon nicht Ingo, dann wenigstens dein Gewissen. Lass dich von dieser Psychopathin nicht zur Verbündeten machen.*

Kurzentschlossen lief ich um das Stahlseilnetz herum und stellte mich hinter das Opfer. Ich schlang meine Arme um seinen Oberkörper, streichelte mit den Fingerspitzen um die beklammerten Brustwarzen und flüsterte ihm ins Ohr: »Lieber Ingo, du musst jetzt sehr tapfer sein, denn ich werde euch beide nun verlassen.«

»Hä? Was machst du?«, schnappte Kassandra entsetzt.

»Mir ist nämlich gerade eingefallen, dass ich ja noch einen Sklaven in der Küche an die Heizung gekettet habe, und nach dem muss ich jetzt mal sehen, sonst verschmort er vielleicht.«

Ingo lehnte sich sehnsüchtig an mich, die dünnen Stahlseile drückten gegen meine Brust. *Bitte geh nicht,* wollte mir sein Körper wohl sagen, *lass mich nicht allein mit dieser Wahnsinnigen!*

Aber für mich war diese Vorstellung hier gelaufen. Nicht ohne einen letzten, gutgemeinten Rat: »Mach bitte alles, was Lady Kassandra von dir verlangt. Sie ist nämlich eine sehr, sehr böse Frau, die Teddybären die Arme abschneidet. Und vielleicht tut sie dir ganz arg weh, wenn du ihr nicht gehorchst. Ich denk an dich.«

Ich drückte ihn einmal kurz an mich, dann löste ich mich und ging zur Tür. Ein sehnsüchtiger, enttäuschter Blick der gequälten, stummen Kreatur folgte mir. Ein böser, verwirrter von Herrin Teddykiller.

Ich schloss die Tür und ging zurück in den Aufenthaltsraum. Dabei schickte ich ein Stoßgebet gen Himmel in der Hoffnung, dass Ingo noch genug Eier hatte, dem Ganzen selbst ein Ende zu machen und einfach zu sagen: »Weißt du was, du Schreckschraube? Mir reicht's, ich geh heim.«

Auf dem Sofa saß unsere Vorzeigesklavin Caroline, die sich von Larissa den fleischigen Rücken massieren ließ. Ab und zu stieß sie einen leisen Laut aus, wie man ihn macht, wenn einem die Knochen weh tun. Sie hatte einfach zu große Brüste, da war ein Haltungsschaden nicht zu vermeiden. Ansonsten war es ruhig in diesem geheiligten Bezirk. Erleichtert, dem absurden Szenario mit Kassandra entronnen zu sein, ließ ich mich seufzend auf einen Sessel fallen. Draußen dämmerte es, im Aufenthaltsraum war es warm, und es roch nach Baby-Öl. Wenn das mal kein Gefühl von Geborgenheit erzeugen sollte …

Ich schloss die Augen. Die sogenannte Show, derer ich gerade Zeuge gewesen war, musste ich erst mal verkraften. Ja, es war lehrreich, Kassandras »Erziehungsmethoden« beizuwohnen. Nur eben anders, als ich es mir vorgestellt hatte. Vielleicht sollte ich sie dafür lieber bei Amnesty International melden und einen Spendenaufruf für alle armen Ingos dieser Welt starten.

Gerade überlegte ich mir, ob ich es wagen konnte, mir von Larissa auch mal den Rücken massieren zu lassen, da hörte ich das Unheil näher kommen: Gezeter auf der Treppe, polternde Schritte – und plötzlich stand Kassandra in der Tür. An einem Halsband zerrte sie Ingo hinter sich her.

Mir zerbrach eine Handvoll Salzstangen, die ich gerade aus der Schüssel auf dem Tisch nehmen wollte.

»Seht mal, was ich euch da mitgebracht habe, Ladys!«, trompetete das menschliche Insektenvernichtungsmittel und drückte Ingo mit seinem nackten Arsch auf genau den Sessel, auf dem ich vorhin meine Bluse abgelegt hatte. Sie schaute nun zwischen den Schamhaaren des armen Wesens hervor. *Danke, Kassandra,* knurrte ich in mich hinein.

»Dieses unwürdige Subjekt hier will mir nicht gehorchen, es taugt zu nichts«, verkündete sie und riss einmal kurz und heftig an Ingos Haaren. »Vielleicht strengt es sich ja mehr an, wenn ihn noch ein paar andere Herrinnen beobachten.«

Ingos Blick schwirrte verwirrt zwischen Caroline und Larissa hin und her. Kommentarlos zog die Erstere sich einen BH an, während Letztere fragte: »Wozu taugt denn dein Sklave überhaupt?«

Ich hätte mir ja eher die Frage gestellt, was diese Herrin in der Tür da taugte, aber darum ging es hier gerade nicht.

»Er ist zimperlich und aufsässig«, blaffte sie, »da habe ich mir gedacht, vielleicht taugt er ja zum Ausstellungs- und Amüsier-Objekt. Vielleicht strengt er sich ja an, wenn er vorgeführt wird?«

Ingo senkte den Kopf.

»Nicht wahr, du kleine Missgeburt, du wirst doch deine Herrin nicht blamieren, vor so vielen schönen Frauen, oder?«

Ingo wünschte sich in diesem Moment sicherlich an jeden anderen Ort der Welt als in diese Schlangengrube. Selbst ich zuckte kurz zusammen. Diese Art der verbalen Erniedrigung gehörte vielleicht auf einen Schulpausenhof in Berlin-Neukölln, aber gewiss nicht in ein SM-Studio.

Ingo riskierte einen scheuen Blick in die Runde, blieb an mir hängen, und seine Augenbrauen zogen sich flehentlich nach oben. Offenbar waren ihm die Amazone und die Walküre auch nicht ganz geheuer.

Jetzt stand Larissa auf und kam ihrer Kollegin zu Hilfe. Sofort und ohne Vorankündigung packte sie Ingos kümmerliches Schwänzchen: »Na, was ist das denn?«, krähte sie. »Was soll denn dieser kleine Schrumpel-Schwanz!« Larissa unternahm eifrige, offensichtlich gutgemeinte Anstrengungen, Ingos verunglückte Geilheit zu reanimieren, indem sie mit der flachen Hand darauf herumklopfte. Das schien Ingo durchaus besser zu gefallen als alles Bisherige, denn der in seiner Ehre gekränkte »Schrumpel-Schwanz« trat Herrin Larissa rasch in voller Größe entgegen.

»Ja, los, wir wollen deine Geilheit sehen, du nutzloses Stück Dreck!« Kassandra war offensichtlich dankbar für diese Art der Unterstützung. Sie schwitzte, und aus ihrem Versuch einer Hochsteckfrisur hingen etliche Strähnen in ihre traurige Federboa.

Caroline hatte nichts dazu zu sagen. Sie kraulte nachdenklich ihre Waden und sah ihre dominante Kollegin an, als wüsste sie nicht recht, ob sie sich an diesem Spiel beteiligen sollte. Beiläufig griff sie sich ein Salzstängelchen und begann, es vorsichtig anzunagen.

Das brachte Kassandra auf eine Idee. Die Herrin des Grauens schnappte sich ebenfalls eine Salzstange und schubste Larissa von ihrem Opfer weg. »Hast du Hunger?«, flötete sie Ingo zu, der mit einem gelangweilten Kopfschütteln antwortete. »Du hättest auch gar nichts zu essen bekommen, du Sklavenschwein«, ergänzte sie triumphierend.

Nun zeigte Kassandra tatsächlich so etwas wie Phantasie: Sie griff mit der Linken Ingos gerade zum Leben erwachtes

Glied, und ehe er verstand, was da passierte, musste er zusehen, wie die Salzstange in seiner Harnröhre verschwand. Schwupp – weg war sie.

Weil Ingo bis zu diesem Moment wahrscheinlich immer noch glaubte, dass das alles nur ein Spiel war, kam er gar nicht auf die Idee, sich zu wehren. Fragend und mit leicht verzerrtem Gesicht schaute er auf seinen Penis, von dem er bis zu diesem Moment nicht gedacht hatte, dass er mal als Köcher für etwas dienen musste, was er normalerweise vor dem Fernseher knabberte. Ob er sich so die Fingerfertigkeit einer kompetenten Domina vorgestellt hatte?

Kassandra packte nun Ingos gestopftes Genital und drückte darauf herum. Das leise Knirschen einer zerbrechenden Knabberstange ertönte.

»So, jetzt weißt du, wie es sich anfühlt, das Belustigungsobjekt von Herrin Kassandra zu sein. Da wird man nämlich zur Not auch mal mit 'ner Salzstange gefickt, gell!«

Irgendwie konnte ich sie ja verstehen: Wer in seiner Kindheit Stofftiere zerstückelt, hat möglicherweise auch lebendigen Wesen gegenüber ein anderes Verhältnis. Vielleicht hatte sie das mit den Salzstangen mal auf einem ihrer Kindergeburtstage ausprobiert.

Ich rutschte unruhig auf meinem Sessel hin und her. Das hier war ein Fall von Körperverletzung. Und vielleicht für echte Zivilcourage. Müsste ich nicht dazwischengehen? Mein gesunder Menschenverstand schrie mir zu: *Tu was, sitz nicht einfach nur rum und schau zu! Leg dieser Irren das Handwerk!*

Aber ich tat nichts dergleichen. Ich war wie gelähmt, und eine andere, unsicherere Stimme in mir flüsterte mir beschwörend zu: *Lass sie einfach machen. Sie ist eine erfahrene Domina, die weiß, was sie tut. Sonst würde sie ja wohl nicht hier arbeiten, oder ...? Sie hat sich sicherlich über die medizinische Verträglichkeit einer Knabberstange informiert und macht nichts, was sie nicht vertreten kann.*

Also blieb ich sitzen und starrte Kassandra verstört an. Diese ließ ein triumphierendes Lachen hören. Sie hatte ihre Mission gerettet, den Auftrag zu einem glücklichen Ende geführt. Ihr Ruf als Psychopathin war wiederhergestellt.

Larissa fiel in das Lachen ein und kreischte: »Wenn du nachher abspritzen darfst, sieht deine Sklavensahne bestimmt lecker aus. Was meinst du, kannst du das Salzstängelchen wieder rauswichsen?«

»Ja, genau«, hakte Kassandra nach, »du geiler Wurm, fang an zu wichsen, hier vor aller Augen. Wir wollen sehen, wie du abspritzt – oder besser: abkrümelst.«

Kassandra und Larissa verfielen in ein bösartiges Lachen, als hätten sie sich noch nie so köstlich amüsiert. Larissa trieb Ingo mit Schlägen auf seine Oberschenkel an. Der nahm mit der Begeisterung eines Roboters seinen Schwanz in die Hand und begann, mechanisch an ihm herumzureiben. Sein Blick war leer. Er wünschte sich sicher nichts anderes, als dass all dies endlich vorbei wäre.

Ich stand auf. Plötzlich hatte ich das Bedürfnis, allein zu sein. Ich würde mich in der Dusche einschließen und vielleicht kotzen.

Ich verließ den Ort des Schreckens. Mein schlechtes Gewissen machte mich fertig. Ein Teil von mir fühlte sich beschmutzt. Ich hätte die Bilder am liebsten aus meinem Gedächtnis gejagt. Ich hatte nicht erwartet, jemals so einer Szene beiwohnen zu müssen. Aber war das nicht naiv? Was hatte ich eigentlich gedacht? *Hallo! Das hier ist ein SM-Studio! Ein Schmelztiegel für die verrücktesten und abartigsten Phantasien und Praktiken, zu denen Menschen fähig sind!*

Trotzdem, die Salzstange im Penis eines Kunden und das ganze verbale Drumherum hatten mich geschockt. War das nicht doch irgendwo einfach abartig, krank, respektlos? Ingo würde mit Sicherheit beim nächsten Gang zum Klo Blut und Krümel pinkeln. Besser nicht dran denken. Kann man eine Domina eigentlich wegen Körperverletzung verklagen?

Ich ging in die Küche, kochte mir einen Tee, trank ihn im Stehen und wartete, bis im Aufenthaltsraum wieder reine Luft war. Von oben hörte ich das Kichern und Kreischen der Dominas. Irgendwann wurde es ruhiger. Als ich zurückkam, war Ingo fort. Auf dem Boden lagen Krümel und im Mülleimer ein riesiger Haufen Servietten. Meine Bluse auf dem Sessel war völlig zerknüllt. Ich warf sie mit spitzen Fingern in den Wäschekorb.

Die Haustür unten schlug zu. Ich schaute aus dem Fenster. Ingo war auf dem Nachhauseweg. Mit hochgezogenem Jackenkragen eilte er auf ein parkendes Auto zu. Er ging gekrümmt, und sein Anblick versetzte mich plötzlich in derartige Wut, dass ich beschloss, Kassandra zur Rede zu stellen. Berufserfahrung hin oder her, sie sollte nicht glauben, dass ich ihren barbarischen Ideen Beifall zollte.

Aber genau das erwartete sie offensichtlich, denn als ich mich umdrehte, stand sie mit gerötetem Gesicht im Türrahmen und steckte sich die Haare wieder hoch. Beifallheischend sah sie mich an. Ich konnte nur ahnen, wie sie sich jetzt fühlte. Sie, die altgediente Herrin, hatte der jungen, lernwilligen Kollegin mal so richtig die menschlichen Abgründe aufgezeigt. Unerschütterlich und ohne äußerliche Regung hatte sie der kleinen Lady Elvira vorgeführt, was wahre Härte, wahre Unbarmherzigkeit war. Sie war sichtlich stolz auf ihre Leistung und erwartete natürlich ein Feedback.

Mit gönnerhaftem Blick sagte sie: »Na, ich hoffe, das war nicht zu krass für dich.«

Wie ich sie hasste in diesem Moment! »Doch, es war mir zu krass. Und weißt du auch, warum?« Meine Stimme klang wie Gefrierbrand. »Weil das nichts war, was man mit einem Menschen machen sollte, egal ob Sadomasochist oder nicht. Das war scheiße! Und ich glaube nicht, dass es ihm gefallen hat.«

Kassandra packte sofort das klassische Pauschalargument aus: »Ach was, der hat das doch gebraucht! Der wollte das!«

»Ach ja? Willst du mir jetzt erzählen, dass er auch noch gekommen ist?!«

»Frag doch nicht so heuchlerisch, das geht dich gar nichts an!«

»Na also – wahrscheinlich hat er geblutet! Du spinnst doch! Weißt du eigentlich, was du da getan hast?«

Jetzt hatte ich Kassandras ganzen Zorn auf mich gezogen. »Halt deine unreife Fresse!«, schrie sie los. »Woher will so eine Klosterschülerin wie du schon wissen, was ein Mann, der zu *mir* kommt, wirklich braucht?! Ich hab dir gesagt: Misch dich nicht in meine Angelegenheiten ein!«

»Hab ich ja dummerweise auch nicht. Hätte ich mal machen sollen. Der Ingo hat jetzt garantiert eine entzündete Harnröhre! Findest du das noch vertretbar?«

»Mein Gott, das war total harmlos! Und jetzt halts Maul! Wenn du so etwas nicht vertragen kannst, dann geh doch woanders arbeiten. Das hier ist ein SM-Studio und kein Streichelzoo!«

Ich versuchte, ruhig zu bleiben. »Ich dachte auch, dass wir ein SM-Studio sind. Du führst dich hier allerdings auf wie in einem Tierversuchslabor.«

Kassandras Augen verengten sich, doch nun schwieg sie.

Es war ein Schweigen der finsteren, bedrohlichen Art. Würde sie vor Wut genauso unvermittelt auf mich losgehen wie auf Ingo? Aber Kassandra holte nur Luft, dann zischte sie: »Sprich mich bloß nie wieder an, du kleine Zecke! Sonst kannst du was erleben! Ich hab's nicht nötig, mich von dir maßregeln zu lassen, verstanden?«

Sie drohte mir – sie, die Frau mit der sozialen Kompetenz eines Schaufelbaggers und den rhetorischen Fähigkeiten einer Sonderschülerin, die zu oft billige Pornos gesehen hatte. Das passte zu ihr. Doch ich war jenseits davon, mich einschüchtern zu lassen: »Ach, ja? Und was machst du dann mit mir? Schiebst du mir dann eine Brezel unten rein?«

Larissa tauchte plötzlich in der Tür auf. »Wer fickt wen mit 'ner Brezel?«, wollte sie mit großen Augen wissen.

»Ach, hau du bloß ab! Du hast doch auch mitgemacht!«, schrie Kassandra jetzt, und ihre Federboa hustete Daunen auf den Boden. »Die Elvira fand die Aktion mit der Salzstange *verantwortungslos*!« Sie machte eine abfällige Geste in meine Richtung.

»War's auch«, gab Larissa achselzuckend zu. »Aber was soll's – der kommt sowieso nicht wieder.«

»Seid ihr eigentlich von allen guten Geistern verlassen?«, rief ich. Larissa blies in das gleiche Horn wie ihre psychisch gestörte Kollegin.

Ich fühlte mich hier plötzlich fehl am Platz. Von diesen Praktiken, von dieser Einstellung, von diesen beiden »kompetenten« Dominas konnte ich mich nur distanzieren.

»Jetzt hab dich doch nicht so«, sagte Larissa leichtfertig. »Wer hier reinkommt, muss das aushalten.«

Damit war offensichtlich alles gesagt. Kassandra verzog sich schimpfend in Richtung Bad, Larissa verschlang die letzten Salzstängelchen, und ich war kurz davor, mich zu übergeben.

Ich würde nie wieder Knabberzeugs essen können, ohne an das Innere von Penissen denken zu müssen. Und ich beschloss endgültig, mir nie wieder Inspirationen von einer Frau zu holen, die die Berufsbezeichnung »Domina« trug, ohne dass da viel dahinter war. Ich musste meinen eigenen Weg finden.

Mit Stil, Charme
und Ikone

She was 15 and coming of age. Years of watching old Betty Grable movies and sneaking glances at her father's Playboy magazines had actually convinced her that real women were supposed to wear seamed stockings and garter belts.

»You can call her oldfashioned«,
The Orange County Register, April 2006
(Bericht über Dita von Teese)

Meine Kolleginnen im *Medea* entpuppten sich mehr und mehr als Ausfall. So kam es, dass ich mir Anregung und Inspiration, Vorbilder und Ideen anderswo besorgen musste, außerhalb der Mauern dieses verrückten Studios.

Diese Suche nach neuen Mustern ging einher mit einer persönlichen Veränderung: Eines Tages hatte ich keine Lust mehr, herumzulaufen wie eine gerupfte Fledermaus. Dummerweise gab mein Gothic-Kleidungsbestand nicht mehr her. In meiner Kommode paarten sich Nietengürtel- und -armbänder mit kettenbehängten Hosen und ledernen Fingerhandschuhen. In einer Schachtel lagen Buttons mit Aufdrucken von A wie *Another Day in Hell* über G wie *Graveyard-Girl* bis S wie *Satan Fucked ME*. Ich hatte verschiedene Größen von Sicherheitsnadeln, die ich mir abwechselnd in die Ohrlöcher oder in die Aufschläge meiner Klamotten bohrte. Außerdem rasierte ich mir jede Woche einen Under-Cut und machte mit meinen Lack-Springerstiefeln im

Treppenhaus der Uni und meines Wohnhauses einen gewaltigen Lärm. Meine Rocksäume waren ausgefranst und ich roch so sehr nach Patchouli, dass ein Kommilitone ostentativ die Nase rümpfte und mich stöhnend fragte, aus welcher Gruft ich denn ans Tageslicht gekrochen sei.

So ging das nicht weiter. Irgendwann hatte sich der Reiz des bösen, verlotterten Grufti-Mädchens abgenutzt, ich hatte keine Lust mehr auf schwarze Ledermäntel und Totenkopf-Anhänger. Ich verbannte alle aggressiven Accessoires aus meinem Kleiderschrank und beschloss, die kleine rasierte Glatze, die sich um meinen Nacken und meine Ohren zog, wieder von Haaren überwuchern zu lassen. Nach und nach kaufte ich mir Kleidung, die mir *wirklich* gefiel und die ich mir nicht aus dem Verlangen heraus zulegte, grundsätzlich anders und unheimlich auszusehen.

Ich verhökerte Springerstiefel und Nieten auf dem Flohmarkt und legte mir ein schwarzes Samtkostüm und Mary-Poppins-Stiefelchen zu. Jetzt hörten sich meine Schritte auf der Straße genauso spitz und hart an wie im Treppenhaus des *Medea*.

Zu weiteren modischen Innovationen animierte mich mein Lieblingsladen. Er lag fernab der Einkaufsströme in einer Seitenstraße und er wies zwei Besonderheiten auf. Erstens wurde dort ausschließlich Zeug verkauft, das man fast nirgendwo sonst finden konnte. Manches davon war so verrückt wie Unterwäsche aus Bonbons, Nudeln in Totenkopfform, Blumentöpfe mit Dildo-Blumen, Zahnpasta mit Whiskey-Geschmack und Bildbände über Sex und Fetisch und schwule nackte Männer. Das lag vielleicht daran, dass in dem Laden nur schwule Männer arbeiteten – das war die zweite Besonderheit. Mit langgliedrigen weißen Fingern packten sie die erstandene Ware in schwarzes Lackpapier, wickelten Schleifen aus Silberdraht drum und leckten sich dabei genießerisch die Lippen.

Ich kaufte oft in diesem Laden ein, und die Typen dort kannten mich schon. Eines Tages stand ich am Büchertisch und blätterte in einem Buch über Kochrezepte, die in Mafia-Filmen vorkommen. Da stellte sich plötzlich einer der Verkäufer neben mich, riss mir das Kochbuch aus der Hand und legte einen riesigen aufgeschlagenen Bildband vor mich auf den Tisch. Ohne weiteren Kommentar wackelte er mit schwingenden Hüften davon, wobei er mir verführerisch zuzwinkerte und die Wangen ein wenig einsaugte. Irrte ich mich, oder schienen mir seine Pobacken zum Abschied zuzuwinken?

Ich warf einen Blick auf diese dezent präsentierte Literaturempfehlung. Vor mir lag das Bild einer Frau. Was ich darauf sah, sprang mich förmlich an. Eine Frau mit schwarzen, gewellten Haaren und schneeweißer Haut stand mit abgewinkelten Armen, deren Ellenbogen ihre Brustwarzen verdeckten, vor einer weißen Wand. Unter ihren Brüsten schnürte ein atemberaubendes Korsett mit Spitzenapplikationen ihre Taille ein. Ihre elfenbeinfarbigen Schenkel wurden von schwarzen Nylons umhüllt, die von breiten Strapsen gehalten wurden, die aus dem Korsett rauswuchsen. Ihre zarten, sehnigen Füße endeten in altmodischen Pumps mit langen Absätzen. Um den Hals trug sie ein filigranes, schwarzes Collier, und in ihrem Haar waren weiße und schwarze Blüten. Die Unterarme, die ihren Busen verdeckten, steckten in transparenten Spitzenhandschuhen, das Gesicht war im Stil der fünfziger Jahre geschminkt. Schlichtweg ein Traum-Outfit.

Was mich aber am meisten bannte, war der Ausdruck, mit dem diese Frau ihre edlen Dessous präsentierte. Ihre

Augen waren ein bisschen verengt, die eine Augenbraue ganz leicht hochgezogen und der Mund zu einem entzückenden, asymmetrischen Lächeln verzogen. Ihr Blick war irgendwie verschmitzt und herausfordernd zugleich. Ihre ganze Gestalt hätte wohl bei jedem Mann ein Einknicken der Kniegelenke bewirkt. Dabei machte sie gar nicht mal einen auf dominant und unberührbar. An ihr war nichts Hartes, Überhebliches oder der Ausdruck von etwas Herrischem. Trotzdem strahlte sie etwas Distanziertes aus, etwas Unerreichbares. So wie das Bild der Mona Lisa im Louvre hinter der Absperrung, das man nur aus einer Entfernung von drei Metern bewundern darf.

Das ganze Gesicht hatte gleichzeitig auch etwas Wissendes und Triumphales an sich. Dennoch hatte man keine Angst vor der Frau. Denn ihrem Ausdruck wohnte trotz aller Erhabenheit eine liebevolle Einladung inne, sich ihr zu nähern. So sah eine Frau aus, die etwas von ihrer Schönheit und von ihrem Wissen teilen wollte, etwas abgeben wollte, um damit Freude zu verbreiten. Sie war das, was ich suchte: der Inbegriff einer Herrin.

Ich war sprachlos. In diesem Moment wusste ich, dass alles in mir darauf gewartet hatte, dieser Frau zu begegnen, von der ich bisher nur eine ungefähre Ahnung gehabt hatte.

Ich blätterte schnell ein paar Seiten um und sah, dass diese wunderschöne, edle Frau überall zu sehen war. Ich klappte das Buch zu, um zu sehen, um wen es sich handelte. Es war Dita von Teese – die wunderbare Burlesque-Tänzerin, das schönste Fetisch-Modell, die Verkörperung einer antiquierten Pin-up-Phantasie.

Ich ging mit dem Buch zur Kasse. Dort stand der Mann, der mir das Kochbuch weggenommen und mir stattdessen zu einer Art Offenbarung verholfen hatte. Er grinste, als er den dicken Bildband unter meinem Arm sah.

Ich lächelte ihn an. »Also, ich muss schon sagen, deine Empfehlungen schlagen ein wie Sternschnuppen. Weiß dein Chef davon? Hat er dich schon befördert?«, fragte ich ihn.

Er prustete in dieser typischen Kleinjungengeste, mit der Hand vor dem Mund.

»Ach, nein«, sagte er und winkte ab, während er seinen Kassen-Scanner über den happigen Preis meiner Neuentdeckung führte. »Aber ich dachte sofort an dich, als das Buch reinkam. Und da hab ich mir gesagt, ich helf ein bisschen nach, bevor du das Kochbuch kaufst und mir noch dick wirst.« Er kicherte wie ein Schuljunge im Aufklärungsunterricht.

Ich sah ihn forschend an: »Warum hast du an mich gedacht, als das Buch reinkam?«

»Na, ich hab mir eben gesagt, das könnte passen, nicht wahr?« Sein Blick war so unschuldig, dass es schon wieder verdächtig war. Hatte er mich etwa im Internet entdeckt?

»Das ist mir jetzt schon etwas unheimlich«, sagte ich misstrauisch.

»Ach, das macht doch nix. Hauptsache, du freust dich drüber. Ich glaube nämlich, du wirst eine Menge Spaß damit haben.« Das Wort »Spaß« betonte er so, als handle es sich um eine anstößige Sache. Der Typ wusste irgendetwas. Oder er konnte Gedanken lesen. Wie auch immer, Dita wanderte in eine schwarze Lacktüte, die mir mein schwules Orakel stolz über die Ladentheke reichte.

Ich trat mit dem angenehm schweren Buch hinaus auf die Straße und sah die Welt mit neuen Augen. In der U-Bahn ertappte ich mich bei einem verräterischen Gedanken. Ich stellte mir vor, wie ein ganz bestimmter Gast des *Medea* wohl reagieren würde, wenn er mich in einem Outfit sehen könnte, das dem ähnelte, was ich gerade in dem Buch entdeckt hatte: Conrad. Er tauchte immer wieder mal in meinen Gedanken auf. Ich dachte dann mit einer Mischung aus Fassungslosigkeit und dezenter Sehnsucht an ihn. Das Ganze hielt sich natürlich in Grenzen, denn so wenig erreichbar ich für einen Kunden war, so war es dieser Mann für mich. Allerdings ertappte ich mich dabei, wie ich manchmal Ausschau nach ihm hielt, in der Stadt, beim Einkaufen, beim Autofahren. Einmal hatte ich von hinten einen großen Mann mit längeren Haaren gesehen und war zusammengezuckt. Ich hatte förmlich darauf gewartet, dass der Kerl sich umdrehte – und als er es dann tat, war es ein verlottert aussehender Alt-Student mit Schnurrbart und Nickelbrille.

Ich hatte mich längst damit abgefunden, dass ich Conrad nicht einfach abhaken und vergessen konnte. Er war irgendwie stets präsent in meinem Hinterkopf, leise und dezent. Und ich war hin und her gerissen zwischen Ärger über mich selbst und einem geradezu zwanghaften Suchen nach ihm. Im Traum erschien ich ihm nachts in einer dunklen Gasse, eingehüllt in ein schwarzes, enges Kleid. Ich stellte mir vor, wie er fasziniert und hingerissen auf mich zukäme. Wie er seine Hände nach mir ausstrecken und ich ihm stattdessen in den Hals beißen und sein Blut trinken würde. Dunkle, pubertäre Gedankenspiele, wie sie wohl nur ein Gothic haben kann. Schöner und vor allem realistischer war es jedoch, sich vorzustellen, wie ich in einem derart edlen und verführerischen Outfit im *Medea* die Treppe hinabschweben und Conrad bei diesem Anblick seinen Termin bei Lady Alexandra kurzerhand auf mich umbuchen würde. Das genießerisch hinterhältige Lächeln, das sich bei diesem Gedanken auf meine Lippen stahl, würde dummerweise wohl auch gleich wieder verschwinden, sollte mir Conrad noch einmal über den Weg laufen. Ich würde dann höchstwahrscheinlich wieder in hilfloses Zittern und Schlottern verfallen – ob nun im Samtkorsett oder in Jeans und Winterjacke. Was hatte dieser Typ bloß mit mir angestellt?

Peu à peu erweiterte ich meine Garderobe. Ich ersetzte die billigen Halterlosen von *C&A* durch echte Naht-Nylons von *Agent Provocateur*. Ich investierte in ein Kostüm aus schwarzem Latex mit kleinen Rüschen an Rocksaum und Ärmeln, was mir etwas wunderbar Gouvernantenhaftes verlieh. Meine kurzen Lackfummel schenkte ich einer neuen Kollegin und besorgte mir stattdessen einen ledernen, knielangen Kostüm-Rock. Überhaupt tauschte ich die diversen Lacksachen, die in meinem Spind im *Medea* hingen, gegen andere Fetischkleidung aus.

Kein anderes Material wird so stereotyp mit Herrin-Sklave-Spielchen assoziiert wie Lack. Frustrierte Ehepaare bestellen sich zur Reanimierung ihres Sexlebens per Katalog für 35 Euro Lackteilchen, die nach dreimal Tragen völlig zerknittert sind und ihren Glanz eingebüßt haben. Lack ist mittlerweile sogar gesellschaftsfähig geworden. Selbst Textildiscounter haben es im Angebot. Beim Anblick meiner neuen Fetisch-Ikone Dita hatte sich dieses Thema für mich erledigt. Ich hatte keine Lust mehr auf dieses billige, plakativ »verruchte« Zeug.

Doch hätten all die Investitionen in edle Fetisch-Materialien nichts genutzt, wenn ich darin als orientierungslose Jungdomina herumgelaufen wäre. Nein, meine äußere Stil-Transformation spiegelte auch meine innere Weiterentwicklung. Dominanz war nun mal vor allen Dingen eine Sache der Ausstrahlung. Sie war nicht zu erreichen, indem man lediglich ein finsteres Outfit anhatte und mit dem Stiefel aufstampfte. Sie offenbarte sich am deutlichsten, wenn die Frau, die ihre dominanten Ventile öffnete, einfach nur sie selbst war. Ich begriff immer mehr, dass man Dominanz nicht spielen konnte. Der Eindruck, den ich bisher von einer Herrin gehabt hatte, entsprach nur dem immer wieder gleichen Abziehbildchen, das durchs Internet geisterte und auf das Männer angeblich abfahren. Nun drängte sich mir die Erkenntnis auf, dass es um viel mehr ging. Die unschuldig verschlagenen Blicke Ditas hatten es mir gezeigt. Ihre Bilder schufen Distanz durch das Edle und Extravagante, nicht durch Härte und Arroganz. Sie forderte einen auf, sich niederzuknien, aber nicht aus Angst, sondern aus Hingabe. Ihre Gesten und Blicke und ihre nostalgischen Klamotten hatten eine ganz konkrete Aussage: Komm spielen, Kleiner!

Und genau darum ging es ja. Der ganze SM-Zirkus war letztlich nichts anderes als ein Spiel für zahlungskräftige erwachsene Männer, die sich mit Ehebett-Pflichten bei ausgeknipster Nachttischlampe nicht zufriedengaben, und für phantasiebegabte Frauen, die nicht als Zahnarzthelferinnen oder Kaffee kochende Sekretärinnen arbeiten wollten. Das ganze pseudo-düstere und verrucht-brutale Gehabe der Dominas um mich herum war nur eine der vielen SM-Facetten. Für mich entdeckte ich stattdessen die verspielt-böse Variante.

Das ging einher mit der Veredlung meines Vokabulars. Subtile Worte verbreiten nämlich viel mehr Angst als das übliche Gefasel von »Drecksau«, »Auf die Knie, du Wurm!« oder »Wichs deinen Sklavenschwanz!«. Ich versuchte stattdessen zunehmend Phrasen wie: »Ich will deine Stimme

233

nur hören, wenn ich es mir ausdrücklich wünsche.« – »Findest du nicht auch, dass meine Stiefelspitzen noch ein wenig zusätzlichen Glanz vertragen könnten?« – »Leider gefällt mir weiße Haut nur an mir. Auf deinem Hinterteil finde ich einen Rot-Ton eher angebracht. Sag ja, wenn du mir zustimmst. Sag nein, wenn du gehen willst.«

Ich entdeckte die Macht des leisen Sprechens. Schon mein Vater meinte immer: »Schreien ist die Sprache der Unvernunft.« Recht hatte er. Nichts erzeugt so viel bedrohliche Nähe wie leise und zugleich harte Worte. Dann sind die Sklaven gezwungen, genau hinzuhören, die Konzentration steigt, und der Grad der Einschüchterung ist viel höher als bei einer kreischenden Herrin.

Leise ist wirkungsvoller als laut, Verbalflorett schlägt Holzhammerjargon – und Lachen kann grausamer sein als die finsterste Miene. Wie viel lustvoller war es doch, eine männliche Brustwarze mit einer Nadel zu durchstechen, während man sein Opfer dabei liebevoll anlächelte, anstatt dabei böse dreinzuschauen.

Ich entwickelte von nun an zunehmend ein Gespür für außergewöhnliche Bestrafungsmaßnahmen und Sklavendienste, die im *Medea* wahrscheinlich keine andere Domina anwandte. Eine meiner Innovationen bestand darin, dass ich einen Kunden in einen Käfig und ihm eines meiner Uni-Bücher durch die Gitterstäbe steckte: Kafkas *Prozess*. Ich setzte mich gemütlich neben den Käfig und befahl dem eingesperrten Mann, mein Vorlese-Sklave zu sein. Es ist viel lustiger (und nebenbei zeitsparender), sich derart herbe Lektüre von einem nackten, wehrlosen Mann mit Erektion vorlesen zu lassen, als selbst Energie darauf zu verwenden.

Durch Spielarten wie diese verdoppelte sich der Spaß an meiner Arbeit – und auch mein Selbstbewusstsein. Sehr bald schon fühlte ich mich jedem, der das *Medea* betrat, gewachsen. Ich gewann neue Stammgäste, die mich früher übersehen hatten; die alten, denen mein jugendliches, etwas schrilles Auftreten gefallen hatte, kamen zwar dafür nicht mehr, aber damit konnte ich leben.

Schon früh hatte Herrin Roxanne mir geraten, den Grad meiner Berührbarkeit und körperlichen Freizügigkeit selbst festzulegen.

Auch hierfür fand ich eine endgültige Lösung: Ich liebte es, mir die Füße massieren zu lassen. Ein Klassiker: Der niedere Stiefelknecht und devote Fußdiener massiert seiner anspruchsvollen Herrin gekonnt die zarten, bestrumpften Zehen. Ich ließ mir meine Füße in allen erdenklichen Stellungen kneten und streicheln, ob mit Strumpf oder ohne. Wenn ein Sklave sich besonders gut anstellte, erlaubte ich ihm, meine Zehen in den Mund zu nehmen. Dann leckten und lutschten, saugten und nuckelten sie an meinen Füßen mit derartiger Hingabe, als handle es sich um eine Delikatesse. Ich lehnte mich währenddessen zurück und genoss. In so einem Moment empfindet man sich als überaus schön und begehrenswert. Ich kann nur jeder Frau empfehlen, sich so oft und so lang wie möglich in ihrem Leben die Füße verwöhnen zu lassen. Nichts sonst gibt einem so sehr das geile Gefühl, erhaben und königlich zu sein.

Beim Verwöhnen meiner Zehen und Waden hörte meine Berührbarkeit allerdings auch schon auf. Als Folge meines Gesprächs mit Roxanne über das Thema Berührbarkeit (»Erlaub dem Sklaven einfach alles, was du selber geil findest und was dir nichts ausmacht.«) beschloss ich, meine Sklaven nur dann mit irgendetwas zu belohnen, was mit meiner nackten Haut zu tun hatte, wenn die Umstände stimmten – sprich, wenn ein Mann mir sympathisch war und ich Lust auf Berührungen hatte. Dafür entwarf ich drei Kategorien:

Stufe eins: Füße massieren. Das ließ ich immer zu, weil ich eine gewisse Schwäche dafür hatte.

Stufe zwei: Eine Handvoll Stammgäste besaß neben der Erlaubnis, meine unteren Extremitäten zu berühren, das Privileg, auch meinen Hintern oder meinen Rücken massieren und küssen zu dürfen – natürlich nur durch eine Lage Leder oder Gummi meiner »Arbeitskleidung« und auch nur deswegen, weil diese Männer sich als verflucht gute Fußmasseure erwiesen hatten.

Stufe drei: In den Genuss der absoluten Sonderausnahme kamen wenige ausgesuchte Gäste, die ohnehin schon eine Popo-Massier-Lizenz hatten. Sie durften meine nackten Brüste für kurze Zeit auf ihrer Netzhaut schimmern sehen. Manchmal nur von hinten durch einen Spiegel, aber immerhin.

Ich liebte es bei der Fußmassage besonders, mich in einen der im *Medea* aufgestellten Domina-Throne zu schmiegen, die Augen zu schließen und die Herren unter meinem Blickfeld arbeiten zu lassen. Das Schönste dabei war die Gewissheit, dass sie alle unglaublich und ehrlich dankbar waren über jeden Quadratzentimeter meiner Haut, den ich ihnen genehmigte. Sie legten sich ins Zeug wie Galeerensklaven, um mich ja nicht zu enttäuschen. Es war zu schön, die vorsichtigen, hingebungsvollen Finger und Zungen auf dem streng abgeriegelten Hoheitsgebiet meiner Fußsohlen zu spüren und – das Ganze jederzeit beenden zu können. Manchmal – aber nur manchmal – stellte ich mir dabei den gesenkten Kopf Conrads mit seinen spatzenfarbenen Haaren vor, wie er sich vor meinem Bein beim Massieren auf und ab wiegte.

Beim Surfen im Internet begegnete ich einigen Dominas aus anderen deutschen SM-Studios, denen es ähnlich ging. Es gab Frauen, die eine erlesene und liebevolle Art der Strenge ausübten. Ohne Geschrei und Gekreisch. Ohne Gossensprache. Ohne Dildo-Masken. Stattdessen im Bewusstsein, dass eine weiße Bluse viel dominanter ist als ein Oberteil aus Netz, bei dem die halbe Brust zum Fenster rausfällt. Alle diese Frauen strahlten eine distanzierte, hinterhältige Schönheit aus, verbunden mit subtiler Gefahr und fataler Verführung. »Verdiene es dir erst, mein Sklave zu sein«, verhießen ihre Mienen. »Beeindrucke mich, dann sehen wir weiter. Und denk daran: Ich bin anspruchsvoll.«

Viele dieser Herrinnen arbeiteten nicht in einem Studio mit anderen Frauen zusammen, sondern hatten ihre eigenen, privaten Studios, in denen nur sie sich verwirklichten. Ich begann mir vorzustellen, wie es wohl wäre, in einem eigenen, kleinen, persönlich eingerichteten Domina-Studio zu arbeiten, wo keine Männer an der Tür klingelten, die nur einen gerubbelt bekommen oder »gezwungen« werden wollten, Domina-Muschis zu lecken. Aber das waren momentan nur Luftschlösser. Immerhin hatte ich zumindest an meinem Arbeitsplatz meinen eigenen Weg gefunden.

Eines Tages beobachtete mich die Elster dabei, wie ich einen Gast verabschiedete. Bevor er die Treppe hinabstieg, ergriff er meine Hand, hauchte in vollendeter Gentleman-Manier einen Kuss darauf und sagte mit strahlenden Augen: »Lady Elvira, ich danke Ihnen für dieses erlesene Erlebnis. Ich werde wiederkommen. Denn Ihr Stil und Ihre Ausstrahlung geben mir zu denken, und ich werde heute Nacht von Ihren edlen Taten träumen.«

Ich gebe zu, dieser Kunde war ein Freund der blumigen Rede. Aber Katja hatte nur die Worte »erlesen«, »Stil« und

»edel« gehört und dass der Kunde mich mit »Sie« ansprach. Sie klopfte mir gönnerhaft auf den Rücken und sagte:

»Na, Elvira, du bist gar keine Jungdomina mehr, hm? Die Zeiten, in denen du hier das Nesthäkchen warst, sind wohl endgültig vorbei.«

Mein Lächeln war distanziert, denn ich fragte mich, wie diese Dildo-Maskenfetischistin das beurteilen wollte. Gleichwohl: Als ich am nächsten Tag einen Blick auf die Internetseite des *Medea* warf, war in meinem Profil das »Jung« vor »Domina« gestrichen.

Räuber und Gendarm
für Erwachsene

Eventually me n a friend
Sorta drifted along into s&m
I can take about an hour on the tower of power
long as I gets a little golden shower

FRANK ZAPPA, BOBBY BROWN

Eines Tages kündigte sich der Wahnsinn persönlich mit einem zaghaften Klingeln an unserer Tür an. Die blonde Traumfrau-Domina Undine ging, um zu öffnen. Ich blieb auf dem Sofa sitzen und las in Thomas Manns *Zauberberg*. Der Roman war zurzeit Thema im Literaturkurs. Ich kämpfte mich gerade durch ein Kapitel, das in mir die kleinstmögliche Menge an sexueller Energie erzeugte. Hätte die Elster mich bei dieser Lektüre erwischt, würde sie mir das Buch sicher weggenommen und mich gefragt haben, wie ich es wagen könnte, bei der Arbeit derart ungeilen Kram zu lesen. Vielleicht hätte sie auch geglaubt, dass *Zauberberg* der Name für einen multifunktionalen Dildo ist – was sie wiederum versöhnlich gestimmt hätte.

Die Literaturliste für die finale Prüfung hielt unendlich viele dicke Wälzer bereit, die ich alle noch lesen musste. Nur hatte ich manchmal einfach keine Zeit dafür. Immerhin, abends im Bett vor dem Einschlafen oder in meinem Lieblingscafé konnte ich mich auf die Perlen des akademischen Literatur-Kanons einlassen. Aber auch die freie Zeit im *Medea,* wenn gerade nichts los war und ich auf meinen nächsten Gast wartete, wollte genutzt sein. Es war allerdings verdammt schwierig, sich auf Hans Castorp und Ludovico Settembrini zu konzentrieren, wenn um mich herum halbnackte Frauen wuselten, ständig das Telefon klingelte und ich mich fragen musste, welche Gemeinheiten mein nächster Termin von mir verlangen würde.

Undine kam in den Raum zurück. Sie sah hilflos aus.

»Da sitzt ein Neuer in der Acht. Ich glaube, da gehst du besser mal rein.«

»Warum? Stimmt was nicht?«, wollte ich von ihr wissen.

»Ich weiß nicht. Irgendwie komisch, der Typ. Irgendwie unheimlich.«

»Ach so – und deswegen schickst du mich rein?« Ich lächelte sie an, schob den *Zauberberg* unter eines der Sofakissen, raffte mich auf und schnallte mir meine Highheels unter. Studio acht lag im Keller. Es war ziemlich klein. In dem Raum stand nur ein latexbezogenes Hochbett, in dessen Bettkasten ein Käfig eingelassen war. Außerdem baumelten ein paar Ketten von der Decke. Die Wände waren dunkelblau gestrichen, und die einzige Lichtquelle war eine Lichterkette, die an den Wänden entlanglief. Die klaustrophobische Wirkung des Raumes hatte Katja erst vor kurzem aufgelockert, indem sie die gesamte Längswand mit einem riesigen Spiegel verkleidet hatte. Rings um den Spiegelrahmen hingen die üblichen Spielsachen, unter anderem Peitschen, Knebel und eine Gasmaske. Also, hinein ins Vergnügen!

Ich öffnete schwungvoll die Tür – und blickte in die Mündung einer Pistole!

Ich erschrak so sehr, dass die normalerweise für solche Situationen von der Natur so nützlich angelegten Schutzreflexe vollkommen versagten. Stattdessen blieb ich einfach nur wie angewurzelt stehen und glotzte den Typen an, der mit einer Waffe auf mich zielte. Er blickte allerdings nicht besser drein als ich: ein angstvolles Gesicht, aufgerissene Augen, Zittern in der Hand. Der Mann war auffallend schmächtig, ein blasser, schlaksiger Lulatsch mit hervorstechendem Adamsapfel und abstehenden Ohren. Ein Exemplar, das in der Schule vermutlich täglich gehänselt worden war. Er war ganz in Schwarz gekleidet, was mir im Prinzip hätte sympathisch sein können. In diesem Moment sah ich jedoch nur die Schlagzeilen des nächsten Tages vor mir: *Amoklauf in SM-Studio – alle Dominas tot – Täter springt aus dem Fenster.*

Er fing an, mit der Waffe herumzufuchteln, und schrie mit schriller, überkippender Stimme: »Verschwinden Sie! Lassen Sie mich in Ruhe! Sie haben den Falschen! Hauen Sie ab, oder ich schieße!«

Ich war so perplex, dass ich nichts dergleichen tat. Er drückte ab.

Ein leises Klicken ertönte. Es war diese Art Klicken, das einen im Film immer wahnsinnig macht, wenn es aus der Waffe des Helden ertönt und der Bösewicht doch nicht unschädlich gemacht wird. So hörte es sich an, wenn kleinen Jungs beim Fasching die Platzpatronen ausgehen.

Erst fuhr ich zusammen. Dann erst entspannte ich mich und hätte sogar beinahe laut losgelacht, erleichtert, dass es sich wohl um einen schlechten Scherz handelte.

Dem Typen entglitt der Gesichtsausdruck. Seine Augen weiteten sich, und der Mund franste an den Seiten aus. Ungläubig starrte er die Plastikpistole an. Mit einem Scheppern fiel sie auf den Boden. Sein irrer Blick traf mich. So schauten vermutlich nur Leute drein, in deren Vorgarten gerade ein Raumschiff landet.

Was war hier los?

Ich stand immer noch bewegungslos an der Tür und wusste nicht recht, ob ich mich schon entspannen konnte, nur weil die Plastikknarre jetzt auf dem Boden lag. Vielleicht hatte er ja auch noch ein Lichtschwert oder eine kleine Neutronenbombe dabei?

Mein Gegenüber schlug die Hände über dem Kopf zusammen und stieß zwischen zusammengebissenen Zähnen hervor: »So eine Scheiße! Auch das noch! Jetzt ist es aus!« Und dann, an mich gewandt: »Na los, tun Sie es schon! Töten Sie mich! Sie werden sowieso nichts aus mir herausbekommen.«

Jetzt drang die Erkenntnis endlich auch in meine Gehirnwindungen: Der Typ inszenierte hier irgendein verrücktes Spiel. Und ich war unvermittelt hineingeraten. Jetzt gab es kein Zurück mehr – ich musste mitspielen.

»Jetzt mal schön langsam. Wie heißt du eigentlich?«, fragte ich ruhig.

»Sparen Sie sich Ihre Scheißfragen, Sie elender Spitzel! Ich werde Ihnen meine Identität nicht verraten. Dazu müssen Sie mich schon foltern«, kam es zurück.

Bei dem Angebot musste ich unwillkürlich grinsen. Denn auch wenn ich James Bond hasste – gegen den *Zauberberg* tauschte ich ihn gerade gerne ein.

Das Spiel hatte also schon begonnen. Um aber mit einsteigen zu können, musste ich erst mal wissen, was er überhaupt vorhatte. Ich versuchte es mit einer Frage, die ich jedem anderen auch stellen würde. Dabei bemühte ich mich um eine drohende Stimme:

»Was willst du hier?!«

»Oh, ich werde nicht so dumm sein, Ihnen das zu verraten – niemals! Außerdem ahnen Sie es ja selbst!«

»Na, dann weißt du sicherlich, dass du hier so einfach nicht mehr rauskommst.«

Auf einmal schoss der Typ in die Höhe und stürzte auf mich zu. Dabei stolperte er um ein Haar über einen schwarzen, ausgebeulten Rucksack, der am Boden lag. Er raffte seine Jacke auf, aus der ein Bündel mit Geldscheinen fiel.

Instinktiv drückte ich die Tür zu und stellte mich davor. Segelohr knurrte etwas Wütendes wie »Das werden wir ja sehen«. Nun versuchte der Hänfling, mich von der Tür wegzuzerren. Dabei stellte er sich so blöd an, dass schnell klar wurde: Judo, Krafttraining oder Spinat waren nicht Bestandteil seiner Jugend gewesen – eher Milchschnitten und Videogames.

Ich holte aus und scheuerte ihm eine, dass er einknickte. Er nutzte die Situation und ließ sich auf den Boden fallen und krümmte sich, dies alles dermaßen theatralisch, dass neben ihm selbst der sterbende Orpheus eine schlechte Figur abgegeben hätte. Mit schreckensgeweiteten Augen starrte er mich an und versuchte, von mir wegzurobben.

Da wurde mir klar, auf was es ihm ankam: Er wollte Angst haben! In seinem Kopf lief ein Film ab, in dem er als Agent oder Spion hinter die feindlichen Linien geraten war – und nun stand ihm Schreckliches bevor, dachte er.

Ich grinste: Das konnte er haben.

Ich riss ihm die Jacke aus der Hand. Mein Opfer wurde pathetisch: »Nehmen Sie alles, was ich habe. Mehr bekommen Sie nämlich nicht!«

Ich besah mir das Geldbündel, das mit einer Büroklammer zusammengeheftet war. Es waren 400 Euro. Fast zwei Stunden Zeit, sein Spiel zu spielen.

Ich packte Segelohr und war überrascht, wie leicht er war. Er wog vielleicht fünfzig Kilo, wenn überhaupt. Seine

Rippchen glitten mir förmlich durch die Finger. Ich überlegte, was ich mit ihm anstellen konnte. Vielleicht sollte ich ihn erst einmal wie Hänsel hinter Gitter sperren und mit dem Kühlschrankinhalt des *Medea* mästen.

Ich verfrachtete ihn mit einem Tritt in den Käfig und verschloss ihn. Er klammerte sich an die Gitterstäbe und guckte mich ängstlich an.

»Was werden Sie jetzt mit mir tun?«, wimmerte er mich an.

»Alles, was nötig ist, damit du redest, Kleiner! Du wirst mir alles sagen, was du weißt. Sonst reiße ich dir deine Fingernägel raus. Das hat schon oft gewirkt bei so obstinaten Schnüfflern wie dir.«

Huh, das war gut! Hörte sich fast an wie in den Agentenfilmen aus den Sechzigern.

»Nein! Bitte nicht!«, schrie der Knirps und rüttelte an der Käfigtür.

Ich knipste das Licht aus und ging. Das machten die doch in den Agentenfilmen immer, oder? Den gefangenen feindlichen Spion erst mal wegsperren, bevor man später zur peinlichen Befragung überging.

Ich atmete tief durch und kehrte zurück in den Aufenthaltsraum.

»Und? Machst du 'ne Session mit dem?«, fragte mich Undine, die sich seitlich aufs Sofa gelegt hatte und aussah wie Manets *Olimpia* in Fetischkleidung. Der *Zauberberg* war auf den Boden gerutscht.

Ich verstaute die 400 Euro in meinem Fach und merkte erst jetzt, dass ich die Jacke meines »Kunden« noch in der Hand hielt. »Ja. Er hat gleich gesagt, dass er zu mir will«, log ich. Ich konnte ihr ja schlecht erzählen, dass er mich mit einer Plastikpistole sozusagen dazu gezwungen hatte, sich seiner anzunehmen. Ich sah Undine an, die eine Strähne ihres goldenen Haares um ihre Finger gewickelt hatte, und stellte mir vor, wie sie mit dem schwarz gekleideten Freak Räuber und Gendarm für Erwachsene spielen sollte. Ich war bislang nie bei einer Session von Undine dabei gewesen, aber ich stellte sie mir immer recht zart und sinnlich vor. Jedenfalls schien sie keine Holzhammer-Domina zu sein.

Undine schaute mich erleichtert an: »Oh, danke, da bin ich echt froh. Ich hätte mit dem eh nicht gekonnt.«

»Ist schon gut. Ich bin dann jetzt mal für zwei Stunden weg.«

Ich tauschte mein kurzes Lederkleid gegen eine knappe Latexjacke und schlüpfte in meine kniehohen Highheels. Dann benutzte ich den schwarzen Lippenstift, den ich nur auftrug, wenn es wirklich hart zur Sache ging.

Plötzlich sah ich, dass aus der Jackentasche meines Gefangenen ein Zettel lugte. Ich zog ihn heraus, weil ich vermutete, dass es sich um einen sogenannten »Kundenwunsch« handelte. Manche Kunden schreiben ihre Phantasien auf, weil es ihnen zu kompliziert oder auch zu peinlich ist, sie vor der Domina direkt zu formulieren. Ich faltete das Blatt auseinander. Darauf war Folgendes zu lesen:

Geheimspion kommt in die Kommandozentrale eines feindlichen Landes. Dort wird er von einer Frau entdeckt und festgesetzt. Im Folgenden soll aus dem Agenten herausgepresst werden, was er im Schilde führt. Dazu soll ihm mit massiven, extremen Androhungen Angst gemacht werden. Die Agentin, die ihn foltert, soll sich über seine Angst lustig machen. Zwischendrin soll sie ihn immer wieder alleine im Dunkeln lassen, das macht ihm am meisten Angst. Wenn der Spion etwas von Raketen oder Atomsprengköpfen sagt, darf sie ihm nicht glauben und muss ihn weiterfoltern.

Außerdem will der Gefangene geohrfeigt werden, man soll ihm in die Eier treten und etwas benutzen, das sich in seinem Rucksack befindet … Das ist das Allerschlimmste für ihn, beschleunigt allerdings ein Geständnis. Zum Orgasmus möchte ich allein gelassen werden. Die Agentin soll später nachprüfen, ob ich zum Schluss gekommen bin. Der Agent nennt sich XPQ.

Aha. So stellte er sich das also vor. Ich freute mich, dass ich gleich instinktiv richtig gehandelt und ihn allein im Dunkeln zurückgelassen hatte. Allerdings bereute ich es jetzt, nie irgendwelche Agentenfilme angeschaut zu haben. Ein paar Fachausdrücke aus diesem Genre hätte ich gut brauchen können.

Als ich die Treppe hinabstieg, war mir trotz aller Freude auf das außergewöhnliche Rollenspiel etwas mulmig zumute. Mir war noch nie zuvor ein so abgefahrener Typ begegnet, der sich gleich ins Geschehen stürzte, ohne vorher zu fragen, ob die betreffende Herrin überhaupt geheimagententauglich war.

Was er wohl mit dem Ding meinte, das sich in seinem Rucksack befand?

Ich öffnete die Tür zu der kleinen Dunkelkammer und tastete nach dem Lichtschalter. Alles war still: keine Beschimpfungen, kein Rütteln an den Gitterstäben. Ich beugte mich hinunter und schaute mir mein Opfer an. Es lag schlaff und mit geschlossenen Augen da und stellte sich offensichtlich bewusstlos.

»Na, ist hier drin etwa zu wenig Sauerstoff?«, fragte ich ihn spöttisch und öffnete das Schloss. Doch mein Gefangener rührte sich nicht. Sein Gesicht war ganz entrückt, wahrscheinlich geilte es ihn mordsmäßig auf, dass er jetzt so zart und wehrlos vor der bösen Frau in Schwarz lag.

Ich schaute an ihm hinunter und sah, dass seine schwarze Hose vorne ausgebeult war. Na also.

Ich packte den Simulant kräftig bei seinen Eiern, worauf er sofort sein »Bewusstsein« wiedererlangte. Mit schreckensgeweiteten Augen starrte er mich an.

»Na, gut geschlafen, XPQ?«, fragte ich höhnisch.

»Woher kennen Sie meine Identität?«, wisperte er und versuchte erfolglos, meine Hände von seiner Hose zu zerren.

»Das war nun wirklich nicht allzu schwer. Was glaubst du eigentlich? Dass du hier einfach reinspazieren kannst, um rumzuschnüffeln? Und auch noch ungeschoren davonkommst? Wie blöd darf man in deinem Job eigentlich sein, he?« Ich schniefte verächtlich durch die Nase. »Und dann hast du auch noch die Munition vergessen? Weißt du was? Ich denke, du bist überhaupt nicht gefährlich für mich. Du hast dich sicher nur zum Fasching verkleidet, nicht wahr?«

Plötzlich durchrieselte mich ein feines Gefühl von Freude und Erregung. Das Spiel lief wie am Schnürchen. Meine anfängliche Unsicherheit und meine Sorgen, mit diesem Freak überhaupt klarzukommen, waren wie weggeblasen. Da spürte ich sie wieder: diese übersprudelnde Lust am Rollentausch, das erfrischende Prickeln, in ein neues Universum einzutauchen wie in einen kalten See. Dieses Gefühl stieg so plötzlich in mir hoch, dass ich mir gar keine Gedanken mehr zu machen brauchte. Meine Phantasie ließ mich nicht im Stich – wunderbar. Es war also nicht ganz falsch gewesen, dass ich in der Videothek immer am Regal mit den Agenten-Thrillern vorbeigegangen war. Und dass Ironie und Sarkasmus geradezu an mich heranschossen wie kleine Gedankenblitze, machte mich zusätzlich ein wenig stolz.

XPQ schnappte nach Luft, während ich seine Eier zusammendrückte, und japste etwas von Auftraggebern, die ich lieber nicht kennenlernen würde. Ich zerrte ihn aus dem Käfig und befahl ihm, sich auszuziehen. Zuerst versuchte er wieder, mich anzugreifen, doch zwei kräftige Ohrfeigen brachten ihn zur Vernunft.

Ich erschrak ein wenig, wie leicht mir das fiel: Einfach so die Hand vorschnellen lassen und *Patsch, patsch*!

War ich ein brutaler Mensch, wenn mir so etwas derart locker von der Hand ging? Aber er wollte es ja wohl nicht anders! Außerdem war sein Gemächt immer noch deutlich durch den Stoff seiner Hose erkennbar. Meine Ohrfeigen zeitigten offensichtlich einen anderen Erfolg als diejenigen, die Kassandra ihrem bedauernswerten Opfer verabreicht hatte.

Mit zitternden Fingern zog das Männchen an seiner schwarzen Kluft. Zum Vorschein kam ein Ganzkörperanzug aus Lycra, wie ihn professionelle Fahrradfahrer benutzen. Auf den Brustkorb war ein silbernes Dreieck genäht. Das Ganze sollte wohl wie ein Superhelden-Kostüm aussehen. Doch der glänzende schwarze Stoff schaffte es einfach nicht, sich beeindruckend über den schmächtigen Oberkörper zu spannen.

Unwillkürlich prustete ich los: »Ach, sieh an! Wen haben wir denn da? Spion Hühnerbrust, oder was?«

XPQ funkelte mich böse an und presste wütend hervor: »Das hier werde ich nicht ausziehen, egal, was Sie sagen.«

»Na gut, wenn du dich unbedingt lächerlich machen willst!« Ha, es fühlte sich richtig gut an, ihn zu verhöhnen.

Kurzerhand schnappte ich mir seine Ärmchen, und noch ehe er sich wehren konnte, hatte ich sie mit Handschellen an die Ketten gefesselt, die von der Decke hingen. Dabei achtete ich darauf, dass er mein Gesicht nicht sah. Es zuckte nämlich vor Anstrengung, nicht in hemmungsloses Gelächter auszubrechen. Diese Kreatur versuchte, eine todernste Atmosphäre zu verbreiten, sah dabei aber aus wie eine abgebrochene Spargelstange.

Da stand er nun vor mir, der Möchtegernagent in seinem schlabbrigen Superhelden-Kostüm, und starrte mich mit geweiteten Augen an, die wohl nicht recht wussten, ob sie furchtsam oder wütend schauen sollten.

Ich nahm die Gasmaske vom Haken und wollte sie dem Schmächtigen überstülpen. Er drehte den Kopf hin und her und schrie: »Was ist das?! Was soll das!? Was haben Sie vor mit mir?« Endlich schaffte ich es, das hässliche Ding über seinen Kopf zu bekommen. Jetzt schauten mich seine Augen aus den gruseligen Glaskreisen der Maske an.

»Ich werde dir jetzt ein paar Dinge sagen, du Witzfigur!«, sagte ich zu ihm. »Aber ich will, dass du mir genau zuhörst.«

Ich legte meine flache Hand über das Ende des Luftschlauches, der in die Maske führte, und drückte ihn zu. Wenn fehlender Sauerstoff mal kein Grund ist, Angst zu bekommen, weiß ich auch nicht.

Durch sein hastiges Einatmen entstand ein Vakuum an meiner Hand. Ich würde erst loslassen, wenn ich ihm gesagt hatte, was ihn erwartete.

»Also, XPQ, du befindest dich in einer echt beschissenen Situation, was? Du wirst mir jetzt verraten, was du hier gesucht hast. Und ich werde Mittel finden, es so schnell wie möglich aus dir herauszupressen. Das wird nicht so angenehm für dich werden. Auf jeden Fall wirst du für deine Dummheit büßen. Was meinst du: Bist du selber schuld an diesem Debakel? Nicke, wenn du mich verstanden hast!«

Er nickte heftig, und sein Atem saugte wild an meiner Hand. Er stöhnte.

Doch ich war noch nicht fertig: »Na also. Du willst es doch jetzt nicht noch schlimmer machen, als es schon ist, oder?«

Wieder Nicken. XPQ verdrehte die Augen und wand sich.

»Versuch ja nicht, mich anzulügen, sonst dreh ich dir die Luft endgültig ab, ist das klar?« Huh, was für eine Drohung! So etwas war noch nie aus meinem Mund gedrungen.

Das mutige Männchen machte plötzlich heftige Geräusche und warf seinen Kopf hin und her. Ich riss meine Hand vom Schlauch. Ein gieriges, röchelndes Atmen war zu hören.

»Hey, kennst du Darth Vader?«, fragte ich ihn und tätschelte die gummibezogene Wange. »So wie du dich anhörst, musst du aus seiner Familie stammen.«

Ich war jetzt zur Höchstform aufgelaufen und fühlte eine unbändige Lust an diesem verrückten Spiel. Allerdings lief ich gleichzeitig Gefahr, jeden Moment in haltloses Gelächter auszubrechen.

Als er sich etwas beruhigt hatte, nahm ich ihm die Maske wieder ab. Nun sah mich ein Gesicht an, das bei einem Casting für einen Film über die spanische Inquisition ganz oben auf der Liste gestanden hätte. Ich fragte mich, ob der Typ vielleicht wirklich Schauspieler war. Wie konnte jemand bloß so herzzerreißend ausgeliefert und panisch dreinschauen?

Was jetzt? Wie konnte ich ihn weiter das Fürchten lehren? Ich würde wohl einfach ein bisschen mit meinem üblichen Equipment improvisieren müssen.

Ich nahm ein paar Klammern vom Haken. Dann zog ich ihm sein lächerliches Kostüm an der Brust nach unten. Zu meiner Überraschung quoll mir ein wahrer Dschungel entgegen. Nie hätte ich vermutet, dass einer, der aussieht wie das Sandmännchen, mehr Haare auf der Brust haben könnte als Bud Spencer.

Ich hielt ihm die geöffneten Klammern vor seine stecknadelkopfgroßen Nippel. »Also, XPQ. Was hast du hier zu suchen?«

»Das sage ich Ihnen nicht!«

»Das werden wir ja sehen«, erwiderte ich und knipste beide Klammern an seine Brustwarzen. Das Männchen mit den Segelohren ging in die Knie und stieß ein irres Geheul aus. Ich blickte ungerührt auf ihn herab und zupfte gleich noch ein bisschen an den Klammern. XPQ begann, auf- und abzuhüpfen und zu kreischen, als würde ich ihn lebendig enthäuten. Konnte er tatsächlich jetzt schon solche Schmerzen empfinden? Oder war das Teil seines Spiels?

»Nun?«, fragte ich.

»Nichts …«, jammerte er. »Ich wollte … nichts! Ich hatte mich verirrt und …«

»So. Du bist also nicht nur selbst ein Idiot, sondern hältst auch mich für einen, ja?« Ich zog fest an den Klammern.

Der haarige Spion jaulte gequält auf und schrie: »Ich habe etwas gesucht!«

»Ach nee! Das ist ja wohl klar! Aber was denn, XPQ?«

»Den – den Lageplan für – die Atomraketen …«

Er hielt sich also genau an sein Drehbuch.

»Aha, den Lageplan für die Atomraketen also. Du willst mich wohl verarschen! Hier gibt es gar keine Atomraketen! Du kommst ein bisschen spät. Der Kalte Krieg ist vorbei, falls dir das entgangen ist.«

»Das können Sie … Ihrer toten Oma … erzählen!«, ächzte Segelohr.

Plötzlich wurde mir die Absurdität dieser Situation bewusst. Da stand ich in meinen hohen Stiefeln in einer kleinen, zum SM-Zimmerchen umgerüsteten Putzkammer und sprach mit einer halben Portion Mann, die als Superagenten-Clown verkleidet war, über den Verbleib nichtexistenter Atomsprengköpfe – und tat auch noch so, als seien diese Worte wirklich von Belang für mich! Wenn meine anderen Kunden mich so sehen könnten. *Was redet Lady Elvira denn da? Was hat sie nur auf einmal?*

Es war grotesk. Aber es machte zugleich einen Wahnsinnsspaß, so zu tun, als gäbe es diese Welt tatsächlich. Ich fühlte mich prächtig. Anscheinend hatte die Herrin in mir keinerlei Schwierigkeiten, sich auf diesem Terrain sicher zu bewegen. Irgendeine körpereigene Droge stieg mir zu Kopf.

Ich riss XPQ die Klammern ab, was ihn erneut schreien und zappeln ließ. Okay, das war vielleicht wirklich ein wenig abrupt gewesen, aber er sollte ruhig büßen für den Mordsschrecken, den er mir vorhin mit seiner Kinderknarre eingejagt hatte.

»Bitte, hören Sie auf, das ist ja unmenschlich«, heulte er.

Doch die böse Geheimpolizistin in mir lachte nur hämisch und verpasste ihm zwei gesalzene Backpfeifen, die ihn verstummen ließen.

Da merkte ich plötzlich, wie ich bei diesem Kunden alle Hemmungen verlor. Irgendeine Barriere in mir schien niedergerissen. Ich verspürte die Bereitschaft, etwas wirklich Krasses zu tun. Nur was?

Ich hatte eine Idee. »So, du unwichtiger Wicht, wir probieren das Ganze jetzt noch mal. Und wehe, du lügst mich wieder an.«

»Aber ich lüge doch gar nicht! Wir haben euch schon

länger im Zielfernrohr. Das war mein Auftrag. Mehr sage ich nicht.«

»Ich glaube dir kein Wort. Außerdem heißt es Visier und nicht Zielfernrohr!«

Erneut stülpte ich ihm die Gasmaske über. Den Rest seines Körpers fesselte ich mit einem langen Seil zusammen und wickelte anschließend Klebeband um seine Handgelenke. Leicht wie er war, hatte ich keinerlei Schwierigkeiten, das wehrlose Paket auf den Boden zu drücken. Dort ließ ich ihn liegen, machte das Licht aus und ging aus dem Zimmer.

Im Aufenthaltsraum blätterte Undine mit hochgezogenen Brauen in meinem *Zauberberg*. »So was müsst ihr an der Uni lesen?«, fragte sie.

»Ach, weißt du, das Buch ist eigentlich gut, aber hier komme ich einfach nicht dazu«, sagte ich und goss mir seufzend eine Tasse Kaffee ein. Ich wartete zehn Minuten und kehrte dann zurück zu XPQ. Ich hob ihn auf und stellte ihn, immer noch gefesselt, an die Ketten, indem ich kurzerhand einen dicken Karabinerhaken in die Klebefesselung einhängte.

Wie wild schnaufte er durch die Gasmaske, an deren Atemschlauch ich ein Fläschchen mit Riechsalz hielt, ein stechendes Mittel, das in unserem Klinikzimmer aufbewahrt wurde, um Kunden wieder ins Leben zurückzuholen, die während einer Session ohnmächtig geworden waren. Wenn man das Zeug bei vollem Bewusstsein einatmete, war das eine echte Tortur.

Da sprang in meinem Ideenfundus ein weiteres Türchen auf, und heraus quoll eine ziemlich fiese Idee. Ich stellte das Riechfläschchen wieder beiseite und beschloss, erst mal eine eher unkonventionelle Foltermethode anzuwenden:

Ich kitzelte ihn. Und da auf seinen Rippen weniger Fleisch saß als bei einem Hundebaby, wirkte dieser Angriff sofort und hundertprozentig. Der klapperdürre Mann mit Agentenambitionen, die sogar Jack Bauer von *24* das Lachen beigebracht hätten, stieß immer wieder quietschende Laute aus, vermischt mit empörten Flüchen.

»Sag mal«, fragte ich XPQ irgendwann, »warum hast du denn da unten so eine Ausbuchtung? Versteckst du da eine weitere Spielzeugwaffe? Oder wirst du immer geil, wenn du irgendwo deine große Nase reinsteckst? Oder gefällt es dir etwa, wenn du gequält wirst?«

»Ich bin sehr verwirrt von Ihnen«, antwortete XPQ nur.

Ich machte einen zweiten Anlauf und begann, ihn mit einer Peitsche zu schlagen, deren einzelnen Schnüre aus kleinen Ketten bestanden, so wie diese Metallschnüre, mit denen die Kugelschreiber im Ordnungsamt befestigt sind, damit sie niemand klaut. Diese Kettenpeitsche ist so ziemlich das Schlimmste, was man abkriegen kann.

XPQ schrie wie am Spieß und trat nach mir. Sein Lycra-Anzug dürfte die Schläge etwas abgemildert haben, und ich war mir sicher, dass sein Gekreische nur Show war.

»Also noch mal: Was wolltest du hier?«, insistierte ich.

Der Westentaschenspion jaulte nur noch und schnappte nach Luft. »Die geheime Raketenbasis … ich weiß … dass sie hier ist …«, japste er. »Ich weiß, was Ihnen Ihr Memorandum vorschreibt …«

Ihr Memorandum. Ach du meine Güte, jetzt wird es komplex, dachte ich mir. XPQ hatte also immer noch nicht genug. Ich würde so lange weitermachen müssen, bis er mir irgendetwas anderes erzählen würde.

Plötzlich fiel mir der Rucksack wieder ein. Augenblicklich ließ ich die Kettenpeitsche fallen.

»Wenn du dein Maul nicht aufmachen willst, muss ich wohl andere Saiten aufziehen.« Ich öffnete den Rucksack. Zum Vorschein kam eine große, ausgestopfte Tüte. Ich zog sie heraus und griff vorsichtig hinein – wer konnte schon wissen, was ein Mensch mit derart seltsamen Phantasien mit sich herumschleppte, wenn er sich für einen Spezial-Agenten hielt? Vielleicht Handgranaten? Aggressive Viren-stämme? Oder ein Album mit *Mission Impossible*-Sammel-bildchen?

Es war ein Bunsenbrenner; so ein kleines, handliches Ding, das Köche benutzen, um bei der Crème brulée die Karamellkruste zu fabrizieren.

Was um alles in der Welt sollte Lady Elvira mit einem Bunsenbrenner? Erwartete er etwa, dass ich von selbst drauf-kam? Mein Ideenreichtum versiegte dummerweise in die-sem Moment.

Ich drehte mich zu ihm um, und in der Hoffnung, dass er mir meine Nervosität nicht ansah, fragte ich ihn: »Was zum Geier ist das?«

»Finden Sie es doch selbst raus!«, raunzte mich mein Op-fer an.

»Wenn du nicht gleich sagst, was Sache ist, brat ich dir damit deinen harten Schwanz, du widerspenstiges Mist-stück. Also, rede endlich!« Es fühlte sich schön an, Dinge zu sagen, auf die mich meine gute Erziehung gar nicht vor-bereitet hatte.

XPQ druckste noch eine Weile rum. Zur Beschleuni-gung der Prozedur verpasste ich ihm erneut einen Satz heiße Ohren. »Das – das habe ich nur gebraucht – um hier reinzukommen!«, stieß er endlich hervor.

»So? Ich wüsste aber nicht, was du damit hättest öffnen können!«

Ich drückte auf den kleinen Knopf unten an dem Gerät, und eine bläuliche, spitze Flamme schoss zischend aus dem Lauf. So ein Ding hatte ich noch nie in der Hand gehabt, und aus Angst, ich könnte damit mein Latex-Jäckchen zum Schmelzen bringen, hielt ich es weit von mir weg. Ein markerschütternder Schrei von Segelohr erschreckte mich dermaßen, dass ich schon dachte, irgendetwas sei wirklich in Flammen aufgegangen. Ich hielt ihm das blaue Feuer vors Gesicht und sah ihn durchdringend an. Sein Adamsapfel hüpfte auf und ab, und seine Augen quollen fast aus ihren Höhlen. »Nicht das! Bitte, alles, nur das nicht!!«, kreischte er.

Mir war nicht ganz klar, was er genau damit meinte; ich hatte keine Ahnung, was ich mit einem Bunsenbrenner hätte anstellen können. Niemals wäre mir in den Sinn gekommen, ein derartig gefährliches Gerät in eine SM-Session zu integrieren. Dazu war ich dann doch nicht sadistisch genug. Da senkte XPQ seinen Kopf und starrte auf seinen Brustkorb. »So passen Sie doch auf, Sie verrückte Person!«, schnarrte er. »Sie fackeln mir ja alle Haare ab!«

Na klar! Brusthaare. Abfackeln. Das war auch irgendwie offensichtlich.

Das Ideentürchen flog wieder auf, und eine Stimme flüsterte: *Lady Elvira wird jetzt mit diesem Bunsenbrenner dem Pseudo-Spion eine neue Brustfrisur verpassen. Ist überhaupt nichts Schlimmes, nur ein wenig – ungewöhnlich …*

Noch einmal schaute ich den Typen an und verzog meinen Mund ganz langsam und genüsslich. Dann leckte ich mir die Lippen und sagte ganz charmant: »Ich weiß noch gar nicht, wie flambierter Spion schmeckt. Ich glaube, das werde ich mal ausprobieren.«

Ich fasste kurz hinter mich und öffnete die Tür, denn

gleich würde es hier drinnen fürchterlich stinken. Dann drückte ich wieder auf den Knopf und hielt die Flamme vor die zuckende Brust meines Gefangenen. Die ersten Haare kräuselten sich sofort im Flammentod. Mit der anderen Hand wischte ich schnell über den Brusthaar-Urwald, damit sich keine Flammen bildeten. Na also, ging doch.

Leider war die Prozedur nur äußerlich leicht. In mir aber meldete sich meine gute Erziehung. Mein gesunder Menschenverstand hob tadelnd den Finger und schnappte entsetzt nach Luft. Was machte ich hier eigentlich – einen Menschen bei lebendigem Leibe verbrennen? Ich war da irgendwo reingerutscht und tat Dinge, die so krass waren, dass ich sie mir selber nicht hätte ausdenken wollen. Einem Menschen sein Brusthaar abzufackeln – das passte doch gar nicht zu mir! Ich war doch nicht Herrin Kassandra! Und dennoch tat ich es. Warum?

Weil dieses verrückte Spiel eine Eigendynamik entwickelt hatte und ich feststellen musste, wie gut es tat, einmal keine 08/15-SM-Nummer zu schieben. Die Freude über die Anpassungsfähigkeit meiner eigenen Kreativität an so eine abgefahrene Situation hatte mich waghalsig werden lassen. Und das Überschreiten der Grenze meiner eigenen Domina-Moral hatte etwas Befreiendes, gefährlich Angenehmes.

Ich beschloss, den Bunsenbrenner auszuschalten. Nur noch ein paar Härchen ... die zwei Stunden waren sowieso gleich um.

»Na, was ist jetzt mit deiner wahren Absicht, Agent XPQ, der gleich kein Brustfell mehr hat und im Winter furchtbar frieren wird?«

Der undurchdringliche Haarwust lichtete sich in der Tat rapide. Verbrannte Haare rieselten auf den Boden, und es begann durchdringend nach zerstörter Aminosäure zu stinken. XPQs Schreie drangen wahrscheinlich durchs ganze Haus, und ich war froh über die stählerne Verbindungstür, die sich zwischen Studio acht und dem Treppenhaus befand. Für einen Kunden in einem anderen Zimmer musste sich das Gebrüll wie Todesschreie anhören.

Plötzlich schoss ein unschöner Gedanke zwischen meine Augenbrauen. Ich stellte mir vor, dass irgendwo im Hause Conrad gefesselt in Alexandras Armen lag und jetzt erschrocken fragte: »Herrin, was ist das für ein furchtbares Schreien? Wer wird da so unmenschlich gequält?« Und Alexandra würde sagen: »Ach, das ist nur Lady Elvira, die fackelt ihrem Sklaven die Körperbehaarung ab. Das macht sie gerne, sie ist nämlich schwer durchgeknallt.« Und Conrad würde die Augen schließen und sich schutzsuchend an Alexandras Busen kuscheln.

Ja, es war barbarisch und pervers, was ich tat. Aber wie sollte ich da jetzt rauskommen? Warum war dieser XPQ auch so hartnäckig? Er sollte endlich auspacken, damit ich das Grillfest beenden konnte!

»Los, rede endlich!«, herrschte ich ihn an, »oder hast du da unten auch noch Haare, die du verlieren willst?« Ich drückte mein Knie zwischen seine Beine. Es fühlte sich großartig an, so fiese Dinge anzudrohen. Andererseits war der Bunsenbrenner lange genug in Betrieb. Ich wollte jetzt wirklich, dass XPQ redete.

»Ja … nein … ich sage Ihnen alles! Ich bin nur – wegen Ihnen hier. Weil ich wollte, dass mir das hier … passiert.«

Na endlich. »Wie bitte? Kannst du das noch mal wiederholen?«

»Ich wollte so etwas – erleben. Gequält werden, Angst haben … weil ich nämlich weiß – dass Sie hier so etwas –

mit feindlichen Spionen anstellen. Bitte, hören Sie auf ...«, stöhnte er.

»Ach, dann gibt es also gar keine Atomsprengköpfe?«

»Das weiß ich nicht! Bitte - aufhören!«

Ich schaltete den Brenner ab. Endlich kam ich mir nicht mehr vor wie ein Folterknecht. Ich blickte mich um: Der Boden war bedeckt mit verkohlten Härchen, und die kahle Brust des kleinen Spions sah jetzt noch schmächtiger aus. Kein Wunder, dass die Natur ihn mit solch einem Pelz gesegnet hatte.

»Das ist also alles? Das ist dein Geständnis?«

»Ja. Ich träume eigentlich nur davon, von einer bösen Frau wie Ihnen ... gefoltert zu werden.«

»Und wie heißt du wirklich?«

»Ich heiße Hans-Peter. Ich bin Fahrradhändler und ... ich bin ein perverser, abartiger Typ!«

Ja, das kann man wohl sagen.

»So? Dann wirst du jetzt sicher auch nichts dagegen haben, mir den Beweis für deine Aussage zu liefern. Du wirst mir mit nachprüfbaren Resultaten beweisen, wie pervers und geil du wirklich bist und dass es dir nicht nur um Raketen geht. Du wirst verstehen, dass ich sichergehen muss.«

Ich steckte das geplagte Männlein namens Hans-Peter zurück in den Käfig, machte das Licht aus und schloss die Tür.

Ich ließ ihm zehn Minuten Zeit und trank noch einen Kaffee mit Undine. Als ich zurückkam, fand ich sein »Geständnis« vorne auf dem Supermann-Anzug.

Ich öffnete die Gittertür und ließ Hans-Peter rauskrabbeln. Er schnappte sich sofort ein paar Küchentücher und wischte sich die Hände sauber. Ich stand wortlos vor ihm und sah ihn forschend an. Sein Gesicht war puterrot, und sein Adamsapfel gab sich nervösen Zuckungen hin. Es schien, als sei er sich der Peinlichkeit dieser ganzen Aktion mit einem Schlag bewusst geworden.

»Also … ich hoffe, ich habe Sie nicht irgendwie … überfordert?«

»Elvira ist mein Name.«

»… Lady Elvira, ja, also, das hoffe ich zutiefst«, druckste er. Seine Stimme klang jetzt ganz normal, weich und höflich.

»Habe ich einen überforderten Eindruck gemacht?«

»Nein, gar nicht. Es war sogar sehr – nun, wie soll ich sagen – echt!«

Ohne duschen zu wollen, schlüpfte Hans-Peter wieder in seine schwarze Kluft und setzte sich mit überschlagenen Beinen auf das Bett. Ich setzte mich daneben und ließ mir erzählen, was ihn dazu getrieben hatte, so etwas erleben zu wollen. Er berichtete erstaunlicherweise genau das, was ich vermutet hatte: Mit fünf den ersten James-Bond-Film gesehen, im Sandkasten beim Agenten-Spielen immer der Verlierer gewesen und in der Schule beim Fußball immer gefoult. Dann die erste Freundin, die sich über seine mickrige Statur lustig machte.

Hans-Peter seufzte zufrieden. »Lady Elvira, das war wirklich absolut grandios. Ich freue mich schon auf das nächste Mal.«

Nein, das machen wir nicht noch mal, raunte meine innere Stimme. *So was geht nur einmal.* Ich sagte: »Also, Hans-Peter, es wäre mir lieber, wenn das keine Wiederholung finden würde – zumindest, was mich angeht.«

»Was? Aber warum denn?«

»Weil das alles ein wenig heftig war für mich. Und mal ehrlich – wenn du wiederkommen würdest, müsste dieses

Spiel eine Steigerung erfahren, und dazu bin ich nicht fähig.«

Hans-Peter machte ein enttäuschtes Gesicht. »Sie haben aber gar nicht den Eindruck gemacht, als habe es Ihnen nicht gefallen.«

»Das mag sein.« Ich war ein bisschen in Bedrängnis. »Ich gebe zu, es hat mir einen gewissen Spaß bereitet. Aber ich will es dennoch nicht wiederholen. So eine Art Rollenspiel ist eigentlich nicht mein Stil.«

»Aber Sie haben das so gemacht, als würden Sie tagtäglich nichts anderes machen!«

Sollte ich das jetzt als Kompliment an meine Kreativität werten? Oder als Hinweis auf meine bedenkliche Bereitschaft, grenzwertige Dinge an Menschen vorzunehmen?

Doch musste sich eine Domina eigentlich rechtfertigen? Nein, musste sie nicht.

»Hans-Peter, das war's für mich, klar?! Es gibt andere Frauen, die das auch gut machen.«

Sollte ich ihm Herrin Kassandra empfehlen? Besser nicht, die hätte ihn sicher locker in ein Häufchen Asche verwandelt. Wenn auch nur ein kleines …

Wenn Rollenspieler
aus der Rolle fallen

Nur wenig ist anregender als die erste gelungene Missetat.

MARQUIS DE SADE

Meine Grundausbildung zu einer guten Rollenspielerin begann bereits in meiner Kindheit. Natürlich wusste ich damals noch nichts davon.

Sonntagnachmittags war der einzige Zeitpunkt in der Woche, zu dem ich und meine Schwester fernsehen durften: zuerst die *Sendung mit der Maus*, danach entweder einen Märchenfilm, *Winnetou* oder etwas von Astrid Lindgren. Abschließend zogen wir uns auf den Dachboden zurück. Dann hieß es: »Komm, das spielen wir jetzt auch.«

Meine Schwester Vera war im Gegensatz zu mir ein sehr willensstarkes Kind. Deswegen bestimmte sie auch immer zuerst, wen sie spielen wollte, und suchte sich natürlich immer die Traumrolle aus. Sie war prinzipiell die Prinzessin, das Schneewittchen, das Dornröschen und die bedrängte Squaw. Diese Rollen waren natürlich allesamt passiv. Ich durfte alle anderen Rollen belegen. Und damit meine ich nicht nur den Prinzen, sondern auch sämtliche Bösewichte, Schurken und böse Königinnen auf einmal.

Natürlich wusste meine Schwester, dass ihre Passivität in mir den perfekten Widerpart fand. Schon früh schien sie herausgefunden zu haben, dass ich keinerlei Probleme damit hatte, den Stärkeren zu spielen – mal in der Rolle

des Bösen, mal in der des Edlen, manchmal beides zugleich.

Und das war kein Zufall. Böse und edel: Eine Domina
kann durchaus beides ein. So gesehen hat mein erstes Trai-
ning als aktive Rollenspielerin damals auf dem Dachboden
stattgefunden – dank meiner Schwester.

Im *Medea* freute ich mich jedes Mal sehr, wenn ein Kunde
den Wunsch nach einem Rollenspiel äußerte. Wo sonst bot
sich eine bessere Gelegenheit, mit der Sprache zu spielen?
Eine Geschichte zu erzählen? Vorwände für seine Gemeinheiten zu erfinden?

Es genügt, am Schaufenster eines Sexshops vorbeizu-
gehen, um zu sehen, dass es in der Erotik-Branche einen
großen Absatzmarkt für Rollenspiele gibt. Royalblaue
Polizei-Uniformen aus Lack werden dort neben Kranken-
schwesterkleidchen mit roten Kreuzen aus Satin angeboten,
ebenso Nonnenkostüme mit passenden Strumpfhaltern
und anachronistische Schulmädchen-Röcke aus Lederimitat. Und wenn man in eine Pornovideothek geht, sieht man
Filme, in denen am Anfang, also bevor das Gerammel los-
geht, meist irgendein Klempner eine Hausfrau besucht, ein
Professor eine Studentin beim Masturbieren erwischt oder
ein Frauenarzt seiner Patientin die Funktionsweise des
Ultraschallgerätes genauer erklären will.

Rollenspiele sind überall im Erotik-Gewerbe zu finden
– erst recht im SM-Bereich. Ausufernde Phantasien, für die
der gemeine Sexshop keine Requisiten verkauft und die
Pornofilmindustrie nichts auf Lager hat, landeten unwei-
gerlich bei uns.

Eine Domina ist daher im besten Falle nicht nur eine
Herrin, sondern auch eine phantasievolle Zeremonienmeis-
terin. Sie ist immer darauf vorbereitet, eine Lehrerin, Ärz-

tin, Polizistin oder Gefängnisaufseherin spielen zu müssen. In einem SM-Studio lassen sich solche Spiele ja auch hervorragend verwirklichen. Auch die abstrusesten – siehe Agent XPQ …

Die meisten Männer verlangen jedoch nach einem Szenario, das im echten Leben mit viel Glück wahrscheinlich sogar passieren könnte: Erlebnisse mit Ärztinnen, Ladendetektivinnen, Politessen. Das waren die Mainstream-Rollenspiele.

Denn die menschliche Phantasie ist ein Labyrinth – dies habe ich als Domina früh gelernt. Ein riesiges, weitverzweigtes Netz aus den absonderlichsten Gedanken und Ideen, oft ausgelöst durch Erlebnisse, derer man sich gar nicht mehr bewusst ist, durch weit zurückliegende, verschüttete Situationen, an die man sich nicht wirklich erinnert. Manchmal habe ich meine Gäste nach ihrem Schlüsselerlebnis gefragt. Viele hatten nur eine blasse Ahnung davon.

Manchmal war es ein verruchter Cartoon von Tommy Ungerer, den man zufällig in einer Zeitung im Arzt-Wartezimmer aufgeschlagen hat. Manchmal war es der Aufenthalt im Kinderkrankenhaus, ein Geschichtsbuch in der Schule, Spiele mit Gleichaltrigen – etwa als Indianer mit der Wäscheleine an den Laternenmast gebunden zu werden und sich zu wünschen, dass man so schnell nicht wieder befreit wird.

Es gibt zwei verschiedene Sorten von Rollenspielern. Die einen bevorzugen das klischeehafte, schnell zugängliche Repertoire an erotischen Situationen. Sie gehen etwa zu einer Prostituierten oder zu einer Domina und sagen: »Ich würde wahnsinnig gerne mal von einer Polizistin missbraucht werden.« Beim nächsten Mal wollen sie dann die versaute Ärztin ausprobieren, später vielleicht noch das unvermeidliche Dienstmädchen, die Lehrerin und so weiter.

Die anderen hingegen brauchen immer wieder eine ganz bestimmte Situation, die sich nie ändert und die sie immer wieder erleben wollen – oder müssen. Diese Menschen suchen dabei nicht primär die sexuelle Befriedigung. Oftmals finden solche Spiele ohne den obligatorischen Höhepunkt am Ende statt. Nein, sie suchen ihre Lust innerhalb eines speziellen Erlebnisses, das für sie zum Fetisch geworden ist. In dieser Hinsicht wird die Domina geradezu zur Therapeutin. Und wenn sie ihre Rolle gut spielt, geht der Gast nie wieder zu einer anderen.

In meiner Zeit im *Medea* kamen mir reichlich verrückte Ideen unter. Einmal erklärte mir ein Mann, er wolle ein gefangenes Raubtier sein, das von ein paar Jägerinnen gequält und gezähmt werde. Wir warfen ihm daraufhin brennende Streichhölzer in seinen Käfig und zwangen ihn, frisches Gras aus dem Garten zu essen. Anschließend führten wir ihn in einem Ledergeschirr in den Garten und zwangen ihn, sich an einem Baum zu kratzen. Dabei klebten wir ihm den Mund mit Paketklebeband zu, weil er immer nach uns schnappte wie ein wilder Hund. Zum Schluss musste er per Reagenzglas zeigen, ob sein Sperma zur Zucht anderer Tiere tauglich war.

Obwohl ich selbst Vegetarierin war, fiel es mir bei diesem Spiel leicht, dem »Tier« ein langes Messer aus der Küche zu zeigen und zu drohen, es zu schlachten und sein Fleisch zusammen mit meinen Kolleginnen zu verspeisen.

Ein anderer, enorm übergewichtiger Mann wollte einen desertierten Soldaten spielen, der wieder eingefangen und von weiblichen Vorgesetzten gefoltert wird. Er erzählte gleich am Anfang, er sei bei der Bundeswehr rausgeflogen, weil er zu fett geworden sei. Dabei wäre sein Traum immer ein Leben als Berufssoldat gewesen. Er brachte Tarnklamotten mit und allerlei Militaria, die er den Dominas gab, die sich seiner annahmen.

Es gab auch einen Gast, der ein KZ-Rollenspiel wollte. Dabei handelte es sich leider nicht um eine Abkürzung für irgendein erotisches Utensil, sondern es hieß genau das, wofür die Abkürzung seit Jahrzehnten steht! Der Gast kam unangemeldet und ließ sich in einem der Studios alle Dominas nacheinander vorstellen. Ich sehe noch genau die fragenden Gesichter der Kolleginnen, die vom Vorstellungsgespräch zurückkamen.

»Hä? Wer ist denn Doktor Mengele?«, fragte eine Gastdomina mit brasilianischem Pass.

»Was?! Wer will das wissen?«, fragte ich überrascht.

»Der Gast will, dass wir den spielen.«

Mit mulmigem Bauchgefühl betrat ich als Letzte den Raum. Vor mir saß der »Gast«: ein eher zarter, dünnhäutiger Jüngling Mitte zwanzig, dessen Geschichtsunterricht im Gymnasium offensichtlich irgendwie in die falsche Richtung gelaufen war.

Seine »erotische« Phantasie war, ein KZ-Häftling zu sein, an dem medizinische Experimente ausgeführt werden.

»Bist du noch ganz dicht?«, schoss es aus mir heraus.

Er machte ein unschuldiges Gesicht, fasste in seine Jackentasche und zog ein Bündel Scheine raus: »Wieso? Glaubst du, ich bin noch zu jung, um das zu bezahlen? Hier, schau. Ich mein's ernst.«

»Ist mir doch egal, was du dir da vom BAföG abgespart hast«, sagte ich. »Sowas machen wir hier nicht. Schämst du dich eigentlich nicht?«

Das klang etwas oberlehrerhaft, aber mir fiel in diesem Moment nichts Besseres ein, so geschockt war ich. Abartige sexuelle Vorstellungen war ich ja inzwischen gewohnt, aber mit einem Kunden über Ethik und Menschenwürde diskutieren musste ich bis dato noch nie.

Plötzlich stellte ich mir vor, wie dieser blasse Typ zu Hause KZ-Reportagen anschaute und sich dabei einen runterholte. Ich hätte ihm am liebsten ins Gesicht geschlagen und fast geheult. Eine Phantasie, die mit tiefster Brutalität zu tun hatte, mit Vernichtung, mit einer Form von menschenverachtendem Sadismus, den niemand von uns jemals erleben will, umgesetzt in ein Spiel, garniert mit der Erotik einer schönen Frau und einem satten Orgasmus – das war nicht mehr das, was der Normalbürger als »pervers« bezeichnet, das war schlichtweg abartig. Ich war erschüttert, dass dieser ignorante Hosenscheißer einfach hier reinspazierte und sich dachte: »Hey, cool, KZ im Domina-Studio, da geht bestimmt was.«

»Du gehst jetzt besser«, sagte ich und ging zur Tür.

»Aber warum denn?«, wollte der Rollenspiel-Hooligan wissen und sah mich mit großen Augen an.

»Weil wir so etwas hier nicht machen. Ganz einfach.«

Ich öffnete die Tür und forderte den Kerl erneut auf, zu verschwinden.

Da ertönte plötzlich eine sanfte, verführerische Stimme: »Aber, aber, mal ganz langsam! Es gibt doch für alles eine Lösung.«

Kassandra.

Sie kam auf mich zu, nahm mir die Klinke aus der Hand und schaute zu dem Jüngling hinein – und lächelte. Ihre Augen verengten sich zu kleinen Schlitzen, und ihr ganzes Gesicht nahm den Ausdruck lustvoller Neugierde an. Sanft schob sie mich zur Seite, betrat den Raum leise wie eine Katze und übernahm die Regie. Der KZ-Romantiker sah Kassandra etwas verwirrt, aber fasziniert an, und plötzlich war keine Rede mehr davon, ihn mitsamt seinen abgründigen Phantasien vor die Tür zu setzen. Kassandra schloss die Tür vor meiner Nase. Ich hörte noch, wie sie sagte: »Ich muss mich für meine Kolleginnen entschuldigen … was kann ich für dich tun …?«

Fassungslos musste ich ihr mal wieder das Feld überlassen. Mit einem bitteren Geschmack im Mund ging ich zurück in den Aufenthaltsraum, wo Caroline der Brasilianerin gerade erklärte, wer Dr. Mengele war. Sie riss ihre großen schwarzen Augen auf. Die anderen waren genauso entsetzt wie ich.

»Sag mal, macht die Kassandra das jetzt?«, wollte Undine wissen.

»Sieht fast so aus. So was lässt die sich doch nicht entgehen.«

Damit ließ man die Sache auf sich beruhen. Niemand sprach mehr davon. Wir hatten ja Kassandra, die sich um solche Sonderfälle kümmerte. Und wir hatten Katja, die sich später um das Geld des SM-Junkers kümmern würde. Ich versuchte mir vorzustellen, was Kassandra jetzt aufführte, um dessen Phantasie mit tödlichem Leben zu füllen. Mich fröstelte.

Verdammt! Sollte ich nicht endlich mal den Mund aufmachen? Sollte ich nicht in das Studio stürmen, Kassandra bewusstlos schlagen und das Möchtegern-Opfer an den Ohren die Treppe hinunterschleifen und mit einem Tritt in die Weichteile auf die Straße befördern?

Ich saß wie auf Kohlen, als plötzlich aus besagtem Studio ein gellender Schrei ertönte. Langgezogen, schmerzerfüllt, am Rande des Wahnsinns. So hörte sich ein Mensch an, dem etwas geschah, das alles überstieg, was er aushalten konnte. Auf dem Sofa zuckten alle zusammen. Wir sprangen auf und liefen in den Flur. Diese Art von Schrei gehörte nicht in ein SM-Studio.

Kurz darauf flog eine Tür auf, und wir hörten Kassandra kreischen: »So, du krankes Schwein! Ich hoffe, das war dir eine Lehre! Und jetzt hau ab und lass dich hier nie wieder blicken!!«

Das nackte Versuchsobjekt floh weinend über den Flur, die Treppe hinunter und raus in den Hof. Über seinen Bauch zog sich eine schmale, blutige Spur, aus seiner Nase lief Rotz. Kassandra stand am Fenster und schleuderte ihm seine Klamotten hinaus. Auf dem Boden lag ein medizinisches Skalpell.

»Was hast du gemacht, um Gottes willen?«, rief Undine und packte Kassandra an den Schultern. Die hatte Tränen in den Augen. Mit zitternder Stimme presste sie hervor: »Ich habe ihm seine oberste Hautschicht am Bauch aufgeritzt. Und gesagt, dass ich mir jetzt mal rasch seine Organe anschauen werde. Das dürfte gereicht haben, um ihn zu heilen.« Dann stürzte sie weinend aus dem Zimmer. Seit diesem Tag sah ich Kassandra mit anderen Augen.

Im Gegensatz zu diesem haarsträubenden Erlebnis waren die meisten Rollenspiel-Phantasien harmlos, manche sogar ausgesprochen lustig. Einmal rief ein Mann an, der nichts Geringeres plante als eine Entführung in einem Ufo. Wahrscheinlich hatte er im Kino bei *Invasion vom Mars* einen Steifen bekommen und träumte seitdem von geilen Außerirdischen. Als er eine Session bei mir buchen wollte, sagte ich ohne zu überlegen zu – obwohl ich mich ebenso wenig mit einem Marsmenschen wie mit einer Geheimagentin identifizieren konnte oder wollte.

Ich kaufte mir im Spielzeugladen einen silbernen Haarreif mit blinkenden Lämpchen. Das war zwar albern, aber das Beste, was mir zu dieser verrückten Idee einfiel. Kurz vor seinem Eintreffen schminkte ich mein Gesicht silbern und schwarz, streifte OP-Handschuhe über und zog meinen Ganzkörperanzug aus Latex an.

Als der Gast endlich in das von mir völlig verdunkelte Studiozimmer trat, stülpte ich ihm sofort wortlos einen Sack über den Kopf und beförderte ihn auf die Streckbank. Nachdem ich ihn dort fixiert hatte, berührte ich seinen Körper flächendeckend mit kalten Metallgegenständen. Im Hintergrund ließ eine CD von Jean-Michel Jarre ihre sphärischen Klänge ertönen. Während der gesamten Session sprach ich kein Wort. Welcher Außerirdische unterhält sich schon mit seinem Opfer?

Der Gast konnte sein Glück am Ende kaum fassen. »Ich hätte niemals gedacht, dass Sie so eine exakte Vorstellungskraft haben, Lady Elvira«, sprach er begeistert. »Ich habe mich echt gefühlt wie bei einem Wesen von außerhalb der Welt!«

Wie freute ich mich über solche Komplimente!

Ein anderer Kunde wollte unbedingt einen gallischen Sklaven spielen, der einer römischen Herrin dienen musste; vermutlich ein Antike-Fan. Also machte ich meiner Berufsbezeichnung »Domina« diesmal wirklich alle Ehre und verhielt mich wie eine meiner antiken Namensgeberinnen. *Asterix*-Hefte hatte ich nun wirklich genug gelesen. Ich umwickelte meinen Körper mit einem weißen, dünnen Tuch, so dass es aussah, als sei ich in eine römische Tunika gehüllt. Ich schlüpfte außerdem in flache Riemchen-Sandalen und steckte meine Haare à la *Quo Vadis?* hoch.

Es machte einen wirklichen »Heiden«-Spaß, den »gallischen« Gast, den ich kurzerhand Rufus nannte, mit einer Bullenpeitsche zu schlagen und dabei Dinge zu sagen wie:

»Wenn du nicht hören willst, verkaufe ich dich an die Gladiatorenschule!«, »Beim Jupiter, was bist du für ein störrisches gallisches Wildschwein!« oder »Bück dich, du Barbar!«

Ja, Rollenspiele haben mitunter nicht nur eine komische, sondern sogar eine historische Dimension ...

Schizophren?

Wo der Verstand anfängt, hört der Mensch auf, Mensch zu sein.

MARQUIS DE SADE

Natürlich veränderte mich mein Job – auch im Alltag. Und ich versuchte ständig zu ergründen, in welcher Weise diese Veränderung vonstatten ging. Sieht man es einer jungen Frau an, wenn sie als Domina arbeitet?

Als ich bereits drei Jahre im Studio gearbeitet hatte, stellte ich mich eines Tages vor den Spiegel und betrachtete mein Gesicht. War mein Blick anders geworden? Hatten meine Gesichtszüge etwas Abschätziges bekommen? Sah ich irgendwie wissend aus, gar wie eine Geheimnisträgerin?

Längst schon fühlte ich mich im Domina-Gewerbe sicher. Vor einer Session machte ich mir keine großen Gedanken mehr, was genau ich nun mit meinem Kunden anstellen und wie ich das hinkriegen würde. Ich ging alles spontan an und ließ mich von der Stimmung treiben. Das klappte inzwischen jedes Mal.

Und ich bildete mir damals schon eine Menge darauf ein. *Mensch, du bist schon ganz schön weit gekommen,* dachte ich mir. *Du kannst Männer allein mit deinem Blick einschüchtern. Und wer weiß, wie viele von denen im Büro heimlich deine Website aufrufen und bei deinem Anblick einen Steifen in ihrer Anzughose kriegen? Oder beim Sex mit ihrer Ehefrau an deine nylonumhüllten Zehen denken und den Geruch deiner Lederstie-*

fel? Du kannst sie alle durchschauen und zu deinen wimmernden Dienern machen, wenn du willst. Du unterscheidest dich drastisch von deinen Altersgenossinnen: Sie sind die Usambaraveilchen – du die Venusfliegenfalle. Eine starke Domina mit hammermäßiger Ausstrahlung.

Und dennoch: Es gab Momente in meinem Leben, die mich immer wieder mal unsanft darauf aufmerksam machten, dass ich mir eventuell was in die Tasche log. Eines Tages fuhr ich auf einer langen Rolltreppe hinab ins stickige Dunkel einer U-Bahn-Station. Vor mir stand ein Mann. Er drehte sich langsam zu mir um, und mit einer Stimme, die offensichtlich vom Frust mangelnder Beischlafgelegenheiten brüchig geworden war, raunte er mir zu: »Ey, meine Schöne, haste Bock auf fickificki?«

Bevor ich mir noch darüber klarwerden wollte, was denn »fickificki« eigentlich bedeutete (ich war, verbalerotisch gesehen, ja in einer anderen Stil-Dimension zu Hause), spürte ich schon, wie roter Farbstoff meine Wangen überzog. Der Rolltreppen-Satyr leckte sich mit einer dicken, pelzigen Zunge über die Lippen. Das andere Ende der Rolltreppe war mindestens noch 800 Meter weit weg.

Plötzlich fühlte ich mich überfordert. Niemand hatte das anzügliche Geraune des Typen gehört, kein Sittenwächter würde mir beispringen. Und ich selbst war weit davon entfernt, dem Verbal-Triebtäter einen meiner eiskalten, messerscharfen und entmannenden Domina-Sprüche ins Gesicht und damit auch zwischen die Beine zu klatschen. Ich hätte zum Beispiel sagen können: »Da vorne steht ein Mülleimer. Steck ihn da rein!« Oder: »Geh erst mal zur Apotheke und hol dein Viagra ab, du Schrumpfkopf!« Oder einfach nur: »Schaff dich weg zu deinen Billigpornos, du Drecksau!«

Das alles und noch viel mehr hätte ich ihm an den Kopf werfen können. Doch Elvira, ihres Zeichens Profi-Domina, wurde rot und stammelte: »Hau bloß ab, du ...«

Das war zwar auch eine eindeutige Aufforderung, aber weder besonders originell noch eindrucksvoll, und der Schwanzlurch quittierte sie nur mit einem dreckigen Grinsen, bevor er sich zum Glück hochmütig wegdrehte. Zog er erotischen Gewinn nur aus der Verwirrung seiner weiblichen Opfer? Ich hatte keine Ahnung. Es war mir auch egal. Jedenfalls fühlte mich danach schmutzig und erniedrigt.

Ich und Domina? Ja, vielleicht im Studio. Aber hier draußen? Ich hatte mich anmachen lassen wie eine arglose Klosterschülerin, die zum ersten Mal die Großstadt besuchte. Das war absolut nicht das, was ich eigentlich von mir verlangte. Ich schämte mich noch tagelang für diese lächerliche Reaktion auf einen Mann, den ich im *Medea* allein mit Blicken hätte kastrieren können. Aber wahrscheinlich wäre ich genauso beschämt gewesen, hätte ich einen anderen Nebenjob gehabt. Wenn es darauf ankam, hatte ich im wahren Leben viel zu oft keinen bösen Spruch parat und war nicht Herrin der Situation. Hätte Conrad dieser Szene beigewohnt, hätte er sich in seiner Einschätzung meiner Person sicher bestätigt gefühlt.

Ich stellte mir die Frage, ob ich wohl erst dann eine echte Herrin war, wenn ich auch vor den Türen des *Medea* selbstbewusst und schlagfertig war. Dass ich im richtigen Leben alles andere als dominant und souverän war, merkte ich täglich an der Uni. Da waren keine lüsternen Unholde unterwegs, sondern gepflegte, höfliche Männer, die ich für ihre Belesenheit sehr bewunderte, weil ich dachte, Wissen sei Macht. Sicher, hin und wieder fand ich Gefallen an der Vorstellung, dass eines Tages einer meiner Dozenten ins *Medea* kommen würde und ich diesen hochgebildeten Universitätsmacker zum Bibbern bringen könnte. Darauf wartete ich freilich vergeblich. Real war nur der Uni-Alltag, und da war oft genug ich diejenige, die bibberte.

Eines Tages während eines Sommersemesters musste ich in die Sprechstunde eines Dozenten, bei dem ich eine Seminararbeit geschrieben hatte: *Über die Romanische Wandmalerei in Nordfrankreich*. Er hieß Prof. Dr. Bulkers. Gelassen und cool saß ich wartend vor seinem Zimmer und wippte mit meiner Schuhspitze. Warum aber nur waren meine Hände so feucht? Und warum fühlten sich meine Knie so verdammt weich an? Plötzlich drehte sich in meinem Kopf alles um die Frage, ob ich nicht am Ende einen Haufen Unsinn geschrieben hatte und mein Prof mir jetzt keinen Schein geben würde.

Ich hörte ihn hinter der geschlossenen Tür mit einer anderen Studentin reden. Konnte ich heraushören, ob auf seinem Tisch eine Hausarbeit über romanische Wandmalerei lag, unter der eine Vier stand?

Ich stand auf, lehnte mich gegen die Wand und horchte in mich hinein.

Dann musste ich lachen – über die Absurdität meines Lebens. Da stand ich, Lady Elvira, in meinem anderen, meinem bürgerlichen Leben, und machte mir vor einem Kunstgeschichtsprofessor schier ins Höschen. Weil ich Angst hatte, dass in meinem bürgerlichen Leben was verrutschte; dass ich keinen Schein bekam; dass ich vielleicht doch eine schlechte Studentin war, trotz all der bereits absolvierten Semester.

Die ganzen Männer, die im Lauf der letzten Jahre zu mir ins Studio gekommen waren, hatten sich bestimmt ähnlich gefühlt wie ich, die tolle Lady Elvira, die nun vor der Tür ihres Dozenten stand: nervös, angespannt, geradezu nackt. Genauso fühlte ich mich jetzt. Ein Rollentausch, der mir gar nicht schmeckte. Ich hatte nämlich nicht in ihn eingewilligt.

Reiß dich zusammen, dachte ich. *Wenn du einer solchen Situation nicht gewachsen bist, dann darfst du nie mehr behaupten, eine gute Domina zu sein!*

In diesem Moment ging die Tür auf, und eine meiner Kommilitoninnen schwebte aus dem Zimmer des Dozenten, einen Ordner mit ihrer Seminararbeit an die Brust gedrückt. Sie entfleuchte mit glücklichen Augen. Für sie war offensichtlich alles gutgegangen.

Und er? Sah aus wie aus dem Ei gepellt: lockiges, blondes Haar, jung, frisch rasiert. Gewandet in ein dunkelblaues Hemd, das lässig die Funktion der obersten drei Knöpfe außer Acht ließ und dennoch Autorität ausstrahlte. Mit engen Jeans über sehr knackigen Beinen. Und einem dunklen, strengen Jackett. Seine Brille hielt er locker in der Linken.

Mir war in meiner schwarzen Bluse mittlerweile so heiß, dass ich auch gerne drei Knöpfe geöffnet hätte. Bulkers musterte mich irritiert und wartete etwas, bevor er mir die Hand entgegenstreckte. Das kannte ich nur zu gut. Auch ich ließ mir immer ein paar quälende Sekunden Zeit, ehe ich meine Sklaven begrüßte. Davor wurden sie ausgiebig beäugt, wie kleine, zappelnde Insekten unter dem Mikroskop.

Ich gab meinem Dozenten die Hand, die vor Schweiß nur so triefte. Ja, ich schwitzte. Dabei konnte ich gar nicht sagen, ob vor Aufregung oder wegen den schwarzen Klamotten, die mit der Augusthitze nicht kompatibel waren.

»Frau Schwarz ...« Meinen Namen hatte der Dozent immerhin schon mal parat. Er wies auf einen Stuhl. »Setzen Sie sich.«

Auf die Knie!, hieß das normalerweise bei mir. Ich setzte mich.

Bulkers ging zu seinem Schreibtisch und legte die Hand auf einen Stapel Ordner und Hefter.

»Was war noch mal Ihr Thema?«

Ich zwängte ein Räuspern durch meinen trockenen Mund.

»Ähm, das … die … romanische Wandmalerei.«

»… in Nordfrankreich. Stimmt.«

Bulkers griff sich meine Seminararbeit aus dem Stapel. Während er zum Besprechungstisch zurückkam, blätterte er quälend langsam durch die Seiten.

Wie gut ich das doch kannte – auf andere Weise. *Na, hast du mir was zu sagen, Kreatur? Wie war noch mal dein Status? Ach ja, du bist als Prügelsklave registriert, stimmt's? Oder irre ich mich?* Dann der gemächliche Gang zur Wandleiste, wo die Schlaginstrumente hängen. Gemütlich und ohne Eile eines ausgesucht und mit einem knappen Schlag auf die Handfläche getestet, um zu sehen, ob der Sklave dabei zusammenzuckt.

Und Bulkers? So, wie er schaute, hatte er einen solchen Haufen Müll noch nie gelesen. Ich fand mich innerlich schon damit ab, dass er mich vernichten und ich keinen Schein bekommen würde. Und im nächsten Semester aufs Klo verschwinden müsste, wenn mir Bulkers auf dem Gang begegnete.

Jetzt setzte er sich. Ja, es ist wunderbar, sich ganz gemütlich hinzusetzen, wenn vor einem ein unsicherer Mensch kauert, der sich fragt, was als Nächstes passiert. Man dehnt die Sekunden genüsslich in die Länge. Nichts quält so zuverlässig wie die Ungewissheit. Mir kam der Verdacht, dass der Professor ein Sadist war und an der Uni den perfekten

Rahmen gefunden hatte, das auszuleben. Eigentlich hätte er mir sympathisch sein müssen. Bulkers legte die Arbeit vor sich hin und sah mich an. Ein fieser, abschätzender Blick über den Rand seiner Brille hinweg.

»Was glauben Sie, wie ich Ihre Arbeit bewertet habe, Frau Schwarz?«

Ich zuckte mit den Schultern, während ich in mich zusammensackte. Ich wusste, wie viel Spaß es machte, so was Gemeines zu fragen. *Was glaubst du – warum sollte ich mich mit dir beschäftigen?*

»In welchem Semester sind Sie?«, wollte Bulkers wissen.

»Im sechsten. Warum?«

»Nun ja – hat man Ihnen nicht beigebracht, wie man eine wissenschaftliche Aussage richtig zitiert?«

Weißt du nicht, dass du es dir verdienen musst, meine Luft zu atmen?

Ob ich ihn um Gnade bitten sollte? Oder um ein Glas Wasser?

Bulkers rückte seinen Stuhl näher und schob mir meine Arbeit zu. Ich konnte sein Aftershave riechen, ein frisches, herbes, zitroniges Aroma, das wunderbar zu seinen blonden Haaren passte. Ich hoffte inständig, dass er *mein* Parfum nicht in die Nase bekam: *Messe de Minuit* von *Etro*, das ein Aroma von Weihrauch und alten Steinen hatte. Ich liebte Kirchengeruch, auch in Haaren und Kleidern. Passte ja eigentlich zu den romanischen Fresken. Konnte mir das nicht wenigstens einen kleinen Bonus bei Bulkers einbringen?

Aber der Professor spießte mit seinem Zeigefinger eine meiner Fußnoten auf. Es folgte ein strenger Tadel, dass meine Art, wissenschaftliche Zitate wiederzugeben, absolut nicht den gängigen Normen entspreche. »Ihr Umgang mit den Fußnoten ist sub omnia canonae! Das müssen Sie dringend – ich wiederhole: dringend – aufholen. So was im sechsten Semester …« Er schnaufte vernehmlich.

Weißt du nicht, was sich gehört vor einer Herrin!? Wie kannst du es wagen, mir ungewaschen unter die Augen zu treten, du Unwürdiger?

Bulkers Blick wanderte von meinem Gesicht abwärts zu den silbernen Knöpfen an meiner Bluse. Das war mir mehr als unangenehm. Am Morgen noch hatte ich mich beim Blick in den Spiegel prächtig gefühlt. Jetzt fühlte ich mich in meiner Bluse gar nicht mehr hübsch. Eher wie eine schwarze Witwe.

In einer strengen Latexkorsage hätte ich mich bedeutend wohler gefühlt. Wie gerne hätte ich dann die Rollen getauscht, um meiner Ungeduld ein Ende zu bereiten: *Worauf wartest du noch, du Wurm! Sag mir sofort, was für eine Note du mir gegeben hast, oder ich zermalme dir deine Kunsthistoriker-Nase mit meinem Stiefelabsatz!*

Jetzt bemerkte Bulkers wohl mein blasses Gesicht. Vielleicht machte er sich Sorgen, dass er zu hart zu mir gewesen war und dass das bleiche Mädel gleich kollabieren und vom Stuhl rutschen könnte.

»Na, Sie brauchen jetzt mal keine kalten Füße zu bekommen«, sagte er.

Danke für den Hinweis, dachte ich. Mir war inzwischen so heiß, als würde sich in meinem Innern eine Kernschmelze anbahnen.

Bulkers blätterte zur letzten Seite meiner Arbeit, wo er mit Bleistift etwas hingekritzelt hatte, das aussah wie ein Arztrezept und ähnlich unleserlich war. »Eigentlich müsste ich Ihnen eine schlechtere Bewertung geben, weil Sie schon im sechsten Semester sind. Aber für mich zählt der Inhalt mehr als die Form. Und was Sie geschrieben haben, kann sich wirklich sehen lassen. Man hat auch gemerkt, dass Sie

Spaß an dem Thema haben. Also, ich habe Ihnen eine 1,3 gegeben. Aber das mit dem Zitieren müssen Sie lernen. Schnellstens!«

Jetzt war ich mir hundertprozentig sicher. Der Kerl war Sadist. Am liebsten hätte ich ihm in diesem Moment auf die Schulter geklopft und gesagt: *Hey, Bulkers, das mit der Folter machen Sie echt gut! Ich kann das beurteilen.*

Ja, die Welt war zuweilen ein einziges SM-Studio. Sie bot mehr Gefahren und Herausforderungen, als mit zehn Metern Seil einen dicken Mann zu fesseln und mit Acht-Zentimeter-Absätzen nicht umzuknicken. Sie bestand nicht nur aus einstündigen Sessions, nach denen man eine Handvoll Scheine besaß, und in ihr liefen nicht nur devote Sklaven rum, die danach lechzten, einem alles recht zu machen. Es gab eine ganze Menge Männer da draußen, die von meinem kleinen Geheimnis nicht im Mindesten beeindruckt gewesen wären. Und auch denen galt es standzuhalten, nicht nur den Masos und Putzsklaven im *Medea*.

In meiner kleinen SM-Welt hatte ich zwar Macht und setzte Maßstäbe; dort entschied ich zeitweise über andere Menschen und konnte sie manipulieren. Doch dieses schöne Gefühl von weiblicher Dominanz hatte mich irrtümlich glauben lassen, dass ich ganz allgemein eine starke Frau war. Nur dass die Spielchen, die ich im Studio abzog, draußen nicht funktionierten. Da war ich nur eine einfache Dreiundzwanzigjährige, die noch kein abgeschlossenes Studium hatte. Begehrenswerte, dominante Frau, die Männern zeigte, wo der Hammer hängt, schlagfertig und phantasievoll – und verwirrtes, unsicheres, verschüchtertes Gör, das Angst vor Universitätsprofessoren hatte und sich auf der Rolltreppe ihrer Haut nicht zu wehren wusste: Das waren die zwei Seiten meiner Medaille. Ich war quasi schizophren.

Als ich das begriffen hatte, wusste ich, was zu tun war: Die berühmte goldene Mitte musste her.

Ich beschloss, etwas aus meinem schönen Job zu lernen und meine im SM-Bereich gewonnene Stärke und Sicherheit für meine Persönlichkeit gewinnbringend anzulegen – also die Grundeinstellung der Domina auf mein normales Leben zu übertragen. Das klang nach einem guten Plan.

Aber wie sagt ein altes Sprichwort? »Planung ist der Ersatz des Zufalls durch den Irrtum.«

Tausche Geld gegen Tabu

Was du nicht willst, das man dir tue, das tu auch keinem anderen.
DIE BIBEL, TOBIAS 4, VERS 16

Das Leben einer Domina gleicht also mitnichten dem einer verruchten Königin. Dafür sorgten nicht zuletzt masturbierende Anrufer, unästhetische Sklaven und ungepflegte Kolleginnen. Genauso irritierend waren aber auch Männer, die nicht, wie andere »klassische SMler«, zu einer Domina gingen, um ihre masochistischen und devoten Neigungen auszuleben, sondern um etwas ganz anderes zu tun: sich schlichtweg einfach nur zu ekeln. Diese Herren empfanden eine eigenartige Freude an Dingen, die normalerweise auf der Toilette stattfinden, nicht aber zwischen zwei Menschen.

Solche »Fäkal-Erotiker« kamen in erschreckend hoher Zahl. Sie fanden alles spannend, was irgendwie mit dem Verdauungstrakt zu tun hatte – sei es ihrem eigenen, sei es dem ihrer Herrin.

Der Weg in die stinkenden Abgründe meines wunderbaren Berufes führte vorbei an Blasen und Enddärmen nebst ihrem Inhalt, an Spucke und Speichel und dergleichen Erfreulichkeiten mehr, mit denen selbst eine Nachtschwester in der Notaufnahme ihre Schwierigkeiten haben dürfte. Nein, als Domina darf man wahrlich keine allzu niedrige Ekelschwelle haben. Laut diverser Lexika bezeichnet »Ekel«

die Empfindung einer starken Abneigung gegen Substanzen und Objekte wie Nahrung, Exkremente, verwesendes organisches Material oder Gerüche. Gegen alle diese vier Ekelvarianten sollte man als professionelle Domina zumindest gewappnet sein oder am besten selbst eine ausgesprochene Vorliebe dafür haben.

Es gibt genug Männer, die mit Wünschen an uns herantraten, die eine solche Menge optischer und olfaktorischer Scheußlichkeiten beinhalteten, dass man als Domina dafür eigentlich einen eigenen Therapeuten gebraucht hätte. Das galt jedenfalls für mich. Manche Kolleginnen hatten weniger Probleme damit, in diese Abgründe hinabzusteigen, frei nach dem Motto: *Pecunia non olet!* Wahrscheinlich stand bei all denen auch *Feuchtgebiete* von Charlotte Roche im Bücherregal …

Eine der noch eher harmlosen Ekelprotagonisten unter unseren Kunden war ein Stammgast, den wir alle nur »Whiskas-Peter« nannten. Seine besondere Demütigung bestand darin, dass er gezwungen werden wollte, Katzenfutter zu essen. Dazu band man ihn im Liegen fest und verpasste ihm eine Maulsperre – nicht zu weit, gerade so, dass er den Mund nicht mehr schließen konnte. Dann nahm die Herrin einen großen Löffel und schaufelte Katzenfutter in seinen Schlund. Die Marke war ihm egal, der Geschmack ebenfalls. Mit Hühnchen und Pute, mit Lachs und Garnelen, mit Bio-Rindfleisch – das besondere Schlemmerhäppchen für den geliebten Vierbeiner. Die erlesene Zwangsernährung für den wehrlosen Perversling. Da Peter die Dosen selbst mitbrachte, standen wir wenigstens nicht vor der Qual der Wahl, womit wir ihn füttern sollten.

Eines Morgens hatte Whiskas-Peter einen Termin bei Undine. Sie lud mich ein, bei der Session zuzuschauen.

Lust dazu hatte ich nicht gerade, aber die Verlockung des Grauens war stärker als mein Widerwille. Ich kam hinzu, als das feine Essen schon in vollem Gange war. »Hmmm, ich hab gehört, hier findet ein Festmahl statt!«, rief ich, als ich die Tür öffnete. Da waberte mir auch schon eine Wolke Katzenfuttergeruch entgegen, der ja bekanntlich auf die Nasen von Zweibeinern nicht gerade die appetitlichste Wirkung hat. Kaum im Raum, machte mein Magen eine Bewegung Richtung Speiseröhre, ein fast unbezwingbarer Würgereiz überkam mich. Undines Gesicht war leichentuchblass. Der Einzige, dem es prächtig ging, war Whiskas-Peter.

Ich trat vorsichtig näher und sah die glitschigen, glänzenden, graubraunen Fleischstückchen in seinem Mund, wie er sie zwischen den leicht geöffneten Zähnen hin und her bewegte. Ich hörte das leise Matschen aus seinem Mund und fragte mich, wieviel von dem Zeug er schon im Bauch hatte – und ob sein Bauch sich darüber freute. Ich schaute zu Undine und zog die Augenbrauen hoch. Sie zuckte mit den Schultern und rümpfte die Nase. Sie vergewaltigte sich gerade selber, das war klar.

Da fiel mein Blick auf eine Packung *Fruchtzwerge*, die auf dem Fensterbrett stand. »Und was passiert damit?«, wollte ich wissen.

»Oh, das!«, antwortete meine Kollegin. »Damit vermischen wir nachher das Futter, damit Peter es leichter schlucken kann, nicht wahr, Peter?«

Peter gurgelte zustimmend und schmatzte weiter seine Thunfisch-Häppchen.

»Der Peter will nämlich heute eine Herausforderung«, erklärte Undine weiter. »Er will seiner Herrin beweisen, dass er für sie etwas besonders Abstoßendes runterschlucken will.«

Ich stellte mir Farbe, Geruch und Konsistenz eines Pürees aus *Sheba* und blassrosa *Fruchtzwergen* vor. Spätestens jetzt lief ich Gefahr, die Kontrolle zu verlieren. Ich verließ den Ort des Erbrechens und hechtete in die Küche, angelte mir eine Kaffeedose und steckte gierig meine Nase hinein. Oh, tat das gut! Bloß schnell diesen Geruch und vor allem den Anblick aus dem Gehirn vertreiben.

Doch ich schaffte es nicht. Noch heute mache ich um die Küche meiner besten Freundin einen großen Bogen. Denn darin steht ein Näpfchen mit diesen muffigen Häppchen. Einmal verriet sie mir, dass sie ihrer Katze einmal die Woche einen *Fruchtzwerg* verabreiche. Sei angeblich gut fürs Fell.

Wesentlich ärger als das Katzenfutterprogramm waren allerdings die diversen Analspiele. Die Dame, die anale Praktiken im Angebot hat, zieht sich zu diesem Zweck einen Gummihandschuh über, schraubt eine Tube Gleitgel auf und steckt ihre Finger nirgendwoanders hin als in den Enddarm ihres Kunden – sozusagen der Arschfick für Anfänger.

Eine professionelle Domina kommt so gesehen gar nicht darum herum, sich in ihrer Laufbahn mindestens ebenso viele Rosetten wie Penisse anschauen zu müssen. Denn ungefähr jeder dritte unserer Gäste wollte unbedingt, dass sein Arsch Bekanntschaft mit einem behandschuhten Damenfinger machte, der seine Prostata von innen kraulte. Ebenfalls auf der Skala der analen Angelegenheiten stehen Dildos in allen Größen und Formen, Klistiere bis zu drei Litern, aufblasbare Darmrohre und Umschnall-Dildos.

Als bizarre Dienstleisterin weiß man, dass Analspielchen tendenziell unangenehm werden können. Jedes Mal betet man: *Hoffentlich ist der Typ sauber! Hoffentlich war er vorher auf dem Klo!* Denn den Anblick von »Bremsspuren« verdauter Substanzen wollte man sich gerne ersparen.

Das Verrückte war: Man ließ sich freiwillig auf solche Schweinereien ein; das gehörte einfach dazu. Es war jedes Mal wie russisches Roulette: Mal wurde es mehr, mal weniger eklig. Jedenfalls tat man sich einen Gefallen, wenn man das Kondom nach getaner Arbeit mit einem mehrlagigen Papiertuch ohne hinzusehen von Finger oder Dildo zog und das Ganze schleunigst im Mülleimer entsorgte.

Für mich waren solche Spielchen der größte Kompromiss, den ich in diesem Job machen musste.

Leider gab es zu allem Überfluss auch Anal-Liebhaber, die den Akt der Defäkation selbst als »erotische« Demütigung empfanden. Viele »Sklaven« fanden ein krasses Vergnügen darin, von ihrer Herrin, gegen eine Gebühr von 250 Euro, als Toilette benutzt zu werden. Bei diesen sogenannten Toilettenspielen ging es nicht nur um flüssige, feste oder gasförmige Körperprodukte. Es gibt nämlich noch eine Sache, die eine Frau manchmal ins Klo befördert: feucht und rot, mit einem kleinen, hellblauen Schnürchen.

Ich wusste lange nichts von dieser blutigen Vorliebe, bis eines Tages ein Mann anrief und fragte: »Hallo, hier ist Maurice – äh, ist Lady Roxanne zu sprechen?«

Roxanne war in diesem Moment mit einem anderen Kunden beschäftigt, also sagte ich: »Nein, Maurice, sie hat gerade keine Zeit. Möchtest du vielleicht später noch mal anrufen?«

Er schluckte und sagte etwas leiser: »Ähm, ja, aber … können Sie mir vielleicht sagen, ob Herrin Roxanne gerade ihre … Periode hat?«

Ich glaubte, mich verhört zu haben. Warum fragte er

das? Weil er Angst hatte vor den unberechenbaren Launen einer menstruierenden Domina?

Als ich Roxanne später den Anruf ausrichtete und sie fragte, was es damit auf sich hatte, sagte sie ungerührt: »Ha, der will meine benutzten Tampons auszuzeln.«

Ich war geschockt und ekelte mich vor dem Gedanken so sehr, dass ich würgen musste. *Warum?,* fragte ich mich. Ja, warum tun Männer so etwas? Als kleine Wiedergutmachung dafür, dass unsere Vorfahren in der Wüste menstruierende Frauen sieben Tage von der Gemeinschaft ausgeschlossen haben? Es überstieg mein Verständnis.

Im Vergleich dazu waren NS-Spiele sogar noch harmlos. NS ist in diesem Fall keine Abkürzung für Nationalsozialismus, sondern bedeutet *Natursekt,* was ein Euphemismus für Urin ist. Viele Männer konnten der Vorstellung, von einer Herrin angepinkelt zu werden, ein Höchstmaß an Lust abgewinnen. Am besten ins Gesicht und in den Mund …

In der Tat liefen schon bald nach meinem Eintritt ins *Medea* eine beträchtliche Anzahl Männer in der Welt herum, die mein Pipi getrunken hatten …

Zu diesem Zweck legte ich den Sklaven auf ein Handtuch auf den Boden. Dann musste er einen großen Trichter in den Mund nehmen und still liegen. Ich stellte mich breitbeinig über ihn – alles Weitere kann man sich vorstellen. Ich gebe zu, dass ich das Geräusch des Gurgelns hin und wieder genoss. Außerdem wurde das Auge der Herrin nicht beleidigt. Wenn einige von meiner Kunden jemals meine nackte Muschi gesehen hat, dann beim Pinkeln …

Das war freilich das Höchste der Gefühle, was ich in puncto Toilettenspiele mitmachte. Alles, was darüber hinausging, hätte ich unter keinen Umständen hinbekommen.

Denn die »Fäkal-Erotiker« gaben sich oft nicht mit ein bisschen Natursekt zufrieden - sie wollten auch die harten Sachen, im wahrsten Sinne des Wortes. Denn die Kunden, die bei uns nach Kaviar verlangten, meinten damit keineswegs die Delikatesse, die man für teuer Geld in Feinkostläden kaufen kann, sondern das, was sprichwörtlich »hinten raus kommt«.

Im *Medea* gab es einen gekachelten Raum mit einem Wasserschlauch: die Nasszelle. Darin konnten all diese stubenunreinen Spiele stattfinden und deren Folgen auch leicht wieder weggespült werden – so liefen wir nicht Gefahr, dass unsere Putzfrau kündigte. Der Boden der Nasszelle war vorsichtshalber mit hellbraunen Mosaikfliesen gekachelt …

Einige Kolleginnen hatten bei diesen Verrichtungen offensichtlich keine Schmerzgrenze. Besonders kreativ und phantasievoll war mal wieder meine Kollegin Roxanne. Eines Tages »durfte« ich sie in besagter Nasszelle, wo ein ganz in Gummi gekleideter Toiletten-Sklave auf den Fliesen lag, beobachten. Bevor Roxanne sich ihrer »lebenden Toilette« widmete (so nannte sie ihn wirklich), befeuchtete sie einen Duplo-Riegel mit Gleitgel und steckte ihn sich hinten rein. Dann wurde ich Zeuge, wie Roxanne sich über ihren Sklaven kniete und ihm den Schokoriegel im Umkehrschub verabreichte. Schmatzend verschlang der Mann die von Roxannes Enddarmwärme aufgeweichte Schokolade. Mein Magen war bei dieser Beobachtung hin und her gerissen zwischen Zwerchfellstößen und Umdrehungsbewegungen.

Nein, ich verstand es einfach nicht, wie ein Mann davon träumen konnte, als sanitäre Einrichtung zu fungieren.

Es gibt übrigens noch eine Substanz, die man naheliegenderweise im Klo verschwinden lassen will – sofern man es rechtzeitig dorthin schafft. Und auch hierfür, man glaubt es kaum, gab es Abnehmer.

Eine Zeitlang arbeitete im Studio ein junges Mädchen namens Julia. Sie war gerade achtzehn geworden, sah aber so aus, als besuchte sie noch die siebte Klasse. Sie hatte keine Eltern mehr und bereits einige Jahre auf dem Baby-Strich in Hamburg hinter sich. Klar, dass Katja sie gleich unter ihre Fittiche nahm und ihr eine glänzende Zukunft als bizarres Häschen versprach. Julia war so dünn, dass es für sie unmöglich eine Kleidergröße geben konnte. Sie ging offen mit ihrer Bulimie um und verschwand nach jedem Kaffeeklatsch und mindestens drei Stücken Streuselkuchen im Bauch ostentativ aufs Klo und lächelte zufrieden, wenn sie wiederkam. Sie erzählte uns, dass sich ihr Körper schon so sehr ans Kotzen gewöhnt hatte, dass sie sich gar nicht mehr anstrengen musste, um zu erbrechen. Eine vornübergebeugte Haltung und ein leichter Druck auf den Bauch reichten aus. Als Katja das hörte, wusste die geschäftstüchtige Elster gleich, wie man daraus Kapital schlagen konnte. Eine Woche später eröffnete Julia uns, dass sie in Zukunft Kotzspielchen anbieten würde. Und tatsächlich: Innerhalb eines Monats riefen im *Medea* bestimmt fünfzig Männer an, die von Julia vollgekotzt werden wollten. Auch dafür musste die Nasszelle herhalten.

Auch in diesen Momenten fragte ich mich, was ich überhaupt an diesem perversen Ort zu suchen hatte. Und warum niemand Katja wegen Körperverletzung anzeigte.

Warum machen Dominas sowas? Warum machen sie Männern in den Mund? Warum lassen sie zu, dass ess- und brechsüchtige junge Mädchen sich ihren anverdauten Mageninhalt bezahlen lassen? Warum findet es niemand verwerflich, einen Mann – der offenbar keinerlei Ahnung von Gesundheitsrisiken hat – einer Kolibakterien-Infektion auszusetzen? Und warum widert die Ladys dieses Universum der Körpersäfte, Schleime und Drüsensekrete nicht an? Wie verträgt sich die majestätische Aura einer Herrin, überhaupt mit so viel bewusst herbeigeführtem Ekel?

Ich habe im Internet immer wieder Bilder gesehen, auf denen die erwerbstüchtigen Dominas dargestellt werden wie Kleopatra, Katharina die Große oder die Königin von Saba, nur eben ohne Gold und Leopardenfelle, dafür aber mit Kettenpeitschen und lederbezogenen Sesseln. Bilder von Herrscherinnen, die auf einem Thron sitzen, an dessen Armlehnen Totenköpfe angebracht sind und oben an der Rückenlehne Teufelshörner, eingehüllt in die Falten eines Lack-Capes, mit eiskaltem Blick, zu ihren Füßen die gebeugten Rücken ihrer Sklavenschaft.

Wenn man solche Bilder sieht, ist es kein Wunder, dass die Domina an sich verkannt wird.

Letztendlich ist nämlich die Tatsache, dass sie möglichst immer auf die Wünsche ihrer Sklaven eingehen muss, schon eine Minderung ihres Status. Eine SM-Dienstleisterin wäre bald arm und ruiniert, wenn sie nur das täte, was *sie* möchte, und den Sklaven einfach Sklaven sein ließe.

Das führt aber zu nichts anderem als zu der traurigen Erkenntnis, dass es die wahre Domina eigentlich gar nicht gibt. Sie ist nur eine Wunscherfüllerin im grausamen Gewand der Despotin. Es gibt keine einzige Domina auf der Welt, die auf ihrem stählernen Thron sitzt und wartet, dass ein Mann daherkommt und nicht nur sagt: »Mach mit mir, was du willst«, sondern das auch so meint.

So gesehen steckt hinter all dem Zwang, demütigende Dinge zu tun, immer auch eine große Portion Selbstverleugnung. Dem größten Zwang nämlich unterliegt bei einem SM-Spiel nicht der Sklave, denn der will dafür ja ausdrücklich tief in die Tasche greifen. Nein, den größten Zwang tut sich die königliche Herrin an, die sich oft genug denkt: »Bitte, lieber Gott, lass es schnell vorübergehen, lass mich diese Bilder vergessen!« Alles ist nur ein Spiel, und es funktioniert umso besser, je mehr die Domina mit schauspielerischem Talent gesegnet ist. Deswegen wäre es realistischer, der Herrin mit dem eiskalten Blick auf dem Eisenthron eine große Werbetafel in die Hand zu drücken mit der Aufschrift: *Lady Soundso die Schreckliche – lass mich die Herrscherin über deinen Wunschzettel sein.*

Schwarzfahrt

Ich muss aufpassen, dass ich mich nicht verrate. Ich darf mir nicht die schmutzige Sprache angewöhnen, und ich darf nicht abstumpfen, weil ich mal ein normales Leben führen möchte. Wenn man mir irgendwann anmerkt, was ich mache, ist es zu spät.

AUS DER ZDF-SENDUNG *LEBEN ABSEITS DER GESELLSCHAFT –
DER SCHWERE AUSSTIEG AUS DEM ROTLICHTMILIEU*

Nachdem ich schon fast vier Jahre im *Medea* zugange war, änderte mein Leben schlagartig die Richtung. Doch auch das SM-Studio wurde unvermeidbaren Umbrüchen unterworfen, die vor allem im personellen Bereich spürbar waren.

In Larissas brauner, gestählter Amazonen-Brust wurde ein Geschwür diagnostiziert. Sie begab sich in eine Klinik. Niemand wusste, wann und ob sie ihren Job wieder aufnehmen würde. Undine schloss ihr Webdesign-Studium ab und verschwand auf Nimmerwiedersehen nach New York, wo ihr ein Praktikum bei einem Hochglanz-Fashion-Magazin angeboten worden war. Sklavin Petra hatte einen ihrer Kunden geheiratet und war in die Toskana gezogen. Und auch das gab es bei uns: Herrin Alexandras Bauch wurde dick. Sie arbeitete so lange, bis sie sich ihre Korsetts nicht mehr zuschnüren konnte, und ging dann in den Domina-Mutterschutz, um Bullenpeitsche und Stiefel gegen Babypuder und Strampelanzüge einzutauschen.

Und ich?

Auch mir wurde mit der Zeit zunehmend bewusst, dass ich diesen lukrativen und abwechslungsreichen Job nicht ewig ausüben würde. An der Uni wurde es immer stressiger. Ich war in der Endphase meines Kunstgeschichte-Studiums angelangt. Die letzten Klausuren mussten absolviert, die letzten Seminararbeiten fristgerecht abgeliefert werden, und um all das zu schaffen, nahm ich mir im Frühjahr 2008 ein paar Wochen frei von meinen Verpflichtungen.

Im daran anknüpfenden Sommersemester meldete ich mich schließlich für die Magisterprüfung an. Nachdem ich der Sekretärin im Studentenbüro meine Anmeldepapiere über den Tresen gereicht und mich wieder auf den Weg Richtung U-Bahn gemacht hatte, wurde mir bewusst, wie viel Lebenszeit während dieser acht Semester, die ich inzwischen hinter mich gebracht hatte, bereits vergangen war. Es war Juli, und ich hatte zum ersten Mal seit Jahren den Mut zu kurzen Kleidern und hellen, luftigen Blusen aufgebracht. Schon seit geraumer Zeit waren die langen schwarzen Klamotten meiner Gothic-Kluft im Kleiderschrank verschwunden, aber auch die edlere hochgeschlossene Kleidung kleidete mich bei diesen Temperaturen nicht besonders.

In den Bäumen auf dem Uni-Campus raschelte das Laub. Die Luft roch nach frischgemähtem Gras. Ich spürte den Wind auf meinem Gesicht. Vor mir lag die Allee, die vom Gelände der Uni auf eine breite, stark befahrene Straße führte. Niemand sonst war hier, es war Mittagszeit und meine Kommilitonen saßen irgendwo weit weg im Gras, aßen Döner oder spielten mit Frisbee-Scheiben. Als ich in das diffuse Licht im Schatten riesiger Kastanien trat, traf mich plötzlich ein Anflug von Wehmut. Ich spürte den unaufhaltsamen Wandel, der allem Lebenden innewohnt. Plötzlich wurde mir klar, dass ich am Ende eines Weges angekommen war.

Ich war 25. Nächstes Jahr – so mich denn kein Meteorit erschlug – würde ich meinen Abschluss machen. Und dann? Würde ich dann meine Sklaven zwingen können, mich Lady Elvira M. A. zu nennen?

Wie sollte es weitergehen? Seit rund vier Jahren arbeitete ich inzwischen als Domina. Und jetzt sah ich zum ersten Mal, dass dieses Dasein begrenzt sein würde. Dass meine älteren Kolleginnen alle von diesem Weg abkamen, ob nun durch Krankheit, Heirat oder den sehr undominanten Zustand der Schwangerschaft.

Aber eigentlich hatte ich noch keinen Grund, meine Peitsche an den Nagel zu hängen, oder?

Doch, hast du wohl!, hörte ich meine innere Stimme mit der ihr eigenen Veranlagung, mich zur Vernunft zu bringen. Und diese Stimme erinnerte mich jetzt mal wieder daran, dass ich immer noch keine Ahnung hatte, was ich nach dem Studium anfangen wollte. Ich hatte ja schließlich nicht Kunstgeschichte studiert, um bis zur Menopause als Domina zu arbeiten. Diese vernünftige innere Stimme erinnerte mich überdies auch schmerzhaft daran, dass ich für einen späteren langfristigen, »bürgerlichen« Job keinerlei Berufserfahrung gesammelt hatte. Meine Kommilitonen arbeiteten schon längst nebenher in Architekturbüros, am Theater, in Galerien und Verlagen, als freie Journalisten oder wenigstens an der Taschenabgabe im Museum.

Und ich? Kloppte Männer zusammen und hatte einen Kleiderschrank voller Fetisch-Outfits, die gut und gerne so viel Wert besaßen wie zwölf Semester BAföG. Meine ganze praktische Erfahrung mit Kunst bestand darin, dass ich manchmal für meine beste Freundin einsprang und an der Kunstakademie Aktmodell stand.

Mein gutdotierter Job hatte mir lange Zeit sämtliche Überlegungen erspart, womit ich irgendwann einmal mein Geld verdienen wollte. Man macht sich solche Gedanken einfach nicht, wenn man sich mühelos ein schönes Leben leisten kann, und das ohne großen Aufwand und – wohlgemerkt – ohne jede Ausbildung. Meinen Kunden war es schnurz, ob ich gelernte Friseuse, Pferdemetzgerin oder Kunstprofessorin war. Hauptsache, ich schlug sie nicht mit einer Eisenbahnschiene.

Das Ende der Kastanienallee kam näher. In der Nähe stritten zwei Amseln laut um irgendetwas, das sich am Boden kringelte.

Mein Studium war bisher ein reiner Spaß gewesen, eine schöne Beschäftigung, nichts Ernstes. Ich war schon immer der Ansicht gewesen, man solle das studieren, was einem Freude macht, egal, ob man später damit Geld verdient oder nicht. Die vielen arbeitslosen Juristen, Ärzte und Betriebswirte zeigten ohnehin, dass auch ein karriereorientiertes Studium nicht zwangsläufig zum Goldtopf führte. Aber jetzt stand ich plötzlich an einem Punkt, an dem ich mir über meinen Fortgang Gedanken machen musste.

Wenn ich nach dem Magister aufs Arbeitsamt spazierte, würde man dort wissen wollen, was ich außer jeder Menge angelernten Wissens *noch* für Qualifikationen aufweisen konnte. Was sollte ich dann antworten? *Och, wissen Sie, Herr Berufsberater, ich habe eine hervorragende Menschenkenntnis, aber die bezieht sich nur auf Männer. Außerdem habe ich Führungsqualitäten en masse – jedenfalls im sexuellen Sinn. Ja, und ich kann mich gut in andere Menschen hineinversetzen, vor allem in Perverslinge. Ob ich praktische Erfahrungen habe? Ja schon, mit Sei-*

len, Peitschen und Dildos. Wollen Sie mal vorbeikommen? Sie bekommen eine halbe Stunde gratis, wenn Sie danach einen guten Job für mich finden!

Ich trat aus dem Schatten der Bäume hinaus auf die Straße. Grelles Sonnenlicht spiegelte sich auf Autoscheiben. Ich musste blinzeln. Hinter mir lag der Weg zwischen den Kastanien im dunkelgrünen Zwielicht des Licht-Schatten-Spiels, und ich wäre gerne noch einmal zurückgelaufen.

Ich stieg die dunkle Treppe zur U-Bahn hinab. Mit einem dumpfen Quietschen kündigte sich aus der schwarzen Röhre das Nahen des Zuges an. Ich spürte den Lufthauch, der durch den Untergrund rauschte und mich mit einer Gänsehaut überzog. Woher kam nur dieses plötzliche ungute Gefühl in mir? Diese Ahnung, etwas verpasst zu haben, etwas unwiederbringlich in die falsche Richtung gelenkt zu haben?

Ich stieg zwischen die aufschnappenden Türlippen der U-Bahn und setzte mich mit gesenktem Kopf in eine der Nischen mit zwei einander gegenüberliegenden Sitzreihen. Den Kopf gegen den Fensterrahmen gelehnt, versuchte ich, mich von der Angst abzulenken, die in mir aufgestiegen war. Ich dachte über meine Prüfungsthemen nach. In meinem Studiengang gab es das unglaubliche Privileg, sich diese selbst aussuchen zu dürfen. *Ach Gott, ich habe doch noch fast ein Jahr Zeit bis zum Studiumsende! Was machst du dir jetzt schon Sorgen?*, dachte ich mir. *Es ist doch alles in bester Ordnung! Genieß deine Zeit! Welche Studentin besitzt schon diesen unglaublichen Luxus, dem du dich hingeben kannst?*

Die U-Bahn hielt mit lautem Sirren, Menschen strömten in die stickige Hitze des Waggons. Neben mich quetschte sich eine dicke Einkaufstasche mit einer Frau dran. Vor mir ließ sich eine raschelnde Zeitung nieder. Ich vermied es, meine Mitreisenden anzusehen, sondern richtete meinen Blick aus dem Fenster, wo einem Kind gerade seine Eiskugel von der Waffel rutschte. Die Kugel verformte sich ebenso schnell wie die Gesichtszüge des Kindes. Bevor die Türen der Bahn sich schlossen, hörte ich noch den heiseren Unglücksschrei des Kindes, das seiner klebrigen Erfrischung beraubt worden war.

Mit einem sanften Ruck ging es nun weiter. Ich überlegte, Francis Bacon als Prüfungsthema in Kunstgeschichte zu nehmen. Dessen Gesichter hatten oft Ähnlichkeit mit Erdbeereis auf schwitzendem Teer. Schwarzem Teer. Ich wurde schläfrig …

»Die Fahrausweise, bitte!«

Plötzlich war ich hellwach. Verdammt! Ich war ohne Fahrschein in die Bahn gestiegen! Mir brach der Schweiß aus.

Aber warum? Nicht wegen der vierzig Euro Bußgeld – die kann man als erfolgreiche Domina locker berappen. Sondern wegen des lästigen Drumherums, der öffentlichen Brandmarkung, der man ausgesetzt wurde, wenn man es wagte, in dieser muffigen, überfüllten und schlecht gepolsterten Röhre beim Schwarzfahren erwischt zu werden.

Einer der beiden Kontrolleure stand gleich in meiner Nähe. Er prüfte den Fahrschein einer kleinen alten Oma mit der Gewissenhaftigkeit eines Vaterschaftstest-Laboranten und wandte sich dann der Sitzreihe zu, in der ich zwischen drei sicher äußerst interessierten Zeugen eingepfercht war. Ich kramte in meinem Geldbeutel nach meinem Personalausweis. Jetzt schienen mich wirklich alle zu beobachten.

Der Kontrolleur sah schon aus dem Augenwinkel aus wie ein eher rustikaler Zeitgenosse. Als ich jedoch meinen bis dahin gesenkten Blick hob, um der unvermeidbaren

Konfrontation ins Auge zu blicken, sah ich, dass er von geradezu grobschlächtigen, sperrmüllartigen Ausmaßen war, die ihn daran hinderten, sich frei zwischen den Sitzreihen zu bewegen. Er war einer der Menschen, die man im Winter beneidet und im Sommer bemitleidet: ein einziges kompaktes Fleischpaket, das aus sämtlichen Drüsen Unmut verströmt über seine ausufernde Fettschicht, mit der er in der arktischen Packeiszone besser aufgehoben gewesen wäre. Seine Finger, die mich an etwas erinnerten, was ich sowieso nicht aß, zupften an den gültigen Eintrittskarten meiner Sitznachbarn, dann sah er auf mich herab. Ich reichte ihm meinen Personalausweis.

»Den *Fahrschein*, junge Dame!«, dröhnte er. Seine Stimme klang genauso wie sein Job. Er bedauerte es wahrscheinlich, dass es keine echten Uniformen für seinen Berufszweig gab.

Ich hielt ihm weiter den Ausweis hin und sah in zwei verklebte, in Fleischkissen eingebettete Knopfaugen, die mich so fassungslos musterten, als sei ich die erste Schwarzfahrerin seit Anbeginn seiner Karriere.

»Was soll ich mit Ihrem Ausweis?«, blökte er vorwurfsvoll.

»Sie sollen meinen Namen und meine Adresse aufschreiben!«

Ich war erstaunt über meine plötzliche Ruhe.

»Name und Adresse? Warum das denn?«, blaffte er.

»Ich will, dass Sie mir Liebesbriefe schicken, was sonst?«

Ich lächelte und beschloss, mich nicht schlimmer zu fühlen als das Kind, dessen Eiskugel sich mit dem Boden des Bahnsteigs vereinigt hatte.

Das Leben war eine tolle Show. Wenn man wollte, konnte man aus jeder noch so blöden Situation ein »Event«

machen, so wie hier. Meine Sitznachbarin schnaufte. Hinter mir kicherte es. Das Publikum war begeistert.

Allerdings erlahmte mir langsam der Arm, denn die bebeinte Fleischbulette wollte einfach nicht nach meinem Ausweis greifen. Stattdessen stemmte der Kontrolleur die Hände in die Seiten. Dunkle, feuchte Flecken zeichneten sich auf seinem weinroten Poloshirt ab.

»Wollen Sie Ärger, junge Dame? Ich will Ihren Fahrausweis! Oder ...« Endlich schien es ihm zu dämmern. »Ach ... Sie haben gar keinen Fahrschein?«

»Richtig«, sagte ich.

Seine Stimme bekam nun Ähnlichkeit mit der eines Schäferhundes: »Warum sagen Sie das nicht gleich?«

»Ich wollte Sie nicht erschrecken!«

Der menschliche Bulldozer lief rot an. Ich beschloss, seine Wut an mir abprallen zu lassen, und stellte mir vor, der dick gepolsterte Körper vor mir gehöre nicht einem übereifrigen Wichtigtuer, sondern einem chinesischen Buddha.

Der Dicke schnappte sich meinen Ausweis. »Das ist eine Unverschämtheit«, knurrte er. »Wissen Sie, wie man das nennt, was Sie hier machen?«

»Erschleichung von Leistungen?«

Mein Lächeln kippte nun leicht ins Grinsen. Die Bulette schwitzte stärker.

»Werden Sie mal nicht unverschämt, junge Dame. Sie haben sich unverzüglich zu melden, wenn Sie ohne Fahrschein unterwegs sind. Und nicht frech zu warten. Wir sind hier nicht beim Tanztee, wo man die Damen auffordert.«

»Ich glaube, hier ist es zu eng zum Tanzen«, erwiderte ich. Ich wunderte mich selber über das Oberwasser, in dem ich gerade planschte. So kannte ich mich gar nicht – jedenfalls nicht außerhalb des Studios. *Solltest du etwa was gelernt haben, kleine Herrin?*

Der Kontrolleur kam jetzt dem Zustand eines Stiers, vor dem eine kommunistische Fahne entrollt wird, bedenklich nahe. Er schnaubte: »Wir können auch an der nächsten Haltestelle zusammen aussteigen und die Polizei rufen, wenn Ihnen das lieber ist!«

Warum nur?, dachte ich. Er hatte doch meine Personalien, und Fluchtversuche unternahm ich auch keine. Offenbar konnte er es nicht vertragen, dass man vor ihm nicht automatisch in Deckung ging. Am liebsten hätte ich ihn gefragt, ob er einen Steifen kriegte, wenn er junge Frauen beim Schwarzfahren erwischte.

»Ich habe auch keine Fahrkarte.« Die Stimme gehörte dem Mann hinter der Zeitung. Der Blick des Bulldozers schnellte von mir zu meinem Gegenüber. Zeitlupenartig sank die Zeitung nach unten und dahinter saß ... *Conrad.*

»Jetzt sind wir schon zu zweit«, sagte er mit einem charmanten Lächeln. »Sollten wir jetzt nicht alle zusammen aussteigen?« Die Prise Spott war nicht zu überhören.

Conrad.

Herzrasen, Schweißausbruch, Zusammenziehen des Magens – all die Körperreaktionen, die für gewöhnlich bei nicht so abgebrühten Schwarzfahrern ausgelöst werden, brachen in diesem Moment nachträglich und dafür in doppelter Intensität bei mir aus. Ich war froh, dass ich saß.

Conrad. Er hatte die ganze Zeit vor mir gesessen, und ich hatte es nicht bemerkt. Wahrscheinlich hatte er mich über seine Zeitung hinweg beobachtet. Mein missmutiges Gesicht, meine Stirn am Fenster. Und was noch viel schlimmer war: Er war dabei gewesen, wie Lady Elvira beim Schwarzfahren erwischt wurde. Etwas Peinlicheres konnte mir nicht passieren. Konnte ich diesem Mann denn nie über den Weg laufen, ohne mich von meiner unsäglichsten Seite zu zeigen?

Ich starrte ihn an. Die Bulette über uns wurde unterdessen nervös. Conrad lächelte. Seine blauen Augen blinzelten mir komplizenhaft zu. Auf seiner Brust reckte Che Guevara den Kopf und rief *Venceremos!* in den vollen U-Bahn-Waggon.

Na also, die Situation war gerettet. Wir würden siegen, so oder so. Conrad war auf der Seite der Unterdrückten und Geknechteten! Also auch auf meiner. Na, wenn das kein glorreiches Wiedersehen war.

Conrad zog mit lockerem Handgelenk seinen Ausweis aus der Tasche und reichte ihn, ohne die Augen von mir zu lassen, dem nun sichtlich überforderten laufenden Schwartenmagen. In diesem Moment bremste die Bahn mit einem Ruck, und der Mann, der unsere in Plastik verschweißten Identitäten übereinandergeschoben hatte, musste sich krampfhaft festhalten. Er sah aus wie ein Schlauchboot, das sich automatisch aufbläst.

»Wollten wir hier nicht aussteigen?«, fragte Conrad mit freundlicher Stimme und erhob sich. Auch ich stand ganz automatisch mit auf. Wir schoben uns mit dem Kontrolleur im Schlepptau nach draußen, wo er unsere Personalien mit versteinertem Gesicht in einen kleinen gelben Block eintrug und uns dann die Ausweise nebst Überweisungsscheinen für das »erhöhte Beförderungsgeld« überreichte, wie es im Amtsdeutsch hieß. Seine markigen Sprüche schienen versiegt. Conrad lächelte ihn die ganze Zeit an.

Zähneknirschend und grummelnd bestieg der Schaffner seinen nächsten Arbeitsplatz, der auf dem Gleis gegenüber in die Station gerollt war. Ein Punker mit Hund und einem ganzen Eisenwarengeschäft an den Klamotten beschloss, lieber auf die nächste Bahn zu warten.

Nun standen Conrad und ich alleine auf dem Bahnsteig.

Im Film fangen bei solchen Gelegenheiten beide Personen aus Verlegenheit gleichzeitig an zu reden, halten dann lachend inne, plappern erneut gleichzeitig los, es folgt wieder ein verlegenes Kichern und dann das unvermeidliche »Äh, also, ich, tja, … darf ich dich vielleicht auf einen – Kaffee einladen?«

Alternative: Man küsst sich gleich.

Ich war fest entschlossen, cool zu bleiben und mich nicht gleich wieder in ein stotterndes Kleinkind zu verwandeln, nur weil Conrad meinem kleinen Alltags-Event eine völlig neue Wendung gegeben hatte.

»Ich hätte dir nicht zugetraut, dass du schwarzfährst.« Sagte ich. Fast hätte ich hinterhergeschoben, dass er sich eine Fahrkarte ja wohl locker leisten konnte, wenn sein Geld sogar für Lady Alexandra reichte. Wusste er eigentlich, dass sie schwanger war?

Conrad zog etwas aus der Hosentasche und sagte mit bescheidenem Tonfall: »Ich hatte eine Fahrkarte dabei. Für gewöhnlich bin ich eigentlich recht brav. Ich lege mich lieber mit weiblichen ›Kontrolleuren‹ an.«

Ich war sprachlos: »Ja, aber – dann hättest du ja gar nicht …«

»Ja, ich hätte mich mit Lady Elvira nicht solidarisch zeigen müssen. Aber die stillose Art, wie dieser charmante, zartgliedrige Zeitgenosse mit Ihnen umging, wollte ich nicht weiter mitansehen.«

Gott, wie er spricht! Eine warme Welle umspülte mein Gesicht, und irgendwo unter meinen Wangen begann es zu kribbeln. Dieser charmante Kerl hatte sich gerade heldenhaft an die Seite einer schwarzfahrenden Domina gestellt. Sollte ich ihm dafür um den Hals fallen und ihn auf der Stelle küssen? Oder ihm einfach nur die Hand reichen und nüchtern sagen: »Danke, Genosse! Wie kann ich dir das vergelten?«

Mir fiel was anderes ein: »Ja – cool ...« Nicht gerade viel.

»Sie haben sich wacker geschlagen. Ich bin sicher, mit Ihrer Persönlichkeit hätten Sie den Drachen auch ohne mich besiegt«, sagte er augenzwinkernd.

Ich musste lachen. »Warst du in deinem früheren Leben Ritter oder so was Ähnliches?«

Der Vergleich war nicht weit hergeholt. So, wie er da stand, mit seinen im Nacken zusammengebundenen Haaren, aus denen sich einzelne Strähnen lösten, sah er gar nicht aus wie aus diesem Jahrhundert. Welch eigenartiger Mann.

»Liebe Lady Elvira, bevor Sie jetzt fragen, wie Sie mir meinen Beistand vergelten können, würde ich Ihnen ein Angebot vorschlagen.«

Er nannte mich tatsächlich bei meinem Domina-Namen – hier, am helllichten Tag, mitten auf dem U-Bahnsteig. Während er mit mir sprach, waren seine Augen ausschließlich auf mich gerichtet. Sein Blick hatte sich geradezu an mir festgesaugt, als habe er Angst, irgendetwas zu verpassen. Nur ab und zu schossen seine Augen ein wenig nach unten und wagten einen Blick auf die Stellen, wo ein straffes Stoffband um meine Taille lag und wo meine Knie unter dem Kleid hervorschauten. Noch ehe ich was erwidern konnte, fuhr er fort: »Sagen Sie, wie lange könnten Sie eine Session verlängern, und zwar im Wert von – vierzig Euro?«

»Ah – das hast du dir ja schön ausgedacht! Als Dank für deinen seelischen Beistand sozusagen?« Ich musste grinsen.

»Exakt. Und vielleicht bin ich auch ein kleines bisschen neugierig.« Jetzt senkte er zum ersten Mal unsicher den Blick, als sei er vor seiner eigenen Idee erschrocken.

Mein Herz pochte. Hatte Conrad gerade Interesse an einer Session mit mir bekundet?

Mit meiner gespielten Souveränität war es jetzt endgültig vorbei. Was sollte ich ihm nun sagen? Diesem wie aus dem Nichts aufgetauchten Mann, der irgendwie die Gabe besaß, mich wie ein schwaches Fohlen auf wackligen Beinen fühlen zu lassen. Mich durchzuckte die Erinnerung an unsere erste Begegnung, bei der ich einen Blackout hatte und meinen Charme gekonnt verhehlt hatte.

Conrad nahm meine Hand, führte sie an seinen Mund und drückte einen Kuss darauf. Dabei schaute er mir offen und ernst in die Augen. »Lady Elvira, es war mir eine Freude, Ihnen einmal in Zivil zu begegnen. Man sollte eine Lady wirklich nicht mit so schnöden Dingen wie Fahrausweisen ermüden!« Er machte eine kurze Pause. »Beim Anblick Ihrer nackten Zehen wird mir übrigens ganz anders zumute. Und bevor ich jetzt noch einen Fehler mache, überlasse ich Sie lieber Ihrem weiteren Schicksal. Ich rufe Sie an. Sobald wie möglich.«

Er ließ meine Hand los, drehte sich um und verschwand zwischen den Leuten.

»Haste mal'n bisschen Kleingeld?«

Ich wirbelte herum. Neben mir stand der Punker und hielt die Hand auf. Sein Hund senkte seine feuchte Schnauze auf meine Sandalen.

»Ja, klar …«, hauchte ich.

Ich hätte ihm in diesem Moment am liebsten einen Kuss auf sein blasses Gesicht gegeben und ihn zu einem Eisbecher eingeladen, so euphorisch fühlte ich mich. An irgendjemandem musste ich meine Freude abreagieren, sonst würde ich platzen.

Der Punk strich dem Hund über den Kopf: »Ich muss Saddam mal was zu fressen kaufen, weißte.«

Ich schenkte den beiden fünf Euro. Der Punk strahlte.

»Ey, guck mal, Saddam, die Lady schenkt uns so viel für dein Fresschen. Ey, danke, das ist echt vom Allerfeinsten!«

Vermutlich würde der Punk von dem Geld nicht nur seinem Hund ein paar Dosen Chappi, sondern auch sich selbst das eine oder andere Bier genehmigen, aber das war mir egal.

Hauptsache Conrad hatte das, was er gesagt hatte, ernst gemeint. Der Edelmann, der unverhofft wieder in mein Domina-Studentinnen-Doppelleben getreten war – ausgerechnet in einem Moment, da ich so sehr haderte wie nie zuvor. Und mit einem unwiderstehlichen Angebot.

Ich schwebte in meine Wohnung. Vor dem Spiegel stellte ich fest, dass ich aus dem Grinsen gar nicht mehr rauskam. Ich warf alle meine düsteren Zukunftsängste bis auf unbestimmte Zeit in den Orkus der Nichtbeachtung und mich selbst schwungvoll auf mein Bett.

Vor meinem Fenster schienen sich sämtliche Vögel der Stadt zur Singstunde verabredet zu haben. Ich drückte mir ein Kissen aufs Gesicht und stieß einen kleinen Juchzer aus.

Sklavenallergie

Der Gedanke, mit fremden Männern ins Bett zu gehen, schien mir plötzlich richtig ekelhaft. Bis zu dem Zeitpunkt hatte ich das Rammeln der Männer über mich ergehen lassen und meinen Körper dabei als Lust- und Geldquelle betrachtet.

SONIA ROSSI, FUCKING BERLIN

Conrad hatte eine Session bei mir vereinbart. Und wenn er sie wirklich wahrnehmen würde, durfte ich eigentlich keine Gefühle für ihn haben. Ich hatte mich in ihn verliebt, spätestens in der U-Bahn, vermutlich schon davor.

Aber das ziemte sich nicht für eine Domina. Er hatte ja nicht mit der kleinen Studentin eine Verabredung, sondern mit der wunderbaren Lady Elvira. Wollte ich also die Session mit Conrad überstehen, durfte ich in ihm nichts anderes sehen als einen kleinen, von seiner Lust gequälten Sklaven, der mir die Zehen lutschen sollte und dazu vorher einen Abstecher zum Geldautomaten machen musste. Ich durfte in ihm nicht den Mann sehen, dessen Charme mit geradezu empörender Beiläufigkeit mein Leben gestreift und mich dabei fast von den Füßen gerissen hatte.

Die nächste Frage war: Wie würde ich erfahren, welche Phantasien Conrad in sich trug? Um welche Art von Session es sich handeln sollte? Sollte ich noch schnell einen Abstecher in den Kreißsaal von Ex-Herrin Alexandra machen und sie fragen?

Ich schmiedete einen Plan: Erstens würde ich nicht auf heißen Kohlen sitzen und auf Conrads Anruf warten. Zweitens würde ich mir eine todsichere Strategie ausdenken, wie ich meine herrische Haltung bewahren konnte, sobald es ernst würde. Das hieß: Beim Füßeküssen nicht schnurren, nicht allzu viele Streicheleinheiten, ihm nicht ins Haar fassen und ihn auch nicht küssen, wenn er gefesselt am Andreaskreuz stand. Und drittens: Ich durfte ihn nicht merken lassen, dass ich offensichtlich dabei war, mich noch mehr in ihn zu verlieben.

Das war ein feiner Plan. So weit, so gut. Nur eines war dumm: Es geschah – nichts.

Ich erhielt weder einen Anruf auf meinem Geschäftshandy noch im Studio direkt. Die Namen der Männer, die in meinen Terminkalender eingetragen wurden, fingen nicht mit C an und hörten nicht mit onrad auf. Stattdessen war mein E-Mail-Postfach tagtäglich angefüllt mit charmanten und literarisch hochwertigen Ergüssen unbekannter Sklaven, die mich unbedingt kennenlernen wollten. Etwa so:

Hi Elvira,
   ich steh auf Schläge auf den Arsch. Auch gerne schön kräftig. Halte so einiges aus. Sollte aber mit Erotik verbunden sein. Also, ich will schon nackte Haut sehen, wenn du verstehst, was ich meine. Also, nicht falsch verstehn, ich will nix Ultrahartes. Aber eben Schläge auf den Arsch. Geht das? Und ich würd gerne haben, dass Sie mir zum Schluss den Schwanz massieren, bis ich komme. Was kostet das?
   Übrigens, ich heiß Mike.
   Tschüss

Oder die Botschaft eines Mannes, dessen Orthographie-kenntnisse irgendwo in der vierten Klasse steckengeblieben waren:

Hallo Ledy Elvira,

hier ist der Oscar. Ich wollt sie mal fragen, ob Sie auch so spiele anbieten, wo ich ein Hund sein kann. Ich kenn mich mit so was schon aus und ich brauche es, das sie mir ein Halsband umlegen und mich dran zien. Und mir einen Hundenamen geben und mich dreßiren. Haben sie einen Freilauf, wo man Gassi gehen kann? Sie müssen mir dann auch Befeele geben, also sitz! und platz!, ich kann das schon ziehmlich gut, wissen Sie. Ja, und ich kann nur 100 Euro ausgeben. Kann ich dafür zwei Stunden bleiben?

Wär echt toll. Ich würde sehr gerne für sie belln.

Wuff

Oscar

Beeindruckend war auch diese überaus dezente, respekt-volle Anfrage:

Hi Elvira!

kann man dich auch an der Muschi lecken? Was kostet das?

Gruß Jörg

Nach solchen Zuschriften überlegte ich ernsthaft, auf mei-ner Internetseite warnend darauf hinzuweisen, dass ich Kunstgeschichte und Germanistik studierte und es deswe-gen nicht duldete, auf dem Niveau eines geistigen Klapp-spaten kontaktiert zu werden.

Von Conrad kam keine Nachricht. Bei jedem Klingeln des Telefons stellten sich sämtliche Sensoren bei mir auf »Hoffnung«. Doch sie erfüllte sich nicht.

Ich geriet mal wieder in eine bedenkliche emotionale Schieflage und registrierte obendrein beunruhigende Anzeichen von Überdruss, die ich noch nie zuvor an mir wahrgenommen hatte. So wurde mir eines Tages während einer Session schlecht – dies ausgerechnet bei einem Stammgast, den ich recht gerne hatte, weil er immer wieder phantasievolle Ideen mitbrachte, respektvoll war und sehr lange blieb, was sich ausgesprochen positiv auf meinen Geldbeutel auswirkte. Er hieß Michael, war ganz nett gewachsen und einer der wenigen, in dessen Nähe ich nicht durch den Mund atmen musste.

Als ich Michael mal wieder in Behandlung hatte, kroch plötzlich ein beklemmendes Gefühl in mir hoch. Ich sah sein feuchtes, verklebtes Brusthaar auf der blassen Haut. Auf einmal war mir, als könne ich jedes Einzelne davon bis in die Pore zurückverfolgen, aus der es sich herauskringelte. Der Geruch von frischem Schweiß eines gesunden Menschen ist an sich nicht unangenehm, aber auf einmal breitete sich in meinen Geruchsnerven ein übelriechender, giftiger Nebel aus. Ich erschauderte mit einem Mal vor dem Anblick der feuchten Haut, der erigierten, braunen Brustwarzen und der pochenden Halsschlagader meines Kunden.

Mein inneres Auge löste sich aus mir, schwebte an die Decke des stickigen Studios und beobachtete mich aus einiger Entfernung von oben. Da stand ich, gekleidet in abartig teure Fetischkleidung, die dem Mund meines Gegenübers einen dünnen Speichelfaden entlockte. Ich hielt ein metallenes Stachelrädchen in der Hand und führte es mit leichtem Druck über die Haut des Mannes, der gefesselt vor mir stand. Er stöhnte leise und erregt, wann immer ich den Druck erhöhte, wand sich mir entgegen und genoss den leichten, stechenden Schmerz so sehr, dass seine Augenlider flatterten und der Mund sich stumm bewegte. Mein Blick verharrte auf den kleinen, roten Pieksern, die entstanden, wenn das Rädchen sich drehte. Auf einmal war in meinem Arm keine Kraft mehr, und meine Knie verwandelten sich in Watte. Ein übler Geschmack füllte meinen Mund. Ich ließ das Rädchen sinken. Es kam mir vor, als würde meine Energie in die haarigen Poren vor mir gesaugt. Mir war auf einmal so übel, dass ich Angst bekam, jeden Moment zu erbrechen oder in Ohnmacht zu fallen.

Das Rädchen fiel scheppernd auf den Boden. Ein Teil von mir dachte: *Scheiße, jetzt haben sich die Stacheln verbogen und das Ding wird nicht mehr weh tun.* Der andere Teil dachte: *Was tue ich hier eigentlich?*

In diesem Moment fühlte ich mich, als sei ich von ganz weit her, von einer Wiese voller Gänseblümchen, in dieses dunkle, stinkige Studio gebeamt worden – um vor einem mir völlig fremden, nackten, schwitzenden Mann zu stehen, der sich fast nicht mehr einkriegte, weil ich ihm mit einem Stachelrädchen zu Leibe rückte.

Die Absurdität dieses Augenblicks riss mich fast von den Füßen. In meinem Kopf drückten Gedankenblasen gegen meinen Schädelknochen und drohten ihn zu sprengen: *Wie bin ich bloß hierhergekommen? Warum tue ich das alles?*

»Herrin, geht es Ihnen nicht gut?«

Michaels besorgte Stimme riss mich aus dem Gedankenstrudel. Ich schaute ihm kurz in seine fragenden Augen und hauchte: »Wart mal kurz, ich bin gleich wieder da.«

Irgendwie schaffte ich es zur Tür und wankte weiter zum Aufenthaltsraum. Die Luft im Gang war ein wenig besser, aber in meinem Kopf blinkte der nackte Mann immer wieder auf wie eine aufdringliche Leuchtreklame. Ein überwältigender Ekel erschütterte mich so sehr, dass ich fast kotzen musste. Noch schlimmer war, dass ich nicht recht wusste, warum ich mich plötzlich so fühlte.

Im Aufenthaltsraum traf ich Katja. Sie stapelte gerade Kaffeepackungen und Küchenrollen aus einem Karton auf dem Boden in einen Haushaltsschrank. Als sie mich sah, sprang sie sofort auf, hechtete mit zwei Schritten zu mir und fing mich gerade noch auf. Ich sank mit dem Kopf gegen die Wand, spürte ihre fleischigen Finger an meinen Schultern. Vor mir tanzte ihr roter Stroh-Kopf. »Elvira! Was ist los mit dir?«

Katja schlug mir vorsichtig gegen die Wangen und rief dann irgendetwas von Fenster aufmachen und Wasser holen.

Caroline eilte herbei, und zu zweit trugen sie mich zum Sofa, wo ich allmählich wieder klar im Kopf wurde. Ich sagte, dass jemand Michael losbinden und heimschicken müsse.

Katja starrte mir in die Augen und stellte mir unverwandt die klischeehafteste Frage in solchen Situationen: »Bist du etwa schwanger?«

Ich schüttelte den Kopf und spürte, wie mir die Tränen kamen. Ich wusste nicht, wie ich es ihr hätte erklären können. Ich wusste nur eins: Tief in meinem Innern war ein neues Gefühl entstanden. Ich war zusammengebrochen, und zwar nicht wegen der sauerstoffarmen Luft im Studio, auch nicht wegen Kreislaufbeschwerden, die ich noch nie hatte, oder wegen niedrigen Blutdrucks. Nein, es waren innere Ursachen gewesen, die sich gerade schlagartig den Weg an die Oberfläche gebahnt und mich niedergefällt hatten: Es lag an diesem Job.

Konnte das sein? Würde das so bleiben? Vielleicht würde es vorübergehen wie ein kleines Gewitter.

Aber es ging nicht vorüber. Während der nächsten Woche merkte ich, dass mich an meinem Arbeitsplatz alles nur noch anwiderte. Allem voran meine Kunden. Der typische, von schwitzender roter Haut ausströmende Pheromon-Geruch, der im *Medea* wie ein penetrantes Raumspray durch jedes Zimmer waberte und sich mit Zigarettenrauch und billigem Parfum vermischte, schwoll mir die Nase zu, und beim Anblick erigierter, pulsierender Geschlechtsteile tränten mir die Augen. Wie hatte ich diese Fleischstücke nur jemals berühren können, ohne einen allergischen Schock zu bekommen?

Ich empfand plötzlich eine Abneigung gegen Dinge, die mir lange Zeit wie selbstverständlich schienen. Die vielen schwarzen Dildos, die im *Medea* auf Regalen aufgereiht standen, waren für mich auf einmal keine Lustspielzeuge mehr, sondern feindselige, dreckige Requisiten eines perversen Theaterstückes, bei dem ich zur Stammbesetzung gehörte.

All das erinnerte mich an das Gefühl, das mich vor Jahren veranlasst hatte, Vegetarierin zu werden. Eines Tages war mir der Anblick der Fleisch-Kühltheke im Supermarkt mit seinen abgepackten rosa Leichenteilen als ein solcher Graus vorgekommen, dass ich schlagartig hätte kotzen können, obwohl mir der Griff zum Hackfleisch all die Jahre zuvor so vertraut gewesen war wie jener zur Kaffeetasse. Ähnlich ging es mir nun, wenn ich im *Medea* in den Studios zu Gange war und die verklebte Brust- und Schambehaarung meiner Sklaven sah.

Eine solche »Allergie« kann sich eine Domina natürlich nicht leisten. Ebenso wenig wie sich zu verlieben. Das ist ungefähr genauso berufsgefährdend wie Blutphobie bei einem Chirurgen.

Was war bloß los mit Lady Elvira? Was war dafür verantwortlich, dass mich sogar brave, wohlriechende, gut zahlende Sklaven plötzlich so abturnten wie die E-Mail von Oscar?

Die Abneigung gegen die Männer im Studio ging einher mit dem zunehmenden Widerwillen, mit dem ich das *Medea* betrat. Die Aussicht darauf, mit leichtbekleideten Semi-Prostituierten auf einem Sofa zu sitzen und zuzuhören, wie sie über ihre Kunden redeten, hatte bei mir ungefähr dieselbe motivierende Wirkung wie jene auf eine morgendliche Matheklausur in der Schule. Es war ein Wunder, dass ich noch keinen Hautausschlag bekam, wenn ich mich in meine Latexkleider zwängte und meine knielangen Stiefel zuschnürte. In meinem Hals entstand ein dicker Kloß allein schon beim Gedanken an die düsteren, rot ausgeleuchteten Räume, die inzwischen alle noch viel schmuddeliger waren als vor dreieinhalb Jahren und in denen es nach Restschweiß, Sperma, Kondombeschichtung und Generationen von Domina-Parfüm stank – ja, stank. Das nahm ich jetzt erstmals richtig wahr. Die Aussicht, als Klofrau in einem Männergefängnis zu arbeiten, hätte in mir nicht mehr Abscheu erzeugen können.

Kurz: Ich hatte keine Lust mehr, im *Medea* zu arbeiten.

Als Katja mich noch ein zweites und ein drittes Mal mit blassem Gesicht und verdrehten Augen antraf, legte sie mir nahe, eine Auszeit zu nehmen. »Elvira, versteh das bitte, aber du musst dich schon wohl fühlen, wenn du hier arbeiten willst, ja? Jetzt geh und erhol dich mal, und wenn's dir bessergeht, kommst du einfach wieder.«

Da ich trotz allem komischerweise in den letzten Wochen erstaunlich gut verdient hatte, ging ich sofort auf ihren Vorschlag ein. Ich nickte schwach und nahm mir zwei

Wochen frei. Es war August, mitten in den Semesterferien. Ich nutzte die Zeit, um eine Literaturliste für meine Magisterarbeit zusammenzustellen. Ich würde sie im Fach Kunstgeschichte schreiben und hatte ein wunderbares Thema: *Die Rolle der Frau in barocken Vanitas-Darstellungen*.

Für eine Weile war ich nun wohltuend mit anderen Dingen beschäftigt. Ich tauchte hinab in die opulenten, prächtigen Gemälde niederländischer Künstler. Die Bilder der sittsam verhüllten Menschen vertrieben für eine Weile die abstoßenden Impressionen aus dem Studio. Ich genoss die Abwechslung.

Es war inzwischen über sechs Wochen her, dass ich Conrad in der U-Bahn getroffen hatte. Er hatte seitdem nichts von sich hören lassen. Oft lag ich zu Hause im Bett wie eine Kranke, biss wie verrückt an meinen Fingernägeln herum und fragte mich: Warum hatte er nicht angerufen? Spürte er vielleicht über irgendwelche geheimen Sensoren, dass ich eine schlagartige Abneigung gegen mein Arbeitsumfeld entwickelt hatte?

Mir war bewusst, dass mein innerer Wandel auch mit dieser vergeblichen Warterei zusammenhing. Die eingesperrte Prinzessin hatte gehofft, der Ritter würde kommen und sie befreien. Und nun, da er es sich wohl anders überlegt hatte, erschien mir der dunkle, bizarre *Medea*-Palast wie eine stinkende Bruchbude, die meiner nicht mehr würdig war.

Ein Schleier schien von meinem Selbstbild abgeglitten zu sein. Ich sah mich nicht mehr als privilegierte Frau, die einen besonderen Job ausübte, nein, plötzlich war ich nur noch eine Art Prostituierte – eine, die sich zwar nicht anfassen ließ und ihre Arbeitskleidung nicht im Sexshop erwarb, aber was machte das schon für einen Unterschied?

Was war ich denn schon Besonderes? Ich war eine verwöhnte, lebensfremde Noch-Studentin, deren Dasein vornehmlich aus klugen Büchern und nackten Schwänzen bestand. Und mein Arbeitsplatz war ein abgehalftertes Halbbordell.

Mein Leben kam mir nur noch schäbig vor. Mein einst so schillernder Job hatte seine ganze Faszination verloren, wie Lackunterwäsche, die rissig und glanzlos geworden war. Übrig blieb etwas Abgegriffenes, das keine neuen Reize mehr versprach.

Conrad wäre ein solcher Reiz gewesen. Meine Gedanken an ihn waren es, die bis jetzt verhindert hatten, dass ich alles so ungeschminkt wahrnahm. Die Aussicht, ihn im *Medea* irgendwann mal als Kunden zu haben, ihn nackt zu sehen, sein Spiegelbild in meinem Latexrock zu sehen, mit ihm zu spielen, war eine verlockende Aussicht gewesen, die vieles übertünchte. Und nun, da sich herausstellte, dass er a) ein dummer Schwätzer, b) möglicherweise ausgewandert oder verstorben, oder c) vielleicht von der CIA entführt worden war, erschien mir mein Arbeitsplatz plötzlich als Jammertal.

Ich begriff, dass ich aufhören musste. Ich konnte nicht nur deswegen im *Medea* ausharren, um ewig auf diesen geheimnisvollen, bestürzend attraktiven Kerl zu warten, wie eine Nutte, die nach Hollywood auf den Straßenstrich geht, nur weil sie hofft, dass eines Tages das SUV von Brad Pitt neben ihr anhält und die Beifahrertür aufgeht.

Am besten, ich vergaß Conrad und machte mir keine Illusionen mehr. Und mir war klar, dass ich schon viel früher hätte daran denken müssen, mit dem ganzen Domina-Gewerbe aufzuhören, um mich Dingen zuzuwenden, die besser zu mir passten und mir mehr Lebenszufriedenheit verschafften. Katja hatte einmal erzählt, dass eine Domina im Schnitt nach vier Jahren aufhörte. Würde ja passen.

Dass ich nach zwei Wochen trotzdem wieder im Studio auftauchte, lag einzig und allein daran, dass ich kein Geld mehr hatte. Das Letzte davon war für ein paar sündhaft teure Bücher fürs Studium draufgegangen. Jetzt war ich also eine richtige Nutte. Ich machte es nur noch für Geld.

Wenn Schamhaare
Glück bringen

Glück ist alles, was die Seele durcheinanderrüttelt.

ARTHUR SCHNITZLER

Anfang Dezember ging irgendetwas beim Rasieren meiner Bikinizone schief, eines meiner Schamhaare wuchs ein. Nach einer Woche hatte sich ein schmerzhaftes Furunkel in der Leiste gebildet. Es tat so höllisch weh, dass ich zum Hautarzt humpelte.

Im Wartezimmer sah ich – Conrad! Ich blätterte gerade gelangweilt in einer der ausliegenden Zeitschriften, als ich ihn entdeckte. Sein Bild war unter einem Artikel abgedruckt, in dem es um Indien ging. Das Blut schoss mir in den Kopf. Auf dem Foto trug er ein weißes Hemd und schaute mit ernstem Gesichtsausdruck in die Kamera. Der Anblick meines heimlichen Peinigers fuhr mir direkt in den Magen.

Der Artikel handelte von einem Schriftsteller, der für sein neuestes Buch gerade in Mumbai war, um dort zu recherchieren. Dieser Autor war niemand anderes als Conrad. Conrad Schlehn, Publizist mehrerer politischer Fachbücher und Romane. Ich hatte noch nie etwas von ihm gehört.

Jetzt erst ging mir ein Licht auf. Deswegen war er also nicht zu mir gekommen – weil er auf die andere Seite der Erde geflogen war, um dort für ein Buch zu schreiben.

Und ich war in meinem bescheuerten SM-Studio rumgesessen und hatte Trübsal geblasen, weil er keinen Termin bei mir vereinbart hatte. Musste mit einer Depression kämpfen, weil er Wichtigeres zu tun hatte, als seine sexuellen Neigungen auszuleben.

Ich schämte mich vor mir selbst. Was hatte ich doch für erbärmliche Maßstäbe. Die Sprechstundenhilfe rief mich auf, und ich schob die Zeitschrift schnell in meine Handtasche. Der Arzt behandelte mich mit Skalpell und einer teerhaltigen Salbe und entließ mich nach zehn Minuten wieder. Ich eierte nach Hause. Wegen dieser Maläse konnte ich schon wieder nicht arbeiten.

Katja schnaubte mich am Telefon an: Was denn mit mir los sei. Ob ich überhaupt noch zu meinem Job stehen würde. Eine gute Frage.

Ich setzte mich vor den Rechner und gab Conrads Namen bei Google ein, was in einer beachtlichen Treffermenge resultierte. Auf seiner Website stieß ich auf Bilder, die ihn in einem indischen Klassenzimmer zeigten. Vor ihm saßen kleine, braune Kinder mit bloßen Füßen. Ich stellte ihn mir vor, wie er sich nackt von Herrin Alexandra schlagen und mit heißem Kerzenwachs beträufeln ließ, und schaute dann wieder auf die Fotos, auf denen er aus einem Buch vorlas, auf irgendeiner Buchmesse. Es gab auch Bilder, auf denen er einfach nur mit seinem undeutbaren intensiven Blick auf einen Punkt hinter der Kamera schaute.

Auf der Homepage hieß es, Conrad sei seit zehn Jahren ein erfolgreicher Schriftsteller, dessen Krimis und Romane in politisch brisanten Milieus spielten. Eines seiner Bücher handelte von der Berliner Hausbesetzerszene der Achtziger, ein anderes berichtete von NATO-Gräueltaten in Afghanistan. *Wer über solche Themen schreibt, reist sicherlich oft weit weg,* dachte ich; *kein Wunder, dass er nur zweimal im Jahr Zeit für eine SM-Session hat.*

Ich wechselte zu Amazon und bestellte zwei von Conrads Büchern. Es wunderte mich, dass ich noch nie von ihm gehört hatte, obwohl ich eigentlich Stammkundin in Buchläden war. Allerdings nahm ich normalerweise nie Bücher mit derartigem politischen Hintergrund in die Hand, sondern gab mein Geld lieber für Lyrik, Klassiker und Bildbände aus. Wie man das als unpolitischer Mensch so machte. Vielleicht konnte ich ja noch etwas lernen von Herrn Schlehn.

Ich war aufgeregt, wie eine Schatzsucherin, die eine verloren geglaubte Inschrift zufällig wiederfindet. In dieser Woche, in der mich mein fehlerhafter Schamhaarwuchs von der Arbeit befreite, las ich zwei Bücher meines heimlichen Schwarms.

Wenn es stimmt, dass man durch den Schreibstil eines Menschen etwas über ihn erfährt, dann lernte ich Conrad nun durch seine Texte kennen. Zumindest bestätigten sie mir, was ich ohnehin über ihn dachte. Sein Stil war ästhetisch und gleichzeitig schonungslos und hart. Seine Dialoge waren tiefsinnig und zugleich irgendwie cool. Die Orte, an denen die Handlung spielte, waren allesamt herrlich unperfekt, undurchsichtig und ein kleines bisschen düster. Genau mein Geschmack.

Die handelnden Personen wirkten zuweilen neurotisch bis durchgeknallt, oft genial, philosophisch angehaucht und meist warmherzig. Conrad schien etwas daran zu liegen, zu entschleiern. Er zeigte eine brüchige Fassade der sogenannten Wirklichkeit, hinter die er mit seinem literarischen Greifarm fuhr und Lügen hervorzerrte.

Ich war so beeindruckt, dass ich beschloss, alles zu lesen, was er veröffentlicht hatte. Zumal in einem der Bücher eine sadomasochistische Szene vorgekommen war. Hatte der Autor vielleicht nur aus Recherchegründen Kontakt zum

Medea aufgenommen? War er möglicherweise gar nicht masochistisch oder devot veranlagt, sondern nur ein verdeckter literarischer Ermittler, der unser Spiel mitgespielt hatte? Hatte er sich eventuell überlegt, ob er mich in einem seiner Texte verwenden könnte – als unglückliche Möchtegern-Domse? Sehr wahrscheinlich war das allerdings nicht. Ich konnte mir nicht vorstellen, eine Quelle der Inspiration für einen Schriftsteller zu sein. Deswegen hatte er sich wohl auch für Alexandra entschieden – weil sie seinen Vorstellungen einer Domina, über die er schreiben konnte, näherkam.

Die Woche verging. Ich rief im *Medea* an und kündigte meine Rückkehr an, obwohl ich keine Lust dazu hatte. Wie konnte ich diese längst schon leidige Karriere bloß zu einem Ende bringen? Sollte ich mich im Museum als Putzfrau bewerben, um alte Meister abzustauben? Ahnung von Kunst hatte ich ja, jedenfalls genug, um nicht versehentlich etwas von Joseph Beuys wegzuschrubben. Komischerweise erschien mir die Aussicht, für wesentlich weniger Geld einen anderen Job zu machen, angenehm und sinnvoll.

Und dann geschah es. Conrad schrieb mir.

Als ich seinen vollen Namen in der Adresszeile meines Postfachs las, rieb ich mir die Augen – ich glaubte zu halluzinieren. Doch es war zweifellos eine Mail von ihm.

Ich klickte beim Öffnen der Nachricht vor Nervosität drei Mal daneben. Endlich las ich seine Zeilen, mit derselben Aufregung, mit der ein Archäologe die Inschriften auf dem Stein von Rosette entziffert hätte.

Sehr verehrte Lady Elvira,
    wahrscheinlich erinnern Sie sich nicht an mich, was mich auch nicht wundern darf, denn ich habe den Kontakt zu Ihnen schmäh-

lich unterbrochen. Ich bin derjenige, der zusammen mit Ihnen einem ungnädigen, überkorrekten Kontrolleur die Stirn bot. Lange davor zerfledderte ich einmal den Blumenstrauß Ihrer geschätzten Kollegin Alexandra, die mich inzwischen nicht mehr wiedersehen mag, was wahrscheinlich mit ihrer baldigen Mutterschaft zu tun hat. Doch abgesehen davon habe ich Ihnen angekündigt, auch bei Ihnen einmal eine Session erleben zu wollen. Sie haben mich sehr neugierig gemacht, Sie kennenzulernen und mich auch einmal den erlesenen Einfällen Ihrer Phantasie zu unterwerfen. Das habe ich ernst gemeint, auch wenn Sie jetzt den Eindruck haben sollten, dass ich es seinerzeit auf dem Bahnsteig leichtfertig dahingesagt habe.

Der Grund für mein Schweigen war eine längere Reise, die ich unverhofft früher antreten musste als geplant. Daher konnte ich Ihnen nicht schreiben oder Sie anrufen. Wie gerne hätte ich es getan.

Ich schreibe Ihnen nun aus zwei Gründen.

Erstens: Es war unhöflich von mir, mich nicht zu melden, und ich bitte aufrichtig um Verzeihung. Und der zweite Grund: Mein Aufenthalt im Ausland geht dem Ende zu, ich werde nächste Woche wieder in Deutschland sein. Und ich möchte mir selbst einen Besuch bei Ihnen als Heimkehrgeschenk machen. Dort, wo ich gerade bin, würde ein Mann sich einer Frau niemals unterwerfen. Ich erschauere bei der Vorstellung, was geschähe, wenn die Männer hier erfahren würden, wonach ich mich heimlich sehne.

Ich kann es kaum erwarten, Sie wiederzusehen. Das heißt, falls Sie mir nicht zürnen oder – was ich nicht hoffe – sich gar nicht mehr an mich erinnern.

Seien Sie sicher, dass ich mich bei Ihnen melde, sobald ich wieder in Deutschland bin.

Ich denke an Sie.

Mit ergebenen Grüßen aus der Ferne

Ihr Conrad

Ich las diese Zeilen wieder und wieder. *Ich denke an Sie ...* Ich traute meinem Sehvermögen nicht. Doch es bestand kein Zweifel. Conrad war immer noch in Indien, saß wahrscheinlich unter einem Mangobaum, im Ohr das Kreischen exotischer Vögel, in der Nase den Geruch von leckerem Curry.

Es gab einen Platz in seinen Gedanken für mich. Ich konnte es kaum fassen. Jetzt hatte ich einen Grund, mich wieder aufs *Medea* zu freuen.

Doch etwas in mir flüsterte, wieder mal mit der Stimme der Vernunft: *Mach dir nichts vor. Ist das wirklich ein Grund, deinen sogenannten Arbeitsplatz zu mögen? Wegen eines Mannes, der dir dort Geld zahlt? Glaubst du denn, dein Leben wird besser, nur weil ein höchstwahrscheinlich perverser, wenn auch attraktiver Autor dir aus Indien eine bedeutungsschwangere Nachricht schreibt?*

Ich begann mir auszumalen, Conrad im Studio zu empfangen, umgeben von Zwielicht, dem Geilheitsmief anderer Freier und dem Klappern und Plappern meiner Kolleginnen. In der Hand zwei bis drei grüne Scheine, die ich von ihm als Obolus bekommen hatte. Und im Herzen den Wunsch, mit ihm an einem ganz anderen Ort zu sein.

Nein, ich wollte Conrad nicht an einem Ort empfangen, an dem ich mich nicht mehr wohl fühlte. Das *Medea* würde sich nicht von einer billigen Tankstellentulpe in eine Lotosblüte verwandeln, nur weil ein Mann wie Conrad dort eine Session bei mir buchte. Die Ära *Medea* hatte ihr letztes Kapitel eröffnet und ich würde schon bald zur letzten Seite blättern. Ob nun mit oder ohne Conrad.

Wenn er sich wirklich für mich interessierte – und darauf ließ die Tatsache, dass er sogar in Indien an mich dachte, ja hoffen –, würde er sich Lady Elvira auch an jedem anderen Ort der Welt unterwerfen. Meinetwegen im Wald, in einem Hotelzimmer oder in einer Besenkammer auf der Frankfurter Buchmesse.

Finale lacrimoso – zwei Frauen auf der Streckbank

Sie schien nicht mehr dieselbe zu sein. Einst war sie die verschwiegenste und deshalb auch die bekannteste Puffmutter gewesen (…). Doch die Einsamkeit hatte ihren Leib schrumpfen lassen, ihre Haut war runzlig und ihre Stimme dünn geworden, aber auf eine so listige Weise, dass sie wie ein altes kleines Mädchen wirkte.

GABRIEL GARCÍA MARQUEZ, *ERINNERUNG AN MEINE TRAURIGEN HUREN*

»Was soll das heißen, du hörst auf …?«

Katjas Gesicht sah aus wie eine unreife Birne mit zwei roten Flecken. Sie wirkte, als unterdrücke sie nur mit Mühe den Wunsch, mich für meine unsägliche Offenbarung ins Gesicht zu schlagen.

»Ja, Katja. Ich wollte dir sagen, dass ich heute zum letzten Mal hier bin. Ich höre auf.« Ich nickte nachdrücklich und sah ihr geradewegs in die Augen, die so kalt waren wie ein toter Hering.

Wie vor vier Jahren bei meinem Vorstellungsgespräch saßen wir wieder auf der Streckbank in Studio neun. Katja trug eine schlabbrige, ausgefranste Jeans und ein verwaschenes T-Shirt, auf dem *Muschi Power* stand.

Der Raum hatte sich, seit ich ihn das erste Mal betreten hatte, verändert. Auch Katja hatte sich verändert. Bei unserem ersten Zusammentreffen erschien sie mir wie eine starke Frau, die ein T-Shirt, auf dem *Muschi Power* stand, hätte tragen können, und ich wäre trotzdem vor Ehrfurcht in die Knie gegangen. Ich hatte angenommen, eine echte Domina vor mir zu haben, trotz Wollpullover und Turn- schuhen – die konnte sich so was erlauben. Damals hatte ich glatt angenommen, eine Domina sei eine Frau aus einer feengleichen Sphäre, eine böse Spielerin mit magischen Kräften, um derentwillen viele Männer ihr Haupt beugten.

Die Erlebnisse der folgenden Jahre hatten mich freilich von diesem Irrglauben geheilt. Seinerzeit war ich geradezu dank- bar gewesen, mich aufs selbe Sofa setzen zu dürfen wie all diese bizarren Ladys. Ich hatte gehofft, an die Hand genom- men, geleitet und gelehrt zu werden. Aber am Ende hatte ich mich doch auf meine eigenen Kräfte besinnen müssen.

Ich sah uns im Spiegel, der längs der Streckbank hing. Er zeigte eine Frau, die ihre Hände knetete und nervös mit dem Fuß wackelte, und eine andere Frau, die sich entschie- den hatte, dass man aufhören musste, wenn die Zeit dafür gekommen war. Ich wusste, dass ich mich zu dem entwi- ckelt hatte, was ich am Anfang von einer echten Domina erahnt hatte. Ich hatte die planlose Unsicherheit des ersten Jahres abgestreift wie eine Schlangenhaut.

Der Gedanke, eines Tages wieder hier mit Katja zu sit- zen, auf dieser ermüdeten, knarrenden Streckbank, war mir nie gekommen. Jetzt aber war ich keine unsichere Jungdo- mina mehr, sondern eine junge Frau, die beschlossen hatte, dass sie zu lange professionelle Herrin gewesen war. Nun sollte das richtige Leben beginnen. Draußen, vor dem Büh- nenrand dieses finsteren Theaters. Ich war gekommen, um der Elster, die all die Jahre laut kreischend um das bizarre Nest herumgeflattert war und sich das Gold herausgepickt hatte, zu sagen, dass sie mich gehen lassen sollte. Eine gute Domina erkennt, wann es soweit ist, die Richtung des Spiels zu ändern, abzubrechen und loszulassen.

Doch Katja verstand mich nicht. »Wieso erfahr ich das erst jetzt?!«

»Weil es eben jetzt soweit ist«, erwiderte ich.

Katja verschränkte die Arme vor dem Körper. Ihre milchigen Augen bohrten sich geradewegs in meinen Kopf. Ihr schmaler Mund drückte ein Höchstmaß an Missgunst aus und wurde flankiert von einer tiefen, steilen Falte auf der Stirn.

»Und wie stellst du dir das vor, wenn ich fragen darf? Hier einfach so abhauen, oder was? Erst geht Undine, dann Alexandra, Larissa kommt auch nicht mehr, und jetzt auch noch du! Habt ihr euch abgesprochen? Wollt ihr den Laden ruinieren?!«

Ich schüttelte müde den Kopf und murmelte nur: »Katja, bitte …«

»Warum, Elvira? Warum gehst du?« Jetzt war ihre Stimme leiser, und ein Winkel ihres Mundes begann zu zucken.

»Weil es Zeit dafür ist.«

Darauf wusste sie nichts zu erwidern. Katjas Schultern knickten ein. Ihre Wut war in sich zusammengefallen wie ein schlecht gebackener Kuchen. Nur noch ein paar Brösel waren da neben mir auf der Streckbank.

Und nun sah ich Katja das erste Mal weinen. Sie senkte den Kopf, und ihre ohnehin geröteten Augen versanken in riesigen Tränen, die über ihre Wangen rollten.

Das erschreckte mich. Ich hatte manches erwartet, aber Katja als ein schluchzendes Häuflein Elend zu erleben war dann doch zu viel für mich. Ich wollte nicht, dass sie mir leidtat. Das überforderte mich. Zumal ich ahnte, dass sie wohl kaum wegen mir heulte, sondern dass mein Weggang nur etwas aufriss, das sie ohnehin schon belastete.

Um herauszufinden, ob sie wirklich heulte, weil ich meinen Spind ausräumte und auf Nimmerwiedersehen verschwand, oder doch wegen etwas anderem, sagte ich absichtlich etwas Böses: »Ach, Katja, du findest doch sicher schnell Ersatz für mich, bei den ganzen Frauen da draußen, die scharf sind auf diesen Job. Vielleicht findest du ja sogar eine, die sich lecken lässt.«

Das war nicht gerade raffiniert, aber tat mir in diesem Moment überraschend gut.

Beantwortet wurden meine Worte nur mit einem lauten Aufschluchzen.

Okay, dachte ich, *jetzt muss ich mich ein bisschen zurücknehmen. Die Elster hat ein ernsthaftes Problem.*

»Das ist es ja gerade …«, wimmerte Katja. »Du hast ja so recht!« Sie krallte ihre Hände so fest ineinander, dass die Knöchel weiß hervortraten.

Ich saß mit großen Augen daneben und angelte mir ein Taschentuch, das ich der Elster vorsichtig zuschob. Sie griff danach und hielt es sich vor die Nase. Als sie aufblickte, bekam ich einen Schreck. Mich sah ein Gesicht an, das voller Verzweiflung und Angst war. In Katjas Augen lag plötzlich ein so großer Kummer, dass ich mich fragte, wie ich ihn in der ganzen Zeit hatte übersehen können.

Auf einmal fühlte ich mich schlecht. Mein Gewissen schlug zurück. Ich streckte meine Hand nach ihrem molligen Knie aus und begann, es vorsichtig zu streicheln.

»Was ist los, Katja?«

Es dauerte eine Weile, bis sie sich beruhigt hatte. Dann begann sie mit erstickter Stimme zu reden:

»Elvira … du hast ja so recht, zu gehen … Ich beglückwünsche dich.« Sie holte kurz Luft, dann fuhr sie fort: »Du passt hier nicht mehr her. Das denke ich schon seit einer ganzen Weile. Du bist anders als die Frauen hier, weil du einen anderen Hintergrund hast. Als ich dich eingestellt habe, hab ich gedacht – hey, das Mädel kommt aus einem bürgerlichen Hintergrund, ist guterzogen, intellektuell. Das gefiel mir. Ich wusste, dass aus dir was wird. Und du hast dich sehr gut entwickelt. Du machst was aus deinem Leben. Weißt du, die anderen Frauen hier, das sind verlorene Wesen. Die haben nichts anderes als das Studio. Keine Ausbildung, Ehe kaputt, alleinerziehend. Aber du, du wirst deinen Weg machen, das weiß ich. Aber dazu musst du hier auch irgendwann raus. Aus diesem ... diesem gottverdammten Scheiß-Puff!«

Die letzten Worte stieß sie zwischen den Zähnen hervor. Es hätte nicht viel gefehlt und es wäre ein Aufschrei daraus geworden.

Ich war sprachlos. Ich hatte vielleicht erwartet, dass Katja mich zum Teufel wünschen würde, mir dann Buttersäure in die Handtasche schüttete, mich mit einem Fußtritt vor die Tür setzen und auf ewig verfluchen würde. Doch nun saß sie hier und verfluchte stattdessen sich selbst. Sich und ihren *gottverdammten Scheiß-Puff.*

»Ich hab alles falsch gemacht, Elvira«, seufzte Katja. »Alles ... Hast du noch ein Tuch?«

Ich reichte ihr ein zweites Taschentuch. Sie wischte sich Nase und Augen, dann sah sie mich offen an. Ihr Mund zitterte.

»Ich wollte mal ein Domina-Studio gründen, ein richtig schönes. Mit Frauen, die Veranlagung haben, mit Phantasie und Niveau. Ich war stolz darauf, ein *echtes* SM-Studio zu haben. Das ist jetzt viele Jahre her. Alles hier hatte Stil: die Teppiche, die Bäder, die Klamotten, sogar die Aschenbecher. Und die Frauen waren unglaublich toll. Alles ganz besondere Frauen, ganz spezielle Dominas. Wir sind hier die klassische Schiene gefahren, mit unberührbaren Herrinnen und guterzogenen Sklaven. Das *Medea* hat zu den Top-Studios in Deutschland gezählt. Ich war so stolz …«

Also doch – es gab noch eine andere Katja. Ich war nicht allein mit meinen Vorstellungen, was eine wahre Herrin ausmachen sollte.

»Und dann ging ganz langsam alles den Bach runter. Die Regeln weichten auf, das Geld stimmte nicht, manche der Frauen gingen weg. Ich wollte sie möglichst schnell ersetzen und habe deswegen welche eingestellt, die … nun ja, anders waren. So schnell findet man halt keine guten Frauen. Die meisten Neuen kamen aus dem Rotlichtmilieu, die hatten zwar keine Ahnung von SM, haben aber trotzdem gut verdient. Als ich dann sah, dass die Kohle stimmte, hab ich aufgehört, mir Sorgen zu machen. Hab sie einfach machen lassen …«

Katja putzte sich geräuschvoll die Nase.

»Und dann … tja, es wurde geklaut, sabotiert, die Frauen vernachlässigten alles, das Studio verranzte nach und nach. Irgendwann war mir dann einfach nur noch das Geld wichtig. Die Miete ist so teuer hier, ich musste ja alles bezahlen: Strom, Wasser, Heizung. Als mir klar war, dass die Männer auf einen Fick im bizarren Ambiente mehr abfahren als auf die wahre, unberührbare Herrin, hab ich mehr darauf geachtet, dass hier ordentlich was geboten wird. Ein reines SM-Studio gibt's doch nirgendwo mehr.«

Wirklich nicht?, fragte ich mich. Gab es sowas nur noch im Reich der Phantasie?

»Mit diesem Richtungswechsel ging aber einfach alles kaputt, was ich mir mal erträumt habe«, sagte Katja traurig. »Mein Studio ist heute ein besseres Bordell. Du siehst es ja selbst – vielleicht noch vierzig Prozent der Frauen hier haben überhaupt was mit SM am Hut. Der Rest sind leichte

Mädchen. Das ist kein Ort mehr für echte Herrinnen. Deswegen gehst du zur rechten Zeit, Elvira. Du brauchst ein anderes Niveau, eine andere Umgebung. Weil du eine echte Domina bist. Schau doch mich an …«

In einem neuerlichen Anfall von Tränen umarmte sie mich plötzlich. Sie klammerte sich fest an mich, schluchzte hemmungslos in meine Halsbeuge und sagte immer wieder: »Es tut mir leid, Schatz, es tut mir so leid.«

Ich konnte nicht anders, als auch sie zu umarmen, und spürte ihre weichen Fleischmassen unter meinen Händen. Meine Missgunst ihr gegenüber schwand, ebenso wie ihre Aggressivität. Plötzlich mochte ich diese desillusionierte Frau mit ihren Domina-Träumen, die vor Verzweiflung zerfloss. Plötzlich spürte ich, wie ähnlich wir uns waren. Ich konnte ihre Enttäuschung nachempfinden. Sie war eine Geschäftsfrau, und die Geschäftsfrau hatte die Domina in ihr in den Ruhestand geschickt und ihr gesagt, dass der Markt anders funktionierte.

Ich versuchte, meinen Weggang näher zu erklären: »Katja, ich schreib bald meine Magisterarbeit, ich werde nicht mehr so viel Zeit und so viel Energie haben …«

»Ach, du musst dich nicht rechtfertigen. Ich weiß, dass du auch glaubst, dich besser im Leben zu verwirklichen, wenn du hier weggehst. Das stimmt auch. Wenn du dich auf deine anderen Lebensbereiche konzentrierst, kannst du es schaffen. Das ist ja nicht einfach nur ein Job. Man muss aufpassen, dass es nicht aufhört, einem Spaß zu machen. Ich hab deswegen geheult … weil mir mal wieder bewusst geworden ist, was aus diesem Ort geworden ist. Und dass sich eine echte SMlerin sich hier gar nicht wohlfühlen kann. Ich wünschte, ich könnte das Rad zurückdrehen oder die Richtung noch mal ändern. Ehrlich gesagt, beneide ich dich.«

Sie seufzte. Ihre Tränen waren versiegt.

Ich konnte nichts erwidern. Sie hatte mir ja alles erklärt. Und jeden Vorwurf an ihre Geschäftsführung entkräftet.

Die Chefin hatte ihr Make-up abgenommen. Darunter kam eine Frau zum Vorschein, die vom echten Domina-Sein träumte, versucht hatte, es zu leben, aber es nicht geschafft hatte, weil man mit Sex halt mehr Kohle verdiente als mit reinen Sadomaso-Spielen.

Sie tat mir leid. In diesem Moment vergab ich ihr jeden blöden Spruch, jede ihrer Launen; ihren Glaubensgrundsatz, dass alle Herrinnen *geil* sein mussten, ihre Domina-Schule, die Sache mit der Dildo-Maske …

Katja stand abrupt auf: »Scheiße, was denkst du denn jetzt von mir?«, sagte sie.

»Ich denke jedenfalls anders über dich als vorher. Danke für deine Ehrlichkeit.«

Plötzlich war auch mir zum Heulen zumute. Wir fühlten uns wohl beide ziemlich verlegen in diesem Moment.

»Und du gehst schon heute?«, wollte Katja noch wissen.

Ich zuckte mit den Schultern. »Demnächst, denke ich.«

Katja nahm ihre Jacke. »Na dann, viel Glück. Ich bin sicher, du tust das Richtige.«

Ich war froh, dass wir miteinander gesprochen hatten. Andernfalls wäre ich einfach grußlos gegangen – und hätte immer schlecht von ihr gedacht. Jetzt ging mir auf, dass auch Katja ihren Beitrag dazu geleistet hatte, dass ich das wurde, was ich heute war. Und so sagte ich zum Abschied etwas, das ich so gar nicht eingeplant hatte. »Danke für alles, Katja.«

Damit endete meine Zeit als professionelle Domina.

»Wer sind Sie?«

Nicht im Genuss besteht das Glück, sondern im Zerbrechen der
Schranken, die man gegen das Verlangen errichtet hat.

MARQUIS DE SADE

Zwei Tage, nachdem ich mich vom *Medea* verabschiedet
hatte, kam der Anruf.

»Hallo, Lady Elvira, hier ist Conrad.«

Seine Stimme. Sie fuhr mir heftig in den Magen und
scheuchte dort die Schmetterlinge auf. Ich versuchte, ruhig
zu klingen.

»Hallo, Conrad. Wie war's in Indien?«

Kurzes Schweigen. Dann antwortete er mit spürbarer
Verwirrung: »Ähm … woher wissen Sie, dass ich in Indien
war?«

»Ich weiß alles«, behauptete ich und schickte ein kleines
Lachen hinterher.

»Oh«, kam es von ihm. »Da muss ich ja ganz schön aufpassen, schätze ich.«

Ich wäre am liebsten in den Telefonhörer hineingekro-
chen.

»Das solltest du, ja.«

Ich hatte auf Domina-Modus geschaltet und sprach leise,
eindringlich und mit einer leicht hinterhältigen Nuance.
Gleichzeitig beflügelte mich eine ungeahnte Mischung aus
Wagemut und Leichtigkeit.

»Nun, ich rufe Sie an, um einen Termin mit Ihnen zu vereinbaren.«

»Schade. Ich dachte, du möchtest mich zum Essen einladen«, konterte ich, obwohl es gar nichts zum Kontern gab. Vielleicht fühlte ich mich auch deswegen so kühn, weil ich ihn nur hörte, nicht sah.

»Ich täte nichts lieber. Aber ich dachte, man lädt eine Domina nicht zum Essen ein.«

»Stimmt. So etwas muss man sich erst verdienen.«

»Aha. Na, dann muss ich mich wohl anstrengen.«

»Du musst mir eine Frage beantworten, Conrad«, forderte ich ihn auf.

»Ja? Ach so ... äh, nein, ich habe Ihnen keine Nilpferdpeitsche aus Indien mitgebracht, falls Sie so was meinen – tut mir leid.«

Ich musste kichern. »In Indien gibt's gar keine Nilpferde.«

»Ja, stimmt. Dann eben eine Elefantenpeitsche.« Er lachte ebenfalls.

Ich machte eine kurze Pause, dann fragte ich ihn: »Meinst du es ernst, das mit der Session bei mir?«

»Ja, natürlich.«

»Und ist es dir egal, wo die stattfindet?«

»Auch das ... aber was bezwecken Sie mit diesen geheimnisvollen Fragen?«

»Und du legst auch keinen Wert darauf, dass dies in dem Ambiente geschieht, was dir bereits vertraut ist?«, fuhr ich fort, ohne auf seine Frage einzugehen.

»Nun, ich hoffe nicht, dass Sie mich in einen Schlachthof bestellen ...«

Seine Stimme klang leicht verunsichert.

»Ich habe dich das gefragt, weil ich offiziell gar keine Domina mehr bin.«

Ohne zu zögern, erwiderte er: »Das waren Sie noch nie, glaube ich. Sie waren in meinen Augen immer ein wandelndes Geheimnis, in dem wohl auch eine gute Domina verborgen liegt. Es wäre schade, wenn Sie *nur* eine Domina wären.«

Ich erwiderte nichts darauf, erschauderte aber ein wenig, weil er mich so treffend charakterisiert hatte.

»Ich wollte damit nur sagen, dass ich nicht mehr im *Medea* anzutreffen bin.«

»Da passen Sie auch gar nicht hin, würde ich sagen.«

Zack, der nächste Treffer. Und dann, etwas bedächtiger: »Aber … hat man Ihnen gekündigt?«

»Ja, fristgerecht und schriftlich, und ich habe eine fette Abfindung im Wert von zehn einstündigen Sessions bekommen.«

Conrad lachte. Es war ein lautes, entspanntes Lachen.

Wir verstanden uns ganz offensichtlich. Kein Stottern, keine verlegenen Pausen, keine peinlichen Phrasen trübten unser Gespräch. Es kam mir vor, als würden wir uns schon eine ganze Weile gut kennen.

Conrad schien überhaupt kein Problem damit zu haben, dass wir uns nicht im *Medea* sehen würden. Trotzdem verspürte ich das Verlangen, ihm das näher zu erklären.

»Meine Veranlagung hört mit dem Ende dieser Beschäftigung nicht auf. Ich will natürlich nicht, dass mir dadurch die Gelegenheit geraubt wird, dich in die Finger zu bekommen. Das wünsche ich mir ja schon lange.«

»Ich weiß«, sagte Conrad.

»Woher?«, fragte ich verblüfft.

»Ich weiß alles.«

Ach so.

Wir schwiegen kurz. Dann sprach Conrad das aus, was

auch ich mir irgendwie wünschte. »Ich sehe, es gibt eine Menge, worüber wir reden könnten.«

»Das werden wir«, entgegnete ich. Mein ganzer Körper kribbelte, und in meinem Magen waren irgendwelche Nagetiere unterwegs. Ich war froh, dass er mich nicht sehen konnte. Ich lag langgestreckt auf meinem Bett und hielt mich mit einer Hand am Rand der Matratze fest. Vor mir lag immer noch eine unausgepackte Reisetasche, mit dem Inhalt meines Spindes im *Medea*. In meinem Kleiderschrank würde es ganz schön eng werden.

Plötzlich fragte Conrad: »Würden Sie mir die Wahl des Ortes unserer Zusammenkunft überlassen? Vertrauen Sie mir?«

»Du möchtest einen Ort aussuchen?«

»Ja, falls Ihnen das nicht unangenehm ist.«

»Nun, solange es nicht bei dir zu Hause, auf dem Kartoffelacker oder – wie sagtest du vorhin – in einem Schlachthaus ist …«

»Das ist gut. Denn ich habe schon etwas im Sinn, was Ihrem Auftritt angemessen sein wird.«

Das klang ja verheißungsvoll. Wir verabredeten ein Telefonat für den nächsten Tag, an dem er mir mitteilen wollte, wo unser Treffpunkt sein sollte. Zum Abschied senkte Conrad seine Stimme:

»Lady Elvira?« Es hörte sich an, als wolle er mir ein Geständnis machen. »Ich will Ihnen noch sagen, wie lange ich schon hoffe, wieder mit Ihnen zusammenzutreffen. Als ich Sie das erste Mal sah … war da etwas Bedrückendes, Unüberbrückbares – ich weiß nicht genau. Aber das waren nicht Sie, das konnte ich irgendwie sehen. Seitdem hoffte ich, dass es vielleicht noch eine Gelegenheit geben würde, Sie unter einem besseren Stern kennenzulernen.« Er stockte, als habe er zu viel gesagt. »Nun, jedenfalls, ich freue mich sehr, Sie zu sehen.«

Ich schloss die Augen. Die Schmetterlinge, die gerade noch meine Mageninnenwände mit ihrem Geflatter gestreichelt hatten, sanken nun ohnmächtig nach unten an den tiefsten Punkt meines Magens, der sich in diesem Moment anfühlte wie ein halbaufgegessener Pudding. Ich war nur noch in der Lage zu sagen: »Ja, ich mich auch«, um dann schnell auf die Taste *Gespräch beenden* zu drücken. Ich konnte die Spannung, die sich zwischen unseren Ohren und Mündern aufgebaut hatte, nicht länger aushalten.

Anschließend blieb mir nichts anderes übrig, als zu warten. Als kleines Kind hatte ich die Tage und Stunden gezählt bis zu einem heißersehnten Ereignis. Noch ein Tag, dann kommt das Christkind. Noch sieben Tage, dann fahren wir in den Urlaub. Noch zwei Stunden, dann kommt Winnetou Teil zwei.

Noch sechzehn Stunden, dann würde Conrad wieder anrufen …

Zwei Tage später verließ ich mit hastigen Schritten meine Wohnung. Conrad hatte ein Hotel in der Innenstadt gebucht, von dem ich noch nie gehört hatte. Ich verlief mich zwei Mal, ehe ich es fand. Es lag am Ende einer abgelegenen Gasse in einer Gegend, die man wohl als Künstlerviertel bezeichnen konnte. Auf dem Weg war ich an mindestens drei Galerien vorbeigekommen, in deren Fenstern Skulpturen und Bilder standen, die aussahen, als hätte jemand eine Kettensäge danach geworfen. In einem der Fenster hing ein Schild: *Suchen kunsterfahrene Mitarbeiterin für Beratung und Verkauf.*

Fieberhaft suchte ich weiter. Wie gut, dass ich meine Highheels erst im Hotel anziehen würde – unter meinen

Füßen klafften die tiefen Spalten des Kopfsteinpflasters. Über der Schulter trug ich eine große Tasche und in der Hand einen kleinen Metallkoffer. Die Tasche beherbergte mein Outfit, für dessen Zusammenstellung ich eine ganze Nacht voll Schlaf geopfert hatte. Im Koffer befand sich eine sorgsam zusammengestellte Auswahl an Spielzeugen und Seilen, die so schwer waren, dass ich langsam, aber sicher einen Krampf im Handgelenk riskierte.

Endlich hatte ich mein Ziel erreicht. Das Hotel hieß *Prelude*, was ungefähr so viel hieß wie »Vorspiel«. So gesehen war das schon mal eine gute Wahl. Innen war der Boden mit schwarzem Teppich ausgelegt. Die Rezeption sah aus wie ein Gartenhaus mit gotischen Stützpfeilern. Die Bilder an den Wänden mussten aus den Galerien der Gegend stammen, überstiegen sie doch bei weitem das Budget eines Normalbürgers. Alles sah teuer, aber sehr stilvoll und intim aus. Es gefiel mir auf den ersten Blick. Ich fühlte mich gebauchpinselt, dass Conrad so etwas Exklusives, aber nichts Angeberisches gebucht hatte.

Ich checkte unter Conrads Nachnamen ein und nannte die Reservierungsnummer, die er mir am Telefon durchgegeben hatte. Meine Hand zitterte leicht, als ich den Schlüssel entgegennahm.

Das Zimmer lag direkt unter dem Dach und trug die Bezeichnung *Honeymoon-Suite*. Ich fuhr mit dem Aufzug nach oben und versuchte, den Zimmerschlüssel zu handhaben wie ein normaler, vernünftiger Mensch. Als er sich im Schloss drehte und die Tür nachgab, dachte ich: *Na toll, jetzt ist es schon soweit, dass du dich mit fremden Männern im Hotel triffst. Was hast du sonst noch vor in deinem Leben?*

Ich trat ein. Mir stockte der Atem. Das Zimmer war so groß, dass man darin für die Weltmeisterschaft im Weitsprung hätte trainieren können. Sofort fielen mir die freiliegenden Dachbalken ins Auge. Bingo – nichts eignete sich so gut für spektakuläre Fesselspiele wie stabile Zimmermannsarbeit.

An einem Ende des Zimmers stand ein Kingsize-Bett aus schwarzem Metall, mit dunkelgrün schimmernden Seidenpolstern. Beim Anblick des Bettes bekam ich eine überfallartige Attacke von Phantasien, und die hatten herzlich wenig mit dem zu tun, weswegen Conrad mich hier treffen wollte ...

Am anderen Ende sah man durch eine raumhohe Glasscheibe das Badezimmer – darin eine freistehende Badewanne mit Löwenfüßen, silberne Armaturen und ein hoher Spiegel.

Ich war schlagartig erotisiert. Ob das nur an dem Zimmer lag oder an der Aussicht, darin mit Conrad zusammen zu sein? Ich wusste es nicht.

Ich sah auf die Uhr. Eine Stunde noch. Dann würde es drei Mal an der massiven Holztür klopfen.

Ich hatte noch genügend Zeit, mich vorzubereiten. Womit sollte ich anfangen? Zuerst die Spielsachen ausbreiten oder doch zuerst mein Outfit anlegen?

Fahrig setzte ich mich kurz auf einen der wuchtigen Sessel. Auf einer Kommode stand eine Schale mit verführerischen Pralinen. Ich krallte mir eine und verschlang sie. Schokosplitter landeten auf meinem Schoß. Schade, dass meine Verabredung noch nicht da war, sonst hätte ich ihm befehlen können, sie von da abzulecken.

Nachdem die Praline ihren Zucker- und Fettgehalt zuverlässig über meine Blutbahnen verteilt hatte, fühlte ich mich ruhiger. Ich schaute im Zimmer umher und malte mir aus, wie ich Conrad später fesseln würde. Natürlich gab es hier keinerlei SM-Mobiliar. Aber brauchte das eine echte Herrin überhaupt? *Nein,* dachte ich und fühlte plötzlich eine Zuversicht, die seit vier Jahren gewachsen war: *Eine wirklich gute Domina ist überall eine gute Domina. Sie braucht keine Käfige oder Streckbänke. Sie kann einen Mann ebensogut in einer Tiefgarage unterwerfen wie in einem voll funktionsfähigen Folterstudio. Und erst recht in einem so wunderbar eingerichteten Hotelzimmer.*

Doch es ließ sich nicht leugnen: In meinem Bauch war ein Hornissenschwarm zwischen die zärtlichen Schmetterlinge gerast, klopfte gegen meine Magenwände und sandte insbesondere Erschütterungsstöße zwischen meine Schenkel. Das war mir noch nie passiert vor einer Session – ich war erregt. Ob das gut war?

Ich hatte Hunderte nackter Männer angefasst und vor und an ihnen meine sadistische, dominante Seite ausgelebt. Aber die Lust, die ich dabei empfunden hatte, war eine andere gewesen. Es hatte sich fast immer prickelnd und aufregend angefühlt, und falls es in meinem Gehirn ein eigenes Lustzentrum gibt, dann war es bei den Sessions immer aktiv. Eine Art dominanter Kopfgeilheit.

Aber dabei waren mir weder die Brustwarzen hart noch mein Höschen feucht geworden. Nie war ich im Beisein eines Mannes, der mir sexuell unterlegen war, erregt gewesen. Und nun, da ich inoffiziell meines Amtes waltete, passierte es. Jetzt saß ich hier in diesem Hotelzimmer und verspürte mit Beunruhigung den Ansturm dieser ganz speziellen körperlichen Aufregung in meinem Unterleib. Ich sprang unter die Dusche und stellte den Strahl auf kalt, in der Hoffnung, ein paar von den Hornissen in meinem Bauch dadurch zum Abschwirren zu bewegen. Fehlanzeige. Selbst als ich den Reißverschluss meiner Tasche öffnete, mein Outfit herauszog und versuchte, professionell an etwas anderes zu denken, durchfloss mich ein neuerlicher Ansturm von Begierde.

Ich konnte nur hoffen, dass Conrad nicht spüren würde, in welcher Verfassung ich war.

Ich glitt in meine teuerste Unterwäsche: schwarzer Strapsgürtel, spitz zulaufender BH, transparente Hot Pants – alles im Stil der fünfziger Jahre. Meine feuchten Finger zeigten sich leicht überfordert von den motorischen Anforderungen des BH-Verschlusses. Danach folgte die behutsame, feinfühlige Prozedur mit den Nylons: schwarze, sehr dünne Strümpfe mit Naht. Ich freute mich gierig darauf, Conrad meine bestrumpften Beine streicheln zu lassen.

Ich stellte mich vor den Spiegel. Es war das erste Mal, dass ich mich vor einer Session genauer begutachtete. Im *Medea* war das Ankleiden berufsmäßige Routine gewesen, so wie ein Baumarkt-Verkäufer in seine orangene Weste schlüpft. Jetzt aber ging es um den langsamen, sorgfältigen Anfang von etwas Neuem, Ungewissem. Ich verfolgte mit den Augen die Naht meiner Strümpfe, begutachtete den Sitz meiner Wäsche. Ich fühlte etwas Feierliches bei meinem Anblick kurz vor diesem Ereignis, von dem ich vor ein paar Wochen nicht mal zu träumen gewagt hatte.

Konzentriert wandte ich mich dem Rest meines Outfits zu. Ich entschied mich für ein ledernes Kostüm und eine hochgeschlossene weiße Bluse. Jeden einzelnen Knopf befühlte ich, strich das Leder glatt und zog den Reißverschluss am Rock ganz langsam nach oben.

Aus dem Spiegel blickte mich nun eine elegante Frau an. Aber wirkte sie auch streng? *Na ja,* dachte ich, *die sieht vielleicht so aus. In Wirklichkeit ist sie ganz zittrig und erwartungsvoll unter ihrem ach so furchteinflößenden Lederrock!*

Noch zwanzig Minuten. Ich band mir das Haar zu einem lockeren Knoten hoch und schminkte mich: *Smoky Eyes* – weißes Puder und knallroter Lippenstift. Dita von Teese wäre stolz auf mich gewesen.

Plötzlich stellte ich etwas fest, das mich eigentlich hätte beunruhigen müssen: Lady Elvira war nicht da. Nein – die Frau, die mich aus dem Spiegel ansah, war ich selbst. Ich fühlte mich zwar immer noch dominant, aber nicht nur das. Da war auch eine gehörige Portion »geiles Weib« dabei.

Ob Conrad das gefallen würde?

Das Licht im Zimmer war dämmrig, obwohl es noch lange nicht Abend war. Ich zündete ein paar der mitgebrachten Teelichter an und verteilte sie im Zimmer.

Dann stieg ich auf einen Stuhl und schlang zwei weiße, lange Bondageseile um die Deckenbalken. Den Rest meines Koffers breitete ich auf der Kommode aus. Es sah schön aus, wie Peitschen, Knebel und Klammern verstreut neben den Pralinen lagen. *Wäre auch mal ein schönes Stilllebenmotiv,* ging es mir durch den Kopf.

Noch fünf Minuten.

Ich schlüpfte hastig in meine Schuhe: Peeptoes aus schwarzem Lack mit rotem Absatz und roter Schleife. Darauf würde ich erhaben zur Tür schreiten, siegessicher und gelassen dem Klopfen entgegengehen, langsam die Klinke nach unten drücken Und dann ganz sachte meine Finger nach draußen schieben und den Spalt immer breiter werden lassen. Ich würde Conrad nicht anstarren wie einen vom Himmel gefallenen Engel, sondern ihm einfach meinen Anblick darbieten und ihn mit einem sinnlichen Augenaufschlag begrüßen, stolz und sicher. Und dann –

Es klopfte. Dreimal.

Ich sprang auf. Mein oberster Blusenknopf ebenfalls.

Mein Herz hätte es locker mit einem Presslufthammer aufnehmen können.

Ich hastete zur Tür, fummelte gleichzeitig den Knopf wieder zu und atmete einmal tief durch ...

Conrads Augen waren die eines Kindes, dem man endlich das Zimmer öffnet, in dem der leuchtende Weihnachtsbaum mit den Geschenken steht. Fast schon ungeduldig drängte er sich an den Türspalt und versuchte, auf den ersten Blick gleich alles an mir wahrzunehmen. Irgendwie sah er erleichtert aus, so als habe er Angst gehabt, ich könne gar nicht hier sein. Mit einem hörbaren Ausatmen ergriff er meine Hand und küsste sie. Ich fühlte seinen warmen Atem auf meinen Knöcheln. Seine Augen sahen auf mich herab, als hätten sie nur auf meinen Anblick gewartet. Ich sah, was ich kaum für möglich gehalten hätte: Conrad war aufgeregt.

Das Ganze hätte jetzt so laufen können wie in Filmen, in denen sich zwei Menschen begegnen, die ein offensichtliches Problem mit ihrer sexuellen Zurückhaltung haben: ein wilder Blick, noch ein wilder Blick, Hemd aufreißen, ein Griff in den Nacken, BH-Verschluss suchen, am Gürtel nesteln, rückwärtstaumeln – die Tür fällt zu, und aus dem Zimmer ertönt das Aufschreien der Federkernmatratze.

Aber nein, hier trafen sich zwei Menschen, die gebremst wurden durch die Tatsache, dass sie eine Domina war und er ihr ergebener Sklave. So war es jedenfalls vorgesehen.

Ich zog meine Hand zurück und ließ ihn ins Zimmer. Die Tür fiel zu. Conrad beugte ein Knie. Er griff wieder nach meiner Hand und legte seine Stirn darauf. Wie ein Ritter vor seiner Dame kniete er nun vor mir und sagte mit leiser, fester Stimme: »Lady Elvira: Danke, dass Sie das möglich gemacht haben. Danke.«

Wie erstarrt stand ich über ihm, spürte seine Stirn auf meinem Handrücken und versuchte mich daran zu erinnern, ob in den vergangenen vier Jahren jemals einmal ein Mann unaufgefordert vor mir diese Position eingenommen hatte. So wie Conrad vor mir kniete, immer noch so groß, dass sein Kopf bis zu meinen Brüsten reichte, schien es eine zutiefst natürliche Geste zu sein, nicht Teil dieses Spiels. Diese Geste rührte mich bis ins Innerste und vermischte sich mit dem aufgeregten Pochen in meinem Brustkorb.

Ich war auf einmal ganz ruhig. Ich spürte: Ich würde Conrad nichts beweisen müssen. Er fügte sich und erschien mir schon jetzt wie ein gezähmtes Tier, das nur gierig darauf wartete, mir aus der Hand fressen zu dürfen.

»Lady Elvira, ich muss Ihnen ein Geständnis machen«, flüsterte er auf meinen Handrücken. »Ich habe Sie angelogen.«

»Aha …«

»Ja. Ich … also, ich war nie bei Herrin Alexandra. Jedenfalls nie als Kunde. Es war tatsächlich eher – eine Art Recherche.«

»Was meinst du damit?« Mein Herz machte einen Satz. Hatte ich also richtig geraten?

»Ich habe nur mit ihr geredet und mir ein paar Techniken erklären lassen. Ich brauchte Informationen für eines meiner Bücher, und die hätte ich nirgendwo sonst bekommen können.«

Conrad seufzte in meine Hand, hob dann den Kopf und sah mich bittend an. »Das ist heute meine erste SM-Session.«

»Du bist Jungfrau!«, rief ich aus. Diese Überraschung überschwemmte mich mit einem wunderbaren Gefühl: *Ich* war seine erste Domina! Am liebsten hätte ich erleichtert aufgelacht. Wie absurd doch all meine Gedanken in der letzten Zeit gewesen waren. Doch ich fuhr möglichst kühl fort: »Umso besser. Dann bin ich diejenige, die dich verderben darf.«

Ein Strahlen machte sich auf Conrads Gesicht breit. »Dann sind Sie nicht wütend auf mich?«

Ich schüttelte den Kopf. Da erst spürte ich das ruckartige Zittern, das ihn durchlief.

»Steh auf!«, sagte ich leise, und er gehorchte.

Ich geleitete ihn in die Zimmermitte. Als er die Seile an den Balken sah, schloss er kurz die Augen. Ich legte meine Hand an seinen Hals, wo es pochte und klopfte wie bei einem verängstigten Kleintier. In mir stieg eine derart große Lust hoch, diesen Mann zu besitzen und zu beherrschen, dass ich es kaum noch erwarten konnte.

Conrad stand wie ein Schuljunge mitten im Raum, nervös und erwartungsvoll. Seine Hände wussten nicht, wohin.

Im Raum schimmerte ein goldenes Licht. Die Kerzen flackerten. Ich ließ mich auf einem der Sessel nieder und wies mit dem Finger auf das Badezimmer hinter der Glasscheibe.

»Du siehst, hier gibt es sowas wie Intimsphäre nicht. Das kommt mir entgegen, denn ich möchte zusehen, wie du dich ausziehst.«

Sein Blick flackerte kurz, sein Mund verharrte zögernd.

»Ich werde auf deine Scham keine Rücksicht nehmen«, ergänzte ich.

Conrad fügte sich und schlich mit leicht eingezogenem Kopf ins Bad. Dort kehrte er mir den Rücken zu und begann, seine Kleidung abzulegen. Ich befahl ihm, sich zu mir zu drehen. Mit gesenkten Augen und offensichtlich gemischten Gefühlen wandte er sich mir zu und zog sich langsam aus.

Es schien, als zerrten seine Finger zögerlich an Hemd und Hose – so als könnte er es kaum erwarten, sich vor mir zu entblößen, und würde gleichzeitig von gebotener Scham daran gehindert, dies allzu offensichtlich zu genießen.

Als er endlich nackt hinter der Scheibe stand, hätte ich eigentlich hysterisch aufkreischen und ihm meine Unterwäsche zuwerfen müssen. Conrad sah aus wie Michelangelos David auf der Piazza della Signoria in Florenz, um derentwillen täglich Tausende Touristen die Kamera zücken. Seine Brustmuskeln wölbten sich sichtbar, und sein Bauch war glatt, braun und straff. Seine Arme sahen aus wie gemeißelt. Nie zuvor hatte ich einen so klassisch gebauten Menschen gesehen. Zwischen seinen Schenkeln lag sein rasiertes, noch unentschlossenes Geschlecht, das unter meinen Blicken nun jedoch zu wachsen schien, sich seitlich aufrichtete und langsam anschwoll.

Ich schickte ein anerkennendes Lächeln zu der fleischgewordenen Renaissance-Skulptur hinter der Scheibe. Vor Verlegenheit wusste Conrad nicht, wohin mit seinen Augen oder Händen. Zaghaft schob er eine Hand über sein freudiges Geschlecht. Diese scheue Geste rührte mich und stachelte zugleich die Herrin in mir an.

Ich winkte ihn herbei. Conrad kam mit gesenktem Kopf zu meinem Sessel und ließ sich wieder auf die Knie sinken. Wortlos streckte ich ihm mein Bein hin. Er ergriff es mit behutsamem, aber festem Griff, senkte seine Stirn auf mein Schienbein und atmete den Duft der Nylons tief ein.

Mit vollendeter Hingabe begann er, meine Waden zu streicheln. Die Zehen meines anderen Fußes krampften sich vor Wollust zusammen. Conrads Finger streckten sich neugierig meinem Rocksaum entgegen, zögerten dort oben, als erinnerten sie sich des verbotenen Terrains, wanderten wieder nach unten und streiften mir meine Schuhe ab. Es war, als wüsste er genau, was von ihm erwartet wurde.

Begierig saugten seine Lippen an dem Stoff zwischen meinen Zehen. Seine Fingerspitzen liebkosten den Spalt meiner Kniekehlen. Ich war atemlos. Nie zuvor waren meine Beine auf derart hingebungsvolle, kundige und wissende Weise verwöhnt worden. Ein leises Stöhnen entfuhr mir, und ich ließ den Kopf gegen die Lehne des Sessels sinken. Conrad schickte einen kurzen, fragenden Blick zu mir. Als er sah, dass ich vor Genuss fast die Haltung verlor, huschte ein überraschtes Lächeln über sein Gesicht.

»Das spielen Sie doch nur!«, forderte er mich leise und lauernd heraus.

»Mach weiter!«, zischte ich ihn an.

Von ihm angefasst zu werden fühlte sich wunderbar neu an. Es hätte ewig dauern können.

Immer wieder stieß Conrad leise, ungläubige Töne aus, während ich vor Wonne summte und seufzte. *Ob das sehr dominant wirkt?,* fragte ich mich. *Egal.*

Nun fiel mir sein aufgerichtetes Glied ins Auge, das nackt und neugierig zwischen seinen Schenkeln stand. Ein kleiner, silbriger Tropfen löste sich von seiner Spitze.

»Es reicht«, flüsterte ich, um einen bestimmenden Tonfall bemüht.

Seine Hände lösten sich von meinen Beinen. Ich befahl Conrad aufzustehen und schaute mir seinen Penis genauer an. Das Geschlecht eines Mannes war nicht gerade das, was ich in den letzten vier Jahren besonders gern beobachtet hatte. Eher im Gegenteil. Aber jetzt fühlte ich mich wie ein Forscher, der zum ersten Mal ein seltenes, faszinierendes Tier aus der Nähe betrachtet. Und als ich meiner optischen Neugierde nachgab, gesellte sich dummerweise auch noch eine andere »Neugierde« dazu, die sich eher in meinen unteren Körperregionen abspielte. Ich bemerkte erneut, dass ich furchtbar erregt war. Und der Anblick, der sich mir gerade bot, war nicht dazu angetan, diesen Zustand irgendwie zu dämpfen.

Conrad fühlte sich durch meine Inspektion sichtlich unwohl und versuchte wieder, die Hand über sein Gemächt zu legen. Ich schlug ihm auf den Handrücken und sagte: »Wenn du das schon nicht aushältst, dann will ich mal sehen, wie dir *das hier* gefällt!«

Mit einem Ruck erhob ich mich und schob ihn in die Mitte des Zimmers unter die Deckenbalken. Ich band ihm die Handgelenke an die von oben baumelnden Seile und verschnürte seinen Oberkörper mit einer festen Hanfschnur. Die Haut auf seiner Brust fühlte sich an wie sonnenbeschienenes Holz.

Die plötzliche Nähe zu ihm irritierte mich mehr, als mir guttat.

Conrads Kopf ruckte immer wieder zu mir, als versuchte er, meinen Geruch einzufangen.

»Lenk nicht ab!«, forderte ich ihn auf.

»Aber Ihr Geruch erschüttert mich!«, protestierte er.

»Was? Dabei habe ich mir so viel Mühe beim Duschen gegeben.«

Conrad stieß ein raues Kichern aus.

Ich verband seine Augen mit einem langen Seidenschal – nicht, weil ich ihm die Orientierung rauben wollte, wie ich es sonst mit meinen Opfern tat. Nein, diesmal tat ich es, weil mich seine Blicke irritierten. Ich wollte mich frei um ihn herum bewegen, ihn ungestört bewundern, ganz unbemerkt rot werden können.

Endlich stand Conrad völlig ausgeliefert vor mir. Er

wand sich in seinen Fesseln und knickte seinen Unterleib immer wieder ein bisschen ein, als sei es ihm peinlich, seine Intimsphäre nicht mit den Händen vor meinen Blicken schützen zu können.

Ich schlug ihm zweimal kräftig mit der offenen Hand auf seinen apfelbackigen Hintern. Sein erschrockenes Luftschnappen machte mir fast ein schlechtes Gewissen.

»Bist du sicher, dass du dich von mir einweihen lassen willst?«, fragte ich ihn streng.

»Ja, bitte!«, bettelte er und drängte sich an mich. Auf seinen Hinterbacken waren zwei kleine rote Handabdrücke zu sehen. »Aber«, fragte er vorsichtig, »können Sie mir nicht die Augenbinde abnehmen?«

»Ich denke gar nicht daran! Du bist ja wohl nicht gekommen, um mich zu bestaunen, oder? Für das, was ich jetzt mit dir mache, brauchst du keine Augen.«

Und ich schlug ihn. Meine Lieblingsreitgerte mit Silbergriff zerteilte die Luft und landete auf seinem Po.

Conrad stieß scharf die Luft aus und krallte seine Zehen in den Teppichboden. Auf seinem Rücken krochen Muskelstränge vor und zurück, seine Schultern bogen sich nach hinten, und er grub seine Zähne in die Unterlippe. Am liebsten hätte ich ihn noch härter geschlagen, doch sein wehrloser Anblick rührte mich. Ich empfand keine Genugtuung wie sonst, sondern ein tiefes Gefühl von Zuneigung. Dieser starke, wohlgeformte Körper, der nun völlig ausweglos gefesselt war, erzeugte so etwas wie Schmerz in mir. Ich hielt es kaum aus, ihn zu schlagen.

Na los, Elvira! Vergiss das Zuckerbrot nicht!, ermahnte ich mich.

Ich ließ die Gerte sinken und streichelte ihn. Er entspannte sich wieder und ließ ein wohliges Seufzen hören.

Ich war in meinem Element. Conrad gehörte mir. Und ich wollte es auskosten, dass ich ihn endlich in meinen Fängen hatte. Meine Hände wanderten über seine kleinen Brustwarzen über die Täler auf seinem Bauch hinab zu seinen Hüften. Erschrocken schnaufte er auf, schüttelte seinen Kopf, als wollte er die Augenbinde loswerden. Sein Penis wippte auf und ab. Ich konnte jede einzelne Ader darauf sehen. Wie beiläufig strich ich darüber. Er erschauerte vor Lust und Schreck.

»Wenn … wenn ich nur wüsste, was Sie mit mir vorhaben …«, presste er hervor.

»Das weiß ich selbst nicht genau …«, flüsterte ich ihm zu, und das entsprach der Wahrheit. Jetzt, wo er mir gehörte, wusste ich gar nicht recht, was ich noch mit ihm machen sollte. Das war paradox. *Da sehnst du dich monatelang nach ihm – und jetzt verlässt dich deine Kreativität? Streng dich an!*

Im Zimmer wurde es durch die hereinbrechende Dämmerung immer dunkler. Und durch die Kerzen immer wärmer. Ich legte mein Lederjackett ab.

»Was haben Sie gerade gemacht?«, fragte Conrad ungeduldig.

»Ich habe mich um ein Kleidungsstück erleichtert.«

»Das ist ungerecht!«

»Ich weiß, dass du mich gerne sehen möchtest. Aber das musst du dir verdienen.«

Ich versuchte, meine Haltung zu bewahren, indem ich die Reitgerte gegen eine Peitsche tauschte. Nichts rettet eine verwirrte Domina so zuverlässig aus einer Verlegenheit wie der tröstende Griff zu einem Schlaginstrument.

Ich streichelte Conrads Haut mit den Peitschenschnüren. Dann holte ich weit aus und schlug ihn. Sein Hintern überzog sich mit feinen roten Streifen.

Irgendwann stöhnte Conrad gequält auf und zog seinen Kopf ein. »Bitte, hören Sie auf, Elvira.«

»Bist du mit deiner Kraft am Ende?«, fragte ich provozierend.

»Mit der Kraft meines Hinterteils – ja.«

»Das heißt, du bist bereit, noch anderweitig ein bisschen was für mich auszuhalten?«

»Alles, was Sie wollen.«

»Du wirst zugeben, dass deine kleine Lüge nicht unbestraft bleiben kann.«

»Dafür habe ich gerne gelogen …«

»Du weißt aber doch gar nicht, wie sich das anfühlen wird.«

»Ich habe nichts gegen eine Ungewissheit, die so aussieht wie Sie, Lady Elvira …«

Irrte ich mich, oder flirtete der wehrlose, blinde Conrad mit mir? Was würde er wohl zu einer Domina sagen, die errötete? Eigentlich war es gut, dass er nach wie vor die Augenbinde aufhatte. Andererseits hatte ich ihn lange genug im Finsteren tappen lassen.

Als ich ihm die Augenbinde abnahm, sah er mich mit einem derart umwölkten Blick an, als gäbe es nichts anderes mehr auf der Welt, was er sehen wollte. Er zerrte trotzig an seinen Fesseln, um dichter an mich heranzukommen. Ich stieß ihn sanft zurück und nahm das Stachelrädchen von der Kommode. Ich hatte mir sogar ein neues gekauft, da das alte ja bei der Session mit Michael zu Boden gefallen und unbrauchbar geworden war.

Es fühlte sich herrlich an, seine Haut damit zu bearbeiten. Conrad schloss die Augen und ließ sich ein Stück nach unten sacken. Seine Lippen glänzten feucht. Ich führte das Stachelrädchen um seine Hoden herum, zwischen seine

Beine, über seine nackte Eichel. Er schrie auf. Hoppla, da war ich etwas zu weit gegangen. *Mensch, der Kerl ist Jungfrau! Schalt einen Gang zurück!*

Ich leistete Abbitte für meine Grobheit, indem ich begann, sein Gesicht zu streicheln. Plötzlich waren meine Finger in seinem Haar. Conrad schmiegte seine Wange an mein Handgelenk und fragte scheinbar ungläubig: »Wie bin ich hierhergekommen – und: Wer sind Sie?«

»Du hast dir mich ausgesucht, weißt du das nicht mehr?«

»Ja, schon … Aber wie konnte ich ahnen, dass Sie so eine entsetzlich begabte Zauberin sind?«

So hatte mich noch nie einer genannt. Überhaupt, in dieser Begegnung – Session wollte ich das nicht nennen – war alles anders, als ich es kannte. Vor Conrad verblassten sämtliche bisherigen Opfer zu undankbaren, schnöden und reizlosen Würmern. An seiner Lust war nichts Aufdringliches, nichts Widerliches, nichts, was mich abstieß. Er hatte nichts gemein mit den in ihrer Erregung so gierigen und frustrierten Sklaven, mit denen ich mich in den letzten Jahren beschäftigt hatte. Die Blicke, die er mir zuwarf, waren nicht geil oder lüstern, sondern fasziniert und aufmerksam. Ich hätte ewig mit ihm weitermachen können. Plötzlich fühlte sich alles so neu an, so unverbraucht und spielerisch.

Conrad drängte sich an mich, als habe er Angst, auch nur einen Moment der Nähe zu verpassen. Zwischen uns war etwas – mehr jedenfalls als die übliche schwül-klebrige Atmosphäre, wenn ein von bis dato unerfüllten Phantasien geplagter Mann zu Lady Elvira kam. Ich strich um Conrad herum wie eine Katze um einen Napf mit verlockendem, aber unbekanntem Essen. Er wunderte sich wohl, warum meine Augen leuchteten, anstatt herrisch zu blicken; was für einer seltsamen Art von Domina er da in die Hände gefallen war.

Die Zeit verging, ohne dass ich dafür ein Gefühl hatte. Inzwischen war es ganz dunkel geworden. Ich schaltete eines der Nachttischlämpchen an.

Conrad war nun lange genug dagestanden. Ich löste die Fesseln und führte ihn zu einer kleinen Bank, die vor der Kommode stand. Sie hatte Beine aus Metall. Wie hätte ich widerstehen können, ihn darauf zu fixieren?

Wie ein staunendes Kind lag er nun vor mir, um seinen Mund einen ängstlichen, erwartungsvollen Zug. Ich setzte mich neben ihn und klemmte eine der Pralinen zwischen meine Zehen. Er lächelte entzückt, als ich das schokoladige Kügelchen an seine Lippen führte.

»Du brauchst doch sicher eine kleine Stärkung nach all dem Stress, nicht wahr?«

Vorsichtig biss er eine Hälfte der Praline ab. In seinem Blick wechselten sich Dankbarkeit mit dem Verlangen ab, lieber etwas anderes von mir in seinen Mund zu nehmen. Ich steckte ihm daher die andere Hälfte mit meinen Nylonzehen tief in den Mund. Seine Zunge befreite meinen Strumpf anschließend von Schokolade und Puderzucker.

Jetzt wurde ich mutig. Ich goss mir ein Glas Wasser ein und trank es vor seinen Augen.

»Hast du auch Durst?«, fragte ich ihn.

Er nickte stumm und schluckte demonstrativ.

Ich stellte mich über ihn und ließ das Wasser aus meinem Mund fließen. Als hätte er nur darauf gewartet, öffnete er seine Lippen und fing jeden Tropfen auf. Ich tupfte ihm etwas Wasser vom Mund und ertappte mich bei dem Gedanken, dass ich mich gerne an ihn geschmiegt hätte.

Mir wurde plötzlich ein wenig schläfrig zumute. Was

konnte ich jetzt noch tun, um etwas aufrechtzuerhalten, was er als Dominanz verstehen konnte?

Mir fiel nichts ein.

Aber das war nicht schlimm. Ich hatte ohnehin etwas anderes im Sinn.

»Es gibt nicht viel, was ich in dieser Position mit dir machen könnte«, sagte ich.

Sein Blick wurde neugierig.

»Aber eine Sache fällt mir doch ein«, ergänzte ich. »Du warst doch vorhin so scharf darauf, mich zu sehen, oder?«

»Ja.«

»Was würdest du sagen, wenn du eine kleine Belohnung erhältst? Dafür, dass du so tapfer warst. Als Entschädigung für die Striemen auf deinem Hinterteil.«

»Was für eine Belohnung?« Conrad sah aus wie ein Junge, dem irgendetwas Großartiges versprochen wird, das er sich gar nicht vorstellen kann.

Ich legte ihm ein dickes Kissen unter den Kopf und machte die ersten Andeutungen: »Nun ja, alles, wozu du in dieser Position in der Lage bist, ist doch ... sehen, oder?«

Er schwieg.

»Wie wäre es also, wenn ich dich zum Sehen zwingen würde?«

Ich begann langsam, meine Bluse aufzuknöpfen. Als der letzte Knopf geöffnet war, drehte ich mich mit dem Rücken zu ihm und streifte sie ab. Conrad atmete hörbar tief ein und aus. Langsam zog ich nun auch den Reißverschluss an meinem Lederrock nach unten. Unter Conrads erschrockenem Luftholen ließ ich ihn zu Boden gleiten.

Das Ganze war auch für mich Neuland. *Seit wann führt eine Domina vor ihrem Untergebenen einen Striptease auf?*, fuhr es mir durch den Kopf.

Ich drehte mich um und ließ ihn mich betrachten. Conrad hob den Kopf und blickte mich mit einem ungläubigen Lächeln an. Seine Augen wurden groß, als er den nackten Hautstreifen zwischen meinem Höschen und den Strümpfen sah. Mehrmals schloss er kurz die Augen, als sei mein Anblick zu viel für ihn. Dabei stieß er ein ungeduldig klingendes Geräusch aus. Er begann, an seinen Fesseln zu ziehen, und sagte in trotzigem Tonfall: »Sie! Seien Sie froh, dass Sie so eine gute Fesselkünstlerin sind, sonst würde ich …!«

»Was würdest du tun, wenn du frei wärst, hm?«, fragte ich drohend.

Im Stillen formte ich seine bruchstückhafte Aussage weiter. Ich war inzwischen in einem Zustand, in dem meine Selbstbeherrschung am seidenen Faden hing. Würde ich ihn jetzt losbinden und er einen Angriff auf mich wagen, ich hätte keine Kraft gehabt, mich zu wehren. Bei diesem Gedanken verwandelte sich die Region zwischen meinen Beinen in Sirup.

»Was würdest du tun?«, setzte ich nach. »Überleg dir deine Antwort gut, sonst binde ich dich gar nicht mehr los!«

»Ich könnte nicht dafür garantieren, dass ich … Sie auf dieses Bett dort werfen würde und mir jeden Zentimeter Ihrer Haut einverleiben würde.«

Er presste diese Worte hervor, als würden sie ihm Schmerzen bereiten.

Wie hätte ich ihm böse sein können, wo ich doch das Gleiche dachte. Ich sagte aber nur: »Dann kann ich es leider nicht riskieren, dich zu befreien – jetzt, da ich weiß, was mir blühen könnte. Ich würde mich allzu schutzlos fühlen, wenn du frei herumlaufen würdest.« Ich spielte das verschämte Burgfräulein, so sehr mir auch die Vorstellung zusagte, dass er über mich herfiele.

Conrad wurde sichtlich unruhig. Er ruckte an den Fesseln, und die Bank geriet bedenklich ins Wanken. Ich ergriff sein aufgeregtes Rohr, und schlagartig kehrte Ruhe ein in seinem athletischen Körper. Nur ein verbissenes Keuchen war zu hören.

»Bitte – passen Sie auf!«, ächzte er. »Ich muss Ihnen sonst …« Er traute sich nicht, den Rest auszusprechen.

»Ja, ich weiß, du bist am Anschlag. Genauso wollte ich dich haben.«

Noch lieber würdest du ihn im Bett unter dir haben!

Conrads Blick wurde versonnen. »Wissen Sie, wie lange ich schon von einer solchen Situation träume?«

»Und du hast gut daran getan, es endlich in die Tat umzusetzen«, erwiderte ich. »Wer weiß, vielleicht wäre ich sonst auf Nimmerwiedersehen verschwunden.«

»Vielleicht sollte es so sein, dass wir uns hier begegnen …« Conrad wölbte mir sein Geschlecht entgegen. Ich packte sein Glied und rieb es langsam und vorsichtig. Es fühlte sich massiv und heiß an, wie etwas vom Körper Losgelöstes, Lebendiges. Eine fatale Lust stand plötzlich zwischen uns. Ein Niederbrechen meiner Domina-Grundsätze kündigte sich an, ein Einstürzen sämtlicher Schutzwälle, die Kapitulation meiner beruflich gehüteten Distanz.

Doch zum Glück war mir noch ein bisschen Selbstbeherrschung geblieben. Also packte ich fester zu und massierte ihn nun unnachgiebig. Conrad bäumte sich auf. Aus seinem aufgerissenen Mund kam eine Mischung aus »Nein, bitte nicht!« und »O ja!«. Ich starrte sein Gesicht an, wollte jede Regung seiner überschäumenden Lust erleben. Dann schloss er die Augen und stieß ein kehliges, verzweifeltes Stöhnen aus …

Das Innere meiner Hand wurde warm und flüssig. Auch

so etwas hatte ich noch nie getan, ganz ohne Kondom. Doch in diesem Moment war alles Gewohnte weit weg, auch die Distanz und die Vorsicht. Ich hatte sogar das Gefühl, dass dieser Mann niemals irgendetwas tun könnte, was mich ekelte.

Ich nahm Conrads letzte Zuckungen entgegen und löste meinen Griff vorsichtig von seinem geschwollenen Organ, was er mit einem lauten Seufzer quittierte. Die nasse Hand ließ ich still auf seinem Oberschenkel liegen, der immer noch wunderbar zitterte. Mit der anderen Hand strich ich ihm sanft übers Gesicht. Er wirkte plötzlich erschreckend verletzlich, wie er da ausgepumpt und wehrlos vor mir lag.

Als Conrad seine zusammengekniffenen Augen wieder öffnete, schaute er mich mit einem Ausdruck an, den ich noch nie zuvor bei einem meiner Kunden gesehen hatte. Dankbarkeit und Ungläubigkeit lagen darin – und so etwas wie Sehnsucht. Dabei war doch alles, wofür er zu mir gekommen war, eigentlich schon gelaufen.

Oder vielleicht auch nicht?

Ich ging ins Bad und wusch meine Hände. Irrte ich mich, oder roch sein Sperma nach Meer?

Zurück im Zimmer löste ich seine Fesseln und richtete ihn behutsam auf. Er stützte sich auf die Knie, hob seinen Kopf und machte auf einmal ein peinlich berührtes Gesicht.

»Wer sind Sie?« Schon wieder diese seltsame, etwas ungläubig wirkende Frage.

»Ich heiße eigentlich Nora«, antwortete ich. »Ich studiere Kunstgeschichte und Germanistik. Und du bist der erste Mann, mit dem ich mich in einem Hotelzimmer getroffen habe.«

»Ja, so etwas in der Art hatte ich mir gedacht«, murmelte

er. Dann streckte er zögernd eine Hand nach mir aus. »Darf ich – Sie umarmen?«

Ich ließ es einfach geschehen. Wie in Zeitlupe fühlte ich das Näherkommen seines Körpers. Spürte die Wärme seiner großen Hände, die mich vorsichtig an ihn drückten. In diesem Moment war ich die leibhaftige weibliche Schwäche, und in meinem Kopf blinkten Titelbilder von Groschenromanen auf: *Wilde, ungezähmte Gräfin, Sturm der Leidenschaft auf Schloss Winchester, Blutrote Herzen im Abendrot.* So wie ich jetzt musste sich die fast entblätterte, weißhäutige Frau in den Armen des halbnackten, muskulösen Grafen ungefähr fühlen, die auf solchen Büchern abgebildet war.

Conrads Haut roch nach Sommer, und ich wusste, dass ich diesen Duft nie wieder vergessen würde. Allzu schnell löste er sich wieder von mir, weil er es wohl für unpassend hielt, eine Herrin innig zu umarmen. Wenn er gewusst hätte …

Ich trat zum Bett und setzte mich auf die Kante. Conrad setze sich in gebührendem Abstand neben mich.

»Sind Sie ebenso erschöpft wie ich?«, fragte er. »Und sind Sie es vielleicht sogar so sehr, dass wir beide demnächst eine kleine Nahrungsaufnahme vertragen könnten?«

Er war wieder ganz der Alte: eloquent und charmant. Nur in seinem Blick hatte sich etwas verändert.

Ich lächelte. »Du willst wissen, ob du es dir verdient hast, mich zum Essen einzuladen.«

Er nickte. »Ich stelle mir gerade vor, mit Ihnen an einem kleinen Tisch zu sitzen und mir erzählen zu lassen, was eine Frau wie Sie empfindet, wenn sie so etwas tut.«

»*Was* tut?«, fragte ich, ein wenig argwöhnisch.

»Geisteswissenschaften studieren und gleichzeitig als Domina arbeiten.«

»Letzteres mache ich gar nicht mehr.«

»Würden Sie mir davon erzählen?« Seine Stimme klang wirklich interessiert.

»Nur, wenn du mir versprichst, es nicht in einem deiner Bücher zu verwenden.«

Er schaute zuerst erstaunt, dann lachte er. »Ach so – nein, das kann ich Ihnen versprechen. Es interessiert mich wirklich.«

»Also, wenn du wissen willst, wer mir die beste und atemberaubendste Fußmassage aller Zeiten verpasst hat, kann ich dir eine recht detaillierte Auskunft darüber geben.«

»Wirklich? Und ich dachte, Sie spielen das nur. Ich dachte, das gehört dazu.«

Ich erinnerte mich kurz ans *Medea* und sagte mit bitterem Unterton: »Nein, ganz und gar nicht. Übrigens wäre es mir angenehm, wenn du aufhören würdest, mich zu siezen, ja?«

Er schlug verlegen die Augen nieder und sagte: »Also dann, Nora … ich weiß ein schönes Restaurant gleich hier in der Nähe.« Und nach einer kurzen Pause: »Ich hoffe, du hast nichts dagegen, mit einem Vegetarier zu speisen.«

Ich fing an zu lachen. War das ein Zufall? »Deswegen riechst du so gut«, sagte ich.

»Das hast du gerochen?« Conrad war verdutzt.

»Ja, so was riecht man«, sagte ich und ergänzte grinsend: »Vegetarier haben eine besonders feine Nase, wie du sicher weißt.«

Nun legte Conrad seine Hand auf meine und flüsterte: »Ich weiß nicht, was ich zum Dank sagen kann. Ich habe nie dergleichen erlebt. Das war geradewegs erschütternd für mich.«

»Ja, es war sehr … intensiv«, erwiderte ich. Bildete ich es mir ein, oder rückte er näher?

Normalerweise war ich diejenige, die nach einer beendeten Session ein unverfängliches Thema anschnitt. Diesmal schien das unmöglich. Es hing immer noch etwas zwischen uns, eine ausufernde Energie, die uns in jede erdenkliche Richtung ziehen konnte.

Und diese Energie hielt an. Sie floss noch zwischen uns, als wir Stunden später Hand in Hand das Restaurant verließen, wie zwei verliebte Teenager. Dabei wurden wir von einer Dame beobachtet. Sie stand in einem dunklen Hauseingang gegenüber und freute sich über dieses wunderbare, wahre Märchen. Es war Lady Elvira.

Epilog:
Kunstfertige Domina

Der einzige Unterschied zwischen dem Heiligen und dem Sünder ist, dass jeder Heilige eine Vergangenheit hat und jeder Sünder eine Zukunft.

OSCAR WILDE

Die dünne, schwarzgekleidete Frau packte das Händchen ihres etwa achtjährigen Sohnes, ehe es ihm gelang, den van Gogh anzugrapschen. Gut so, denn sonst hätte ich es tun müssen. Der Kleine murrte etwas von »O menno, das is aber so schön bunt!«

Die Mutter war wahrscheinlich nur froh, dass keine schrille Alarmglocke ertönt war. Ungeduldig zog sie ihren Sprössling zum nächsten Bild, wo er erneut die Hand ausstreckte. Diesmal war es ein Picasso. Ich fragte mich, ob man vielleicht so etwas wie kinderfreundliche Museumshandschellen erfinden sollte.

Hinter mir ertönte eine gepresste, nörgelnde Stimme: »Also, das ist mir alles zu abstrakt hier!«

Ich drehte mich um. Ein Anzugträger mit goldener *Rolex* und *Versace*-Tussi stand vor einem Franz Marc. Sie schien sich mehr für den pinkfarbenen Teppich im Museum zu interessieren als für das, was ihr Begleiter monierte.

Ich lächelte still in mich hinein, während ich mit wachem Auge durch den Saal blickte und die Besucher beobachtete. Man konnte ja froh sein, dass so ein Wichtigtuer, der vermutlich nur ins Museum ging, um Kulturnähe zu simulieren, überhaupt Wörter wie »abstrakt« verwendete. Denn es gab genug Museumsbesucher, die auch so kluge Beurteilungen von sich gaben wie »Na, also schön ist das ja nicht!«, »Das kann ich auch!« oder »Nee, also das würd ich mir nicht ins Wohnzimmer hängen.«

So was kannst du dir mit Sicherheit auch gar nicht leisten!, dachte ich mir dann, sagte aber nichts, auch wenn mir der eine oder andere Kommentar auf der Zunge lag. Denn ich trug ein kleines, feines Schild an meinem schwarzen Jackett, auf dem der Name des Museums stand, zu dem Leute aus ganz Deutschland pilgerten. Darunter stand *mein* Name und hinter meinem Namen ein M und ein A. Ich war hier, weil ich als frischgebackene Kunsthistorikerin darauf brannte, ein so schönes Museum zu repräsentieren. Und um den ahnungslosen, neugierigen Menschen darin zu erklären, dass der Feuerlöscher neben der Tür nicht Teil der Ausstellung war.

Meine ganze Panik war umsonst gewesen. Ein halbes Jahr nach der erfolgreich verlaufenen Magisterprüfung hatte ich diese wunderschöne Anstellung bekommen.

Der Anzug schleifte sein Anhängsel weiter über den pinkfarbenen Teppich, und im Vorübergehen sagte er mit einem Seitenblick auf mich: »Also, diese Museumswächter sind echt arme Schweine. Müssen sich den ganzen Tag die Beine in den Bauch stehen, und wenn man mal was wissen will, können Sie einem nicht groß weiterhelfen. Frustrierend muss das sein.«

Das war mir dann doch etwas zu viel. »Warum sind Sie eigentlich hier, wenn Ihnen das alles zu abstrakt ist?«, raunte ich dem Kunstbeflissenen hinterher.

»Was, bitte?« Er drehte sich mit pikiertem Gesicht zu mir um.

»Das hier ist eine Ausstellung über die klassische Moderne. So wie Sie sich auskennen, müssten Sie doch wissen, dass es da auch öfter mal abstrakt zuging.«

Das überforderte ihn offenbar; sein Mund stand halboffen. »Ach – was wissen Sie denn?«, war das einzige, was ihm als Entgegnung einfiel.

»Alles!«, sagte ich, mit Lust zur Übertreibung. »Sie dürfen mich gerne fragen, dafür bin ich schließlich da.«

Nun registrierte der Mann wohl, dass er unangebracht dahergeredet hatte, und schloss sein vorlautes Mundwerk. Stattdessen zog er mit seinem Schoßhündchen von dannen. »Komm, Schatz, wir gehen weiter.«

Ich konnte es mir nicht verkneifen: »Hauptsache, der Teppich gefällt Ihnen!«, schickte ich ihnen leise, aber hörbar hinterher.

Ja, ich liebte meinen Job. Mein Volontariat in diesem Museum war schlichtweg ein Traum. Ich schlenderte fröhlich durch die Säle und hielt Ausschau nach fragenden Gesichtern. Mein Chef hatte mich abkommandiert, heute am Eröffnungstag einfach nur vor Ort zu sein, um Fragen zu beantworten.

Die Kinderhandschellen gingen mir nicht mehr aus dem Kopf. Es war jetzt ein Jahr her, seit das Wort »Handschellen« nicht mehr zu meinem täglichen Wortschatz gehörte. Ebenso wie viele, viele andere Wörter. Ich konnte allerdings noch immer sehr gut mit Seilen umgehen. Was mir Conrad regelmäßig bestätigte.

Ich musste unwillkürlich lächeln.

Vor kurzem hatte ich Katja gesehen. Im Baumarkt war sie dabei, bündelweise Bambusstöcke einzukaufen. Ich war von hinten an sie herangetreten und hatte ihr zugeflüstert: »Na, Lady Medea, brauchen Sie neue Rohrstöcke für die bösen Sklaven?«

Katja hatte vor lauter Schreck alles fallenlassen. Immer noch sah sie müde und hektisch aus. Als ich sie fragte, wie es im Studio so lief, antwortete sie ausweichend. Auf der Internetseite hatte ich bereits gesehen, dass nur noch drei Dominas dort arbeiteten, aber inzwischen zehn »Bizarrengel« und sieben Sklavinnen. Kein Wunder, dass die Elster dazu lieber schwieg.

Das alles war so weit weg. So lange her. Und mittlerweile so unwirklich.

Nun saß ich hier in meinem schwarzen Kostüm und erklärte Schulklassen und Seniorengruppen den Unterschied zwischen Expressionismus und Tachismus. Vor mir standen lauschende, gespannte Menschen, die an meinen Lippen hingen und sich freuten, wenn sie endlich verstanden hatten, was der Maler mit seinen vielen schwarzen Strichen wohl ausdrücken wollte. Dankbare, wissbegierige Menschen, die hinterher klatschten und mir Fünf-Euro-Scheine als Trinkgeld zusteckten.

Das fühlte sich wundervoll an. Und manchmal, wenn all diese Leute vor mir standen und mir zuhörten, sagte eine böse Stimme in mir: *Wenn die wüssten …*

Ja, wenn sie wüssten, wie ich mir das Studium finanziert hatte, das mich dazu befähigte, jetzt hier zu arbeiten und all diese Künstler auseinanderzuhalten. Ich stellte mir vor, wie sie reagieren würden, wenn sie mich nur für einen Wimpernschlag in meinem glänzenden Latex-Ganzkörperanzug sähen. Neben Anselm Feuerbachs *Iphigenie*.

Auf jeden Fall fühlte sich das hier sehr viel besser an, als mit Rohrstöcken auf nackte Männerhaut einzudreschen, Dildos zu putzen und hinterher Spermatüten wegzuräumen. Ja, es war wunderbar, hier zu sein.

»Ähm, junge Dame, dürfen wir Sie ganz kurz stören …?«

Vor mir stand ein älteres Ehepaar. Der Mann hatte seiner Frau einen Arm um die Schulter gelegt.

»Was kann ich für Sie tun?«, fragte ich freundlich.

»Ja, also, wir würden gerne wissen, was es mit diesem Bild auf sich hat, das da drüben hängt.«

Ich ging mit den beiden Leuten in den Nebensaal.

»Das hier, das da vorne«, sagte die alte Frau und wies auf ein Gemälde an der Stirnseite.

»Ja, genau. Also merkwürdig ist das …«, sinnierte ihr Mann mit irritiertem Unterton.

Es war ein Bild von Max Ernst. Gemalt 1926. Der Titel: *Die Jungfrau züchtigt das Jesuskind vor drei Zeugen.*

Abgebildet war eine riesige Frau mit großem Busen in einer weit ausgeschnittenen roten Robe. Sie saß mit angewinkeltem Bein auf einem Hocker, und auf ihrem Schoß lag ein nackter strampelnder Jüngling in Rückenansicht. Seine blonden Löckchen hatten eben den Heiligenschein verloren, der auf dem Boden lag wie ein heruntergefallenes Spielzeug. Die Frau holte weit mit ihrer Linken aus, um den nackten Hintern des Jünglings zu versohlen. Und dem Winkel ihres Armes nach zu urteilen, schlug sie nicht gerade sachte zu. Auf dem nackten Sitzfleisch des Jesuskindes waren sogar hellrote Flecken zu erkennen.

Wahnsinn! Das war mir noch gar nicht aufgefallen. *Lady Maria Muttergottes zieht mit Jesus Christus eine Spanking-Session durch,* schoss es mir durch den Kopf.

Das war alles, was mir dazu einfiel. Aber das konnte ich den beiden Alten natürlich nicht sagen.

»Ist das nicht etwas freizügig?«, fragte die kleine Frau mit ungläubiger Stimme. Gleichzeitig leuchteten aber ihre Augen, so als könnte sie sich nicht entscheiden, ob sie das Kunstwerk anstößig oder wundervoll finden sollte.

»Und dieser Heiligenschein auf dem Boden! Das ist schon arg!« Der Mann schien schwer irritiert.

»Ich habe ja schon viele Muttergottes-Darstellungen gesehen, aber das hier ist mir doch neu«, ergänzte die Frau.

Ich stand wortlos neben den beiden Eiferern, und abrupt, als würde ihnen das Maß ihrer Ratlosigkeit bewusst, schauten mich beide fragend an.

»Und was möchten Sie jetzt wissen?«, fragte ich freundlich.

»Ja, nun …«, stammelte der Mann hilflos.

Ich lächelte die beiden aufmunternd an. »Sie haben doch bereits alles bestens erkannt.«

»Muss man denn so was ausstellen?«, fragte der Mann. »Verletzt das nicht die Gefühle christlicher Menschen?«

»Na ja, immerhin hat dieses Bild dem Künstler die Exkommunikation beschert. Sie liegen also völlig richtig mit Ihrer Vermutung«, sagte ich verschwörerisch.

Die beiden rissen erstaunt die Augen auf.

»Ja, wirklich?«, raunte die Frau.

»Völlig zu recht!«, schnappte der Mann.

Ich wusste, dass es absolut keinen Sinn hatte, den beiden etwas über künstlerischen Traditionsbruch, Brüchigkeit des Glaubens und Entzauberung des religiösen Dogmas zu erzählen.

Der Mann fasste seine Frau am Arm und wollte sie von dem Bild wegziehen. »Nein, wirklich«, grummelte er, »also diese Maria hier sieht fast aus wie so eine … eine Domina.«

Zwischen seinen Augen erschien eine steile Falte, und er schüttelte den Kopf.

Jetzt wollte ich es aber doch genauer wissen.

»Woher wissen Sie denn, wie eine Domina aussieht?«, hakte ich nach. Der Museumsdirektor hatte mich immerhin zum interaktiven Austausch mit den Besuchern aufgefordert.

Der Mann sah konsterniert erst mich und dann das Bild an.

»Na, das sieht man doch.«

Im selben Moment bereute er wohl, was er gesagt hatte, denn sein Gesicht rötete sich und seine Augen huschten, nach einem Ausweg suchend, zu den anderen Bildern, die weniger Verfängliches darstellten.

»Was weißt *du* schon über Dominas, Heinz?«, kicherte seine Frau.

»Nichts, Gertrud, rein gar nichts. Woher denn auch.«

»Gehen Sie Ihren Assoziationen ruhig nach«, munterte ich ihn auf und kämpfte das Grinsen nieder, das in mir hochstieg. »Ich finde es sehr interessant, was Sie gesagt haben.«

Heinz sah jetzt aus, als müsste er Rechenschaft ablegen, vor mir, vor dem Bild und vor Gertrud.

»Na, das hat mich eben daran erinnert – wie sie da so sitzt und den nackten Knaben übers Knie legt und auf ihn eindrischt …« Heinz winkte ab und guckte diffus.

»Heinz?!« Gertrud trat einen Schritt zurück und stemmte ihre Fäustchen in die Hüfte. Ihre Stirn lag nun in tiefen Falten. Mehrere Köpfe drehten sich von den Bildern weg und starrten uns drei irritiert an. »Woran erinnert dich das, bitte?«

Heinz wurde offensichtlich der Kragen zu eng. Seine Hände kneteten die Luft. Endlich packte er seine Frau am Arm und zog sie endgültig von mir und Max Ernst weg. »Jetzt hör schon auf!«, hörte ich ihn im Weggehen sagen. »Ich wüsste nicht mal, wie eine Domina aussieht, wenn eine vor mir stehen würde!«

Stimmt, dachte ich und lächelte still in mich hinein.